智能仓储
大数据分析

（初级）

北京京东乾石科技有限公司 组编

王晓阔 范 蓉 许玲玲 主编

清华大学出版社
北 京

内 容 简 介

本书是教育部 1+X 职业技能等级证书"智能仓储大数据分析"配套教材。根据证书的等级划分，本套教材分为初、中、高三个等级，总体上每个级别 70% 的内容是关于运营数据的分析，30% 的内容是关于设备数据的分析，每个等级的侧重点及对学生的要求不同。初级教材主要讲授智能仓储运营和设备的基本数据分析方法，从入库、存储、拣货、分货到设备的性能、可靠性等依次展开，要求学习者掌握描述性统计的基本方法，具备 SQL、Excel 与数据分析相关的基本技能，能够按照企业的要求完成数据采集与处理、监控与汇报等工作。

教材采用活页式设计，以工作任务单元为基本形式，以物流业务流程的开展为主线，从企业真实用人需求出发，立足岗位技能的真实需要，为培养物流类专业技术人才量身定制一套完整的大数据分析知识体系。

本教材适用于中高职、职业技术型大学、应用型本科院校的学生、教师，以及有志于在数据分析领域从业或提升数据分析技能的社会在职人员。

本书封面贴有清华大学出版社防伪标签，无标签者不得销售。
版权所有，侵权必究。举报：010-62782989，beiqinquan@tup.tsinghua.edu.cn。

图书在版编目(CIP)数据

智能仓储大数据分析：初级 / 北京京东乾石科技有限公司组编；王晓阔，范蓉，许玲玲主编．
—北京：清华大学出版社，2022.3（2023.8重印）
ISBN 978-7-302-60209-5

Ⅰ．①智⋯ Ⅱ．①北⋯②王⋯③范⋯④许⋯ Ⅲ．①仓库管理—数据处理—职业技能—鉴定—教材　Ⅳ．① F253-39

中国版本图书馆 CIP 数据核字 (2022) 第 033310 号

责任编辑：	陈　莉
装帧设计：	方加青
责任校对：	马遥遥
责任印制：	宋　林

出版发行：清华大学出版社
　　网　　址：http://www.tup.com.cn，http://www.wqbook.com
　　地　　址：北京清华大学学研大厦 A 座　　邮　编：100084
　　社 总 机：010-83470000　　邮　购：010-62786544
　　投稿与读者服务：010-62776969，c-service@tup.tsinghua.edu.cn
　　质 量 反 馈：010-62772015，zhiliang@tup.tsinghua.edu.cn
印 装 者：三河市铭诚印务有限公司
经　　销：全国新华书店
开　　本：185mm×260mm　　印　张：16　　字　数：351 千字
版　　次：2022 年 4 月第 1 版　　印　次：2023 年 8 月第 3 次印刷
定　　价：68.00 元

产品编号：093840-02

编委会

主编：

王晓阔	天津交通职业学院
范　蓉	天津市第一商业学校
许玲玲	深圳市第二职业技术学校

编委：

胡云峰	黑龙江职业学院
周启荣	广西物资学校
孙颖荪	安徽商贸职业技术学院
陈东清	福州大学至诚学院
芦春荣	天津交通职业学院
马红波	浙江工业职业技术学院
史思乡	四川职业技术学院
马　莉	四川职业技术学院
董永华	上海第二工业大学附属浦东振华外经职业技术学校
金莉萍	上海第二工业大学附属浦东振华外经职业技术学校
王子娟	深圳市第二职业技术学校
周丽娜	深圳市第二职业技术学校
闫继军	长春职业技术学校
赵倩红	天津市第一商业学校
张雅静	天津市第一商业学校
李　英	福建信息职业技术学院
张润卓	辽宁经济职业技术学院
蔡松林	广东工程职业技术学院
舒　洁	贵州电子商务职业技术学院
范广辉	北京京东乾石科技有限公司

陈健璋	北京京东乾石科技有限公司
贾　宁	北京京东世纪贸易有限公司
杨博宇	北京京东世纪贸易有限公司
周志翔	北京京东乾石科技有限公司
王化淼	京东城市（北京）数字科技有限公司
陈松玉	北京京东振世信息技术有限公司
胡智娟	北京京东乾石科技有限公司
赵泽园	北京京东乾石科技有限公司

作者简介

京东物流教育(北京京东乾石科技有限公司)以产业育人为己任,以实践为基础,通过技术、平台和生态,打造线上线下及产学研相融合的教育产业平台,链接政、行、企、校,服务双创双业。

王晓阔,天津交通职业学院物流工程学院院长、物流研究所所长,教授、高级工程师、高级物流师、经济师;首批国家级职业教育教师教学创新团队带头人;国家"双高计划"物流管理专业群负责人、天津市智能科技产业咨询委员会智能商贸物流分领域专家组专家;交通运输部"吴福—振华交通教育优秀教师奖"获得者;全国物流职业教育教学指导委员会名师;交通运输部物流管理专业带头人;物流行指委技能开发分委员会委员;中国物流学会理事、特约研究员;京津冀沪宁晋川交通职教集团联盟物流分委会秘书长;天津市商务局项目评审专家;上海派瑞特塑业有限公司高级顾问。

范蓉,天津市第一商业学校副校长,天津市人民政府职业教育督学,全国机械行指委制冷专职委副秘书长;有天津市劳动模范、天津市五一劳动奖章和全国机械行业职业教育服务先进制造专业领军人才的称号;曾获2017年全国职业院校信息化教学大赛中职组信息化教学设计一等奖、2018年第二届全国机械行业职业院校微课大赛一等奖、2017年天津市中等职业学校信息化教学大赛一等奖。

许玲玲,深圳市第二职业技术学校物流专业主任,讲师;2018—2020年成功申请了2所校外实训基地,2020年参编国际货运代理专业教学标准,2021年成功完成线上精品课程《现代物流综合作业》,2021年牵头完成学校智慧物流综合基地建设。

序　言

伴随着科技的进步，大数据、云计算、人工智能、物联网等新兴技术正不断带来物流行业的巨大变革。在仓储领域，传统的人工仓、半自动仓正逐步转向自动化仓和智能仓。传统物流向智能物流的转变，岗位需求也在从基础作业人员（打包员、上架员、拣货员、理货员等）向自动化技术技能型的复合人才转变，复合人才越来越受到企业的重视。智能仓库要求员工不仅要掌握物流基础作业的流程和规范，而且要具备智能装备的基础知识和数据分析的相关技能，以实现对仓储的运营管理、设备的监控与故障诊断等，从而可持续优化提升仓内规划、运营质量和效率。

依托企业在仓储物流领域多年的实战经验，根据企业岗位培训内容及要求，并结合教育部 1+X 职业技能等级证书的相关培训及考核，我们组织编写了本套教材。从企业人才需求的角度，总结提炼了真实岗位的技能要求，为致力于在该领域就业的人员量身定制了一套完整的知识体系。

本套教材分为初、中、高三个等级，总体上每个级别 70% 的内容是关于运营数据的分析，30% 的内容是关于设备数据的分析。每个等级的侧重点与对学生的要求不同。初级教材，主要是讲授仓储运营和设备的基本数据分析方法，从入库、存储、拣货、分货到设备的性能、可靠性等依次展开，要求学习者掌握描述性统计的基本方法，具备 SQL、Excel 与数据分析相关的基本技能，能够按照企业的要求完成数据采集与处理、监控与汇报等工作；中级教材，在初级教材的基础上，要求学习者能够对仓储作业数据开展深入挖掘与分析，掌握推断统计的基本内容，具备初步的 SQL 与 Python 等与数据分析相关的编程语言应用能力，可以围绕业务完成较为全面、系统的大数据分析工作；高级教材，在初、中级教材的基础上，要求学习者掌握经典的统计模型，熟练使用 R 或 Python 等基本编程语言，能够利用常用的统计模型量化分析仓储运营中的问题，并向相关部门提出运营决策和优化建议。

本套教材具有以下特色：

1. 内容与企业实际岗位紧密结合，以京东物流业务为蓝本，融入大量真实行业、企业案例，涵盖的知识和技能是在智能仓储领域从业现阶段所亟需的，实用性强。

2. 教材中的知识点全面体现了京东物流多年来在智能仓储数据分析领域总结提炼的最新技术和前沿成果，前瞻性强。

3. 本套教材为 1+X 职业技能等级证书——"智能仓储大数据分析"配套教材，结合线上课程、专家讲座视频、师资培训等全面指导院校相关课程教学工作的开展，针对性强。

4. 教材相关的京东物流智能仓储大数据分析平台搭载了海量数据，以数字的方式展示了智能仓储领域的相关业务，不仅可服务于教学，亦可开展智能运营、设备诊断等方面的科研，专业性强。读者可通过扫描封底二维码并填写教辅资料申请表获取京东物流智能仓储大数据分析课程及实训平台资源。

教材配备了案例数据集和每单元的课后训练及参考答案，读者可通过扫描封底二维码获取。

在系统学完本套教材后，学习者将能够以企业的思维开展数据分析工作，采用当前最新的数据分析技术和工具去解决企业中的数据分析问题，全面提升学生在新技术、新设备、新领域的就业技能。

最后，希望本套教材的出版能够为推动我国智能物流领域的人才培养发挥积极作用。

北京京东乾石科技有限公司

2022 年 3 月

前　言

　　智能仓储是智慧物流系统最核心的组成部分，同时也是智慧物流技术应用的最典型的场景。智能仓储强调管理智能化、作业自动化、流程可视化，所以智能仓储的"智能"是建立在智能仓储大数据分析的基础上的。智能仓储大数据分析要涵盖仓储运营数据分析、从进货到发货的作业过程数据分析以及智能设备各项指标数据分析，实现智能仓储运营过程的"数智化"，促进现代物流产业发展的"数字化"升级。

　　本书以对职业教育学生的学情分析和职业需求特点分析为基础，以京东智慧物流场景、内容和真实数据为素材设计全书的结构和章节内容。本书以培养智慧物流行业所需的高素质劳动者和技术技能人才为目标，以适应智能仓储大数据运营、分析等岗位群能力需求为定位进行编写，从书的结构设计、内容选取到编写修订充分体现"产教融合、校企合作"理念。

　　本书包括以下特点：一是典型的"校企二元化"教材，本书由京东依据本企业业务场景设计教材大纲，作为本书的组编主体邀请各职业院校优秀专家负责内容的撰写，所有案例和数据均由京东提供；二是本书"X"特征鲜明，内容选取依据"智能仓储业务"的脉络，但内容本身却是职业教育"仓储管理"课程（即"1"）内容所缺失的部分，真正体现出"1+X"的价值核心；三是结构新颖、具有工作手册的意义，结构包含内容概览、知识目标、技能目标、职业目标、任务描述、任务分析、相关知识、知识拓展、任务小结以及课后训练等内容。各章节均配有与内容相关的图、表、案例等，以增强学生的学习积极性和趣味性。

　　本书由北京京东乾石科技有限公司组编，天津交通职业学院物流工程学院院长王晓阔、天津市第一商业学校副校长范蓉、深圳市第二职业技术学校物流专业主任许玲玲担任主编，统筹稿件。王晓阔老师负责编写第1、2单元，安徽商贸职业技术学院孙颖荪负责编写第3单元，福州大学至诚学院陈东清负责编写第4单元，天津交通职业学院芦春荣负责编写第5单元，浙江工业职业技术学院马红波负责编写第6单元；广西物资学校周启荣负责编写第7、8单元；黑龙江职业学院胡云峰负责编写第9、10、11单元。

　　本书在编写过程中，参阅了大量的文献资料，在此对有关作者表示衷心的感谢！同时，北京京东乾石科技有限公司的王姝、王琦等对本书的编写提供了许多帮助和支持，在此一并表示感谢!

  由于本书编者水平有限,时间仓促,书中难免存在不足之处,恳请有关专家和读者批评指正。

教材编写组

2022 年 2 月 22 日

目 录

第 1 单元
智能仓储数据分析

  任务1 认识仓库 ··· 3
  任务2 仓储数据分析的内容 ··· 18
  任务3 仓储数据分析的作用 ··· 21

第 2 单元
数据分析基础知识

  任务1 数据分析的流程 ··· 29
  任务2 描述性统计量 ·· 30
  任务3 数据分布图 ·· 37

第 3 单元
进货作业分析

  任务1 进货作业分析概述 ·· 49
  任务2 供应商分析 ·· 53
  任务3 卸货分析 ··· 58
  任务4 验收分析 ··· 72

第 4 单元
入库作业分析

  任务1 入库作业分析概述 ·· 87
  任务2 入库总量分析 ··· 88

任务3　入库货位差异分析 …… 105
任务4　入库效率影响因素分析 …… 109

第 5 单元
存储作业分析

任务1　库存整体分析 …… 121
任务2　库存结构分析 …… 129

第 6 单元
盘点作业分析

任务1　盘点整体分析 …… 137
任务2　盘点差异分析 …… 143

第 7 单元
拣货作业分析

任务1　拣货订单分析 …… 149
任务2　拣货整体分析 …… 152
任务3　拣货效率分析 …… 155

第 8 单元
分货作业分析

任务1　分货作业整体分析 …… 163
任务2　分货仓库运营分析 …… 168
任务3　分货细部作业分析 …… 173
任务4　重投包裹分析 …… 178

第 9 单元
智能仓储设备性能分析

任务1　自动化设备概述 …… 187
任务2　自动化设备的性能分析 …… 193

第 10 单元
智能仓储设备异常分析

    任务1 自动化设备异常概述 …………………………………………… 205

    任务2 设备异常原因分析 ……………………………………………… 208

    任务3 设备异常综合分析 ……………………………………………… 219

第 11 单元
智能仓储设备可靠性分析

    任务1 设备可靠性概述 ………………………………………………… 229

    任务2 可靠性数据分析 ………………………………………………… 234

第 1 单元
智能仓储数据分析

【内容概览】

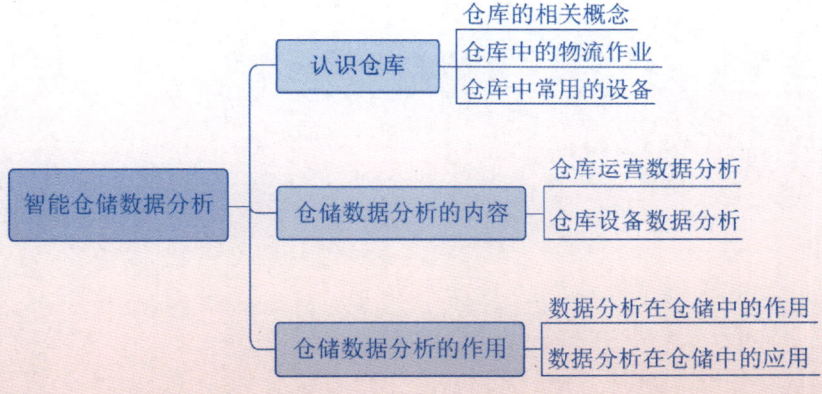

【知识目标】

1. 认识仓库的基本知识，掌握仓库作业流程，熟悉仓库中的常用设备；
2. 熟悉仓储数据分析的内容，掌握仓库运营数据和设备数据的分析方法；
3. 理解数据分析在智能仓储中的作用。

【技能目标】

1. 能梳理、设计仓库物流的作业流程；

2. 能依据仓库设备属性和功能合理配置设备并评价设备利用情况；

3. 能掌握仓库运营数据和设备数据的分析方法；

4. 能将数据分析结果应用到仓储管理过程中。

【职业目标】

1. 增强学生在物流管理中的成本绩效意识；

2. 加强学生科学分析方法应用和量化分析能力。

任务 1　认识仓库

● **任务描述**

学生通过学习仓库的定义、分类、作用来对仓库进行基本的认知，通过对仓库中九大物流活动的学习，更加深入地掌握仓库的具体作用，熟知仓库中常用设备的类型与应用场景。

● **任务分析**

本任务通过理论讲授为主，图形化、视频化或者实物展示为辅的教学方式，使学生了解仓库的物流、作业和设备，理解"智能仓储大数据分析"课程的内容和价值。

● **相关知识**

1. 仓库的相关概念

1) 仓库的定义

仓库为存放、保管、存储物品的建筑物或场地的总称，由存储物品的库房、运输传送设施（如吊车、电梯、滑梯等）、出入库房的输送管道和设备以及消防设施、管理用房等组成。

2) 仓库的分类

(1) 按所贮存物品的形态，仓库可分为存储固体物品、存储液体物品、存储气体物品和存储粉状物品 4 类仓库。

(2) 按存储物品的性质，仓库可分为存储原材料、存储半成品和存储成品三类仓库。

(3) 按建筑形式，仓库可分为单层仓库、多层仓库、圆筒形仓库。

(4) 按仓库在商品流通过程中所起的作用，仓库可以分为批发仓库、采购供应仓库、加工仓库、中转仓库、零售仓库、储备仓库、保税仓库。

(5) 按仓库中作业过程是否自动化，仓库可分为自动化仓库和传统仓库。常见的自动化仓库包括 AS/RS(automated storage and retrieval system，自动存取系统) 仓库、旋转货架仓库、AGV(automated guided vehicle，无人搬运车) 仓库等；常见的传统仓库包括平面仓库、货架仓库等。

3) 仓库的作用

(1) 存储和保管功能。仓库具有一定的空间，用于存储物品，并根据存储物品的特性配备相应的设备，以保持存储物品的完好性。

(2) 调节供需功能。创造物质的时间效用是物流的两大基本职能之一，物流的这一职能是由物流系统的仓库来完成的。现代化大生产的形式多种多样，从生产和消费的连续来看，每种产品都有不同的特点，有些产品的生产是均衡的，而消费是不均衡的，还有一些产品生产是不均衡的，而消费却是均衡不断地进行的。要使生产和消费协调起来，这就需要仓库来起"蓄水池"的调节作用。

(3) 调节货物运输功能。各种运输工具的运输能力是不一样的。船舶的运输能力很大，海运船一般是万吨级，内河船舶也有几百吨至几千吨的；火车的运输能力较小，每节车皮能装运 30～60 吨；汽车的运输能力很小，一般每辆车装 4～10 吨。对于不同运输工具的运输能力的差异，通常通过仓库进行调节和衔接。

(4) 流通配送加工功能。现代仓库的功能已处在由保管型向流通型转变的过程之中，即仓库由存储、保管货物的中心向流通、销售的中心转变。仓库不仅要有存储、保管货物的设备，而且还要增加分拣、配套、捆绑、流通加工、信息处理等设置。这样，既扩大了仓库的经营范围，提高了物质的综合利用率，又方便了消费，提高了服务质量。

(5) 信息传递功能。伴随着以上功能的改变，导致了仓库对信息传递的要求不断提高。在处理仓库活动有关的各项事务时，需要依靠计算机和互联网，通过电子数据交换 (EDI) 和条形码技术来提高仓储物品信息的传输速度，及时而又准确地了解仓储信息，如仓库利用水平、进出库的频率、仓库的运输情况、顾客的需求以及仓库人员的配置等。

2. 仓库中的物流作业

仓库中的物流作业包括进货、入库、补货、拣货、分货、打包、发货、越库及盘点九大作业环节，如图 1.1.1 所示。

1) 进货作业

定义：把货物从货车上卸下，检查其数量和质量，将有关信息书面化等一系列的过程。

(1) 资源准备包括提前获取货物及车辆信息，提前准备卸货资源 (设备、人员、位置等)。常用的卸货设备有货车、输送装置、手动叉车、电动叉车等，如图 1.1.2 所示。

(2) 拆卸货包：首先将货物从货车上搬运到收货区域，再拆卸货物包裹。

(3) 进货检验：检验货物的外观、数量和质量，如表 1.1.1 所示。

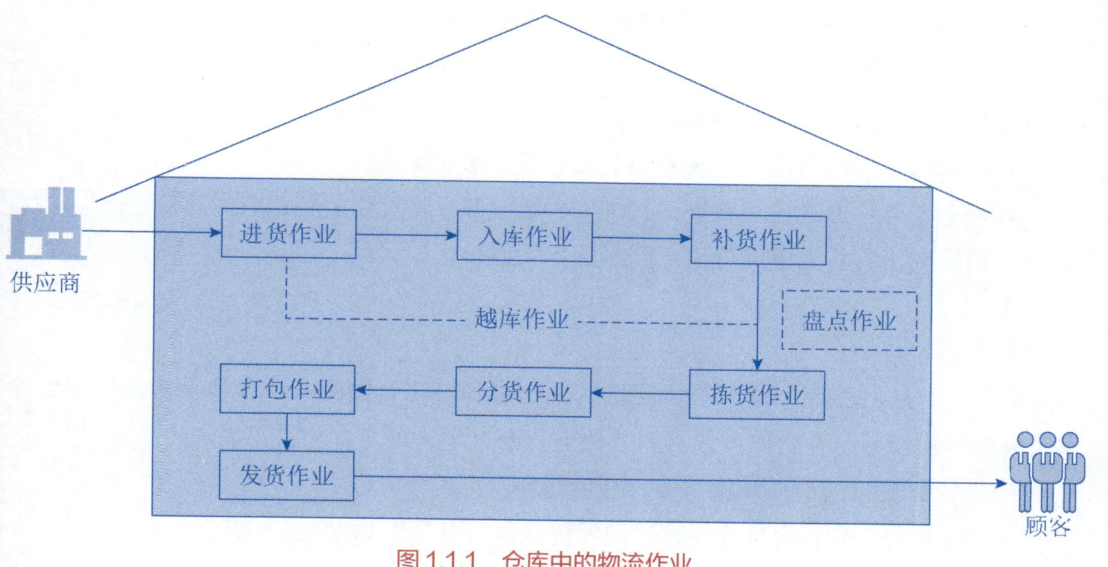

图 1.1.1　仓库中的物流作业

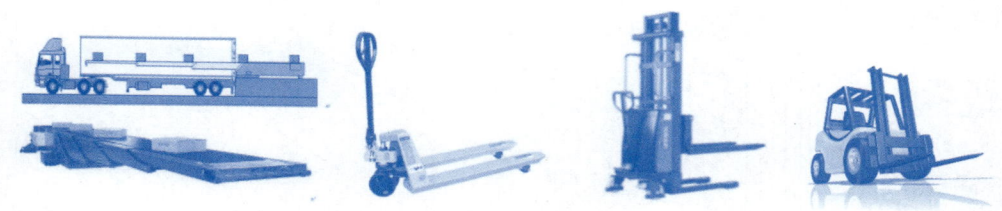

图 1.1.2　常用的卸货设备

表 1.1.1　进货检验的方法和内容

IQC方法	检验内容
目视检验	外观和数量
BC+HT	品项和数量
重量检验	称重来确认数量
视频摄影	检验视频确认完整性

注：IQC 为 Incoming Qvality Control(来料质量控制)缩写；BC 为 BarCode(条码)缩写；HT 为 Handheld Terminal(手持终端)缩写。

(4) 分类 / 贴标：分类指对不同区域的货物进行分类，贴标的目的在于方便管控。

(5) 信息同步：将收货信息同步给相关系统，收货信息包括品项、数量、品质、进货时间、供立商等。

2) 入库作业

定义：将货物放到库存预留区的作业，是配合未来出货需要，预先将货品堆储而进行的必要库房管理作业。

(1) 特殊处理包括两个方面。

① 针对托盘的处理：贴标、重新码垛、放入料箱；
② 针对料箱的处理：码垛。
(2) 容器检验：主要检验容器的重量和尺寸（长、宽、高）。
(3) 安排货位：根据进出库频率和空间利用率来安排货位。
(4) 搬运上架：通过输送装置、叉车等搬运上架，将货物放到相应的货位中。
(5) 信息同步：将入库储位信息同步给相关系统。

3) 补货作业

定义：商品从库存预留区转移到拣选区的过程。当仓储模式为存拣分离的时候，会有对应的补货任务。补货作业的目的是保证货源充足，满足客户订单需求。

(1) 补货方式包括水平补货与竖直补货两种。
① 水平补货方式：由货物保管区向零拣区进行补货，如图 1.1.3 所示。
② 竖直补货方式：货架一层为拣选区，货架二层以上为存储区，由上层货架向最底层货架补货，如图 1.1.4 所示。

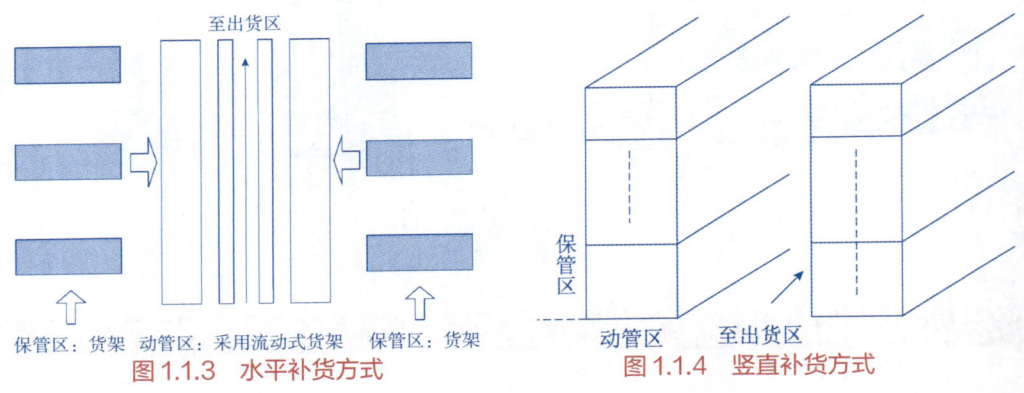

图 1.1.3 水平补货方式　　图 1.1.4 竖直补货方式

(2) 补货时机和补货时间如表 1.1.2 所示。

表 1.1.2 补货时机和补货时间

补货时机	补货时间
批次补货	在拣货作业前，一次性补足一天或一批次的货量
定时补货	将每天分成若干时间段，在固定时间段进行补货
随机补货	基于实时系统，当拣货区的商品数量低于某一阈值，触发补货作业

(3) 补货任务的设计是指补货作业会影响拣货作业的效率和准确性，需要考虑补货对拣货作业的干扰。补货任务设计需要考虑地点、时间和商品三要素。

① 地点：拣货和补货分离；
② 时间：错开作业时间；
③ 商品：同一种商品码放多个储位，避免干扰。

4) 拣货作业

定义：根据客户订单的内容，将货物从仓库挑出的过程。

(1) 常用的拣货方式有订单式拣货、批量式拣货等。

① 订单式拣货，又称摘取式拣货，拣货员以"一张订单"为拣货单位，逐单完成拣货。

优点：简单、直接，对订单回应能力强，无须任何前置处理。

缺点：易走重复路线，即移动路线较长。

适用情景：拣货品项重复度低。

② 批量式拣货，又称二次拣货、播种式拣货。先将"多张订单"合并为一个批量作为拣货单位，在储位取得并单后的总量，再根据各单内容分货。

优点：避免走重复路线。

缺点：对单一订单的回应能力较弱。

适用情景：各订单品项重复度高。

并单方式：按邻近时间、相同区域、相同订单内容进行并单。

(2) 拣货流程：获得拣货清单 (品项、数量、位置)→确定拣选路线 (确定最优拣选路径)→拣货 (商品扫码及确认、拣选相应数量商品)→分货 / 打包 (若按批量拣选，则需要进行分货)。

(3) 常用的拣货路线有蛇行式、同边进同边出、中点折回、提前回终点 4 种，如图 1.1.5 所示。

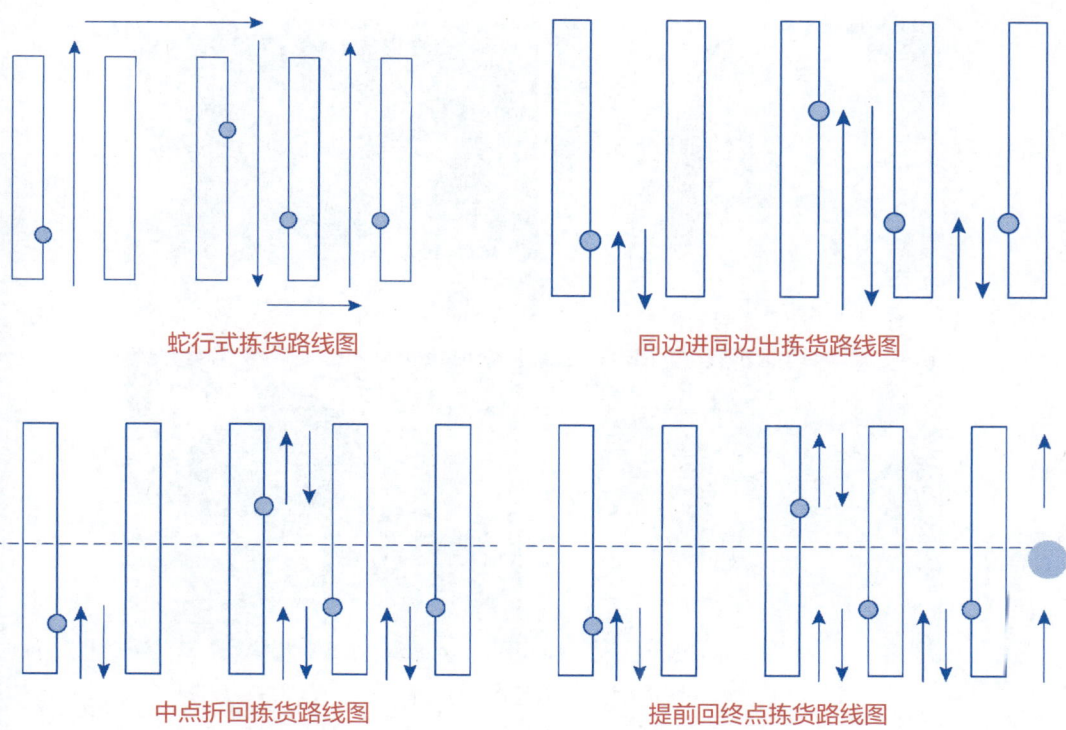

图 1.1.5　4 种常见的拣货路线图

在实际工作中，常有多种拣货路线并存的情况，如图 1.1.6 所示。

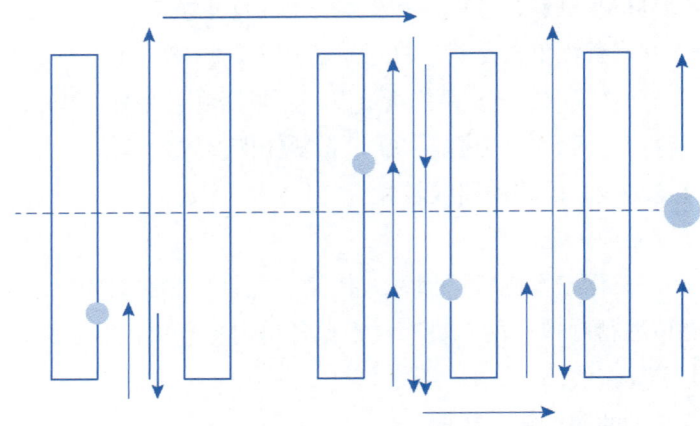

图 1.1.6　多种拣货路线并存图示

5) 分货作业

定义：根据商品或包裹某些特有属性加以区分的作业过程。

应用场景包括订单分播与包裹分拣。订单分播在拣选后发生，包裹分拣在打包后发生。

常用的分拣设备如图 1.1.7 所示。各种分拣设备及效率见表 1.1.3。

图 1.1.7　常用的分拣设备

表 1.1.3　自动分拣设备和效率分析

自动分拣设备	效率/件/时
滑块式分拣机	4000～6000
炸弹舱分拣机	6000
倾斜托盘分拣机	10000～15000
交叉带分拣机	10000～15000

6) 打包作业

定义：将顾客订单商品打包在一起的作业活动。

(1) 三种打包场景如下：

① 商品直接拣货至发货箱中，打包员密封和贴标；

② 商品按批量式拣选分货后，箱子中有多个单件订单送去打包，每个商品单独打包；

③ 箱子中有一个多件订单送去打包，多个商品一起打包。

(2) 打包流程包括：选择包装(容器包括塑料箱、纸箱、包装袋)→充填装箱(减少货物在包装内的移动，货物放入包装容器中)→封口贴标(封上容器口、粘贴顾客面单)→捆扎(将产品用适当的材料扎紧、固定的操作)。其中充气袋填充如图 1.1.8 所示，自动捆扎设备如图 1.1.9 所示。

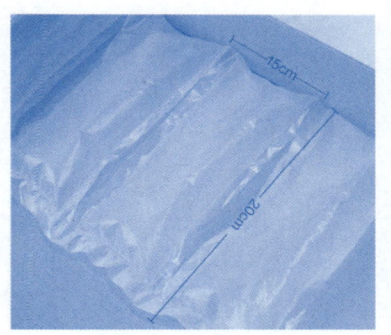
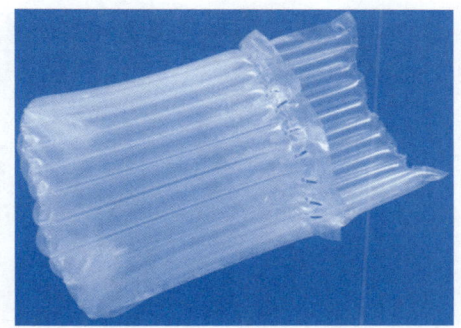

图 1.1.8　充气袋填充

图 1.1.9　自动捆扎设备

7) 发货作业

定义：指商品存货的领用、消耗或交运至客户并过账的操作行为。

发货流程：包裹堆垛（将打包完成的包裹，采用人工或自动码垛到发货容器中；常用容器：笼车和托盘等）→缠膜固定（对托盘整体进行缠膜，保证运输过程中的稳定性）→叉车搬运（将待发货物搬运到相应的发货区域）→装货固定（货物搬运至货车中并固定）。

仓库收发货月台如图1.1.10所示，卡车停靠方式如图1.1.11所示。

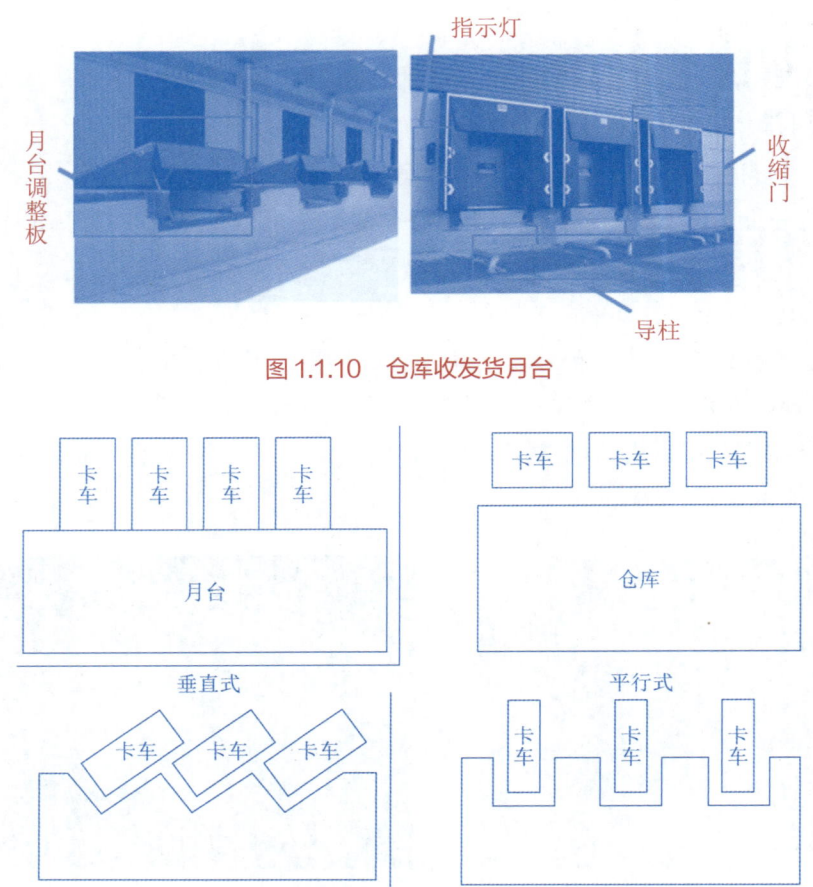

图1.1.10　仓库收发货月台

图1.1.11　卡车停靠方式

卡车停靠方式的情况比较如表1.1.4所示。

表1.1.4　卡车停靠方式说明

停靠方式	使用范围	停靠数量	回车空间
垂直式	最普遍	最多	足够空间
45°式	比较少见	略多	略大
平行式	较常见	较少	较小
海鸥式	最少见	不多	更大空间

8) 越库作业

定义：略过了入库作业，货物放在入库暂存区，可直接进行出库作业。

(1) 运用情景有以下两种。

① 急迫性高，时效性需求高。例如，生鲜食品、新书杂志等。

② 流通性高，需求、进出货频繁。

(2) 优点：实现了货物的快速流转；降低了库存成本。

(3) 需要考虑以下问题。

① 越库作业的时间要求比较严格；

② 越库作业要考虑运输成本；

③ 越库作业的效率受仓库布局 (U 型、直线型、L 型) 影响。

(4) 越库的分类有以下三种。

① 接驳式：整托进、整托出，即板进板出；

② 流过式：整托进、按箱出，即板进箱出；

③ 整并式：仓库中的货与越库的货一起出。

(5) 常用的布局方式如图 1.1.12～图 1.1.15 所示。

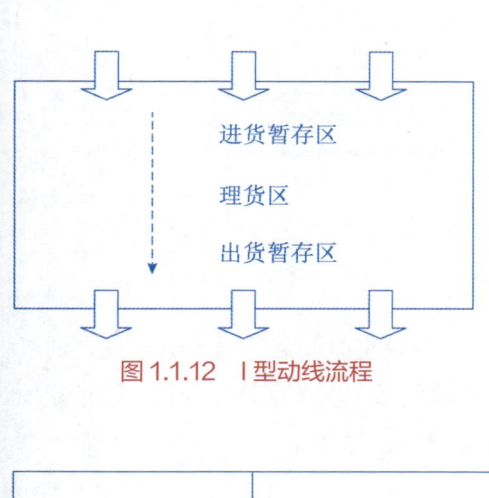

图 1.1.12　I 型动线流程

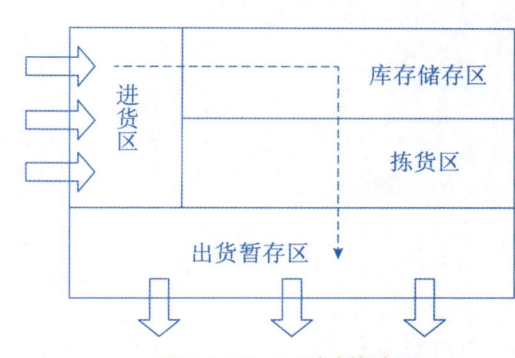

图 1.1.13　L 型动线流程

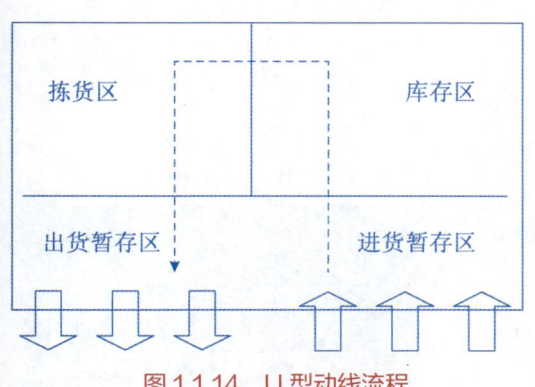

图 1.1.14　U 型动线流程

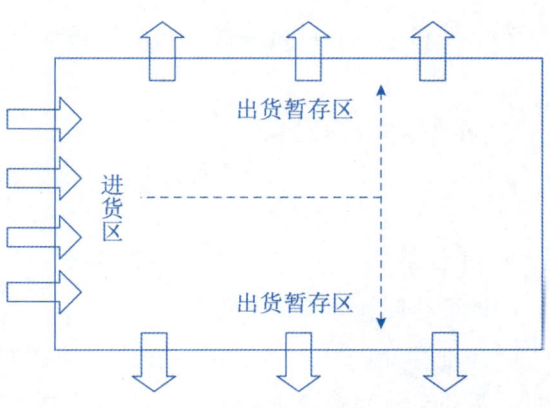

图 1.1.15　T 型动线流程

各布局方式的优缺点如表 1.1.5 所示。

表 1.1.5　各布局方式的优缺点

布局方式	优点	缺点
U 型布局	便于越库,利于安全防范	货物行走路线复杂,车辆易拥堵
L 型布局	可以应对出入库高峰	仓库外车辆占用面积大,园区面积利用率低
I 型布局	收发货月台多,中转效率高	
T 型布局	出库需求大	

9) 盘点作业

定义：确认库存品的品质、数量是否与账面(可在 WMS 系统中核对)相符。

(1) 盘点的主要目的如下：

① 检查实际库存数量；

② 清查库房账面损益；

③ 发现货物管理中存在的问题；

④ 清除问题物品。

(2) 盘点方式如图 1.1.16 所示。

图 1.1.16　盘点方式

(3) 盘点流程：盘点准备(盘点表格、盘点设备)→确定时间和方法(确定盘点的具体时间和方法)→盘点作业(确认商品品质、核对商品数量)→盘点差异分析(修正账面资料、检讨原因并进行改善,如作业流程问题、安全管控问题等)。

3. 仓库中常用的设备

1) 地堆存储

地堆存储如图 1.1.17 所示。

地堆存储的特点：层层堆叠；无须货架,成本低；后进先出；高度有限(稳定性和易损性)；一行存储同一种 SKU(库存量单位)；进深深度一般不超过 6 个托盘。

图 1.1.17　地堆存储

地堆存储的适用场景：SKU 种类少但存量大；高吞吐量情境下，快速获取库存；非严格的先进先出。

2) 驶入式货架和贯穿式货架

驶入式货架如图 1.1.18 所示，贯穿式货架如图 1.1.19 所示。

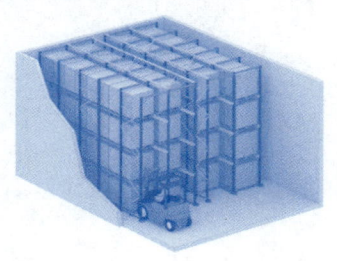

图 1.1.18　驶入式货架

图 1.1.19　贯穿式货架

这两种货架的特点：高度可达 10～11 米；后进先出/先进先出；叉车驶入货架内部存取托盘；一行存储一种 SKU；进深深度一般为 6 个托盘位。

这两种货架的适用场景：SKU 种类少，但存量大；存取速度快；对货物拣选要求不高；非严格的先入先出。

3) 压入式货架

压入式货架如图 1.1.20 所示。

压入式货架的特点：后进托盘将先进托盘推入货架底部；货架一端进出，后进先出；一层存储一种 SKU；进深深度一般为 3～6 个托盘位。

压入式货架的适用场景：SKU 种类数稍多，每种存量较低；存取速度较快；非严格的先进先出。

图 1.1.20　压入式货架

4) 穿梭板货架

穿梭板货架如图 1.1.21 所示。

穿梭板货架的特点：托盘由小车运输；进深深度约 10 个托盘位；同端存取或者异端存取；先进先出或者后进先出；每层存储一种 SKU。

穿梭板货架的适用场景：SKU 种类数稍多，每种存量较大；存取速度较快；先进先出或者后进先出。

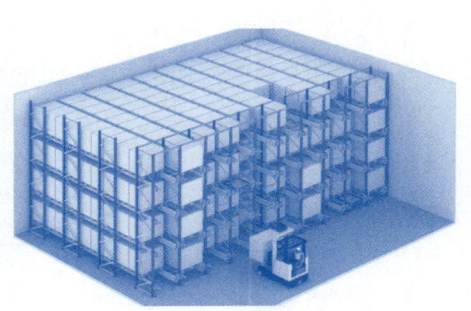

图 1.1.21　穿梭板货架

5) 四向穿梭车

四向穿梭车如图 1.1.22 所示。

四向穿梭车的特点：小车可在交叉轨道上沿水平或者垂直方向运行；多进深；后进先出/先进先出；配合提升机使用。

四向穿梭车的适用场景：SKU 流转速度快；SKU 种类稍少，但存量稍多；非严格的先进先出。

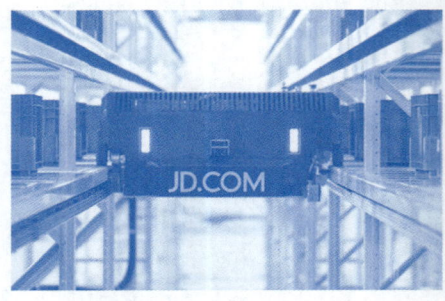

图 1.1.22　四向穿梭车

6) 子母车

子母车如图 1.1.23 所示。

子母车的特点：子车和母车分别在垂直方向运行；多进深；后进先出/先进先出；配合提升机使用。

子母车的适用场景：SKU 流转速度快；SKU 种类稍少，但每种存量稍多；非严格的先进先出。

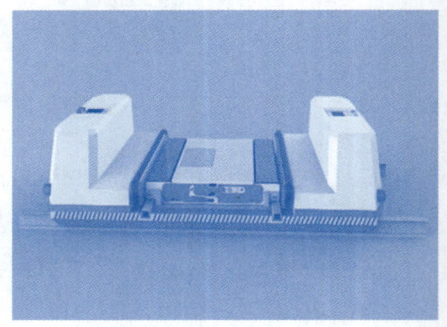

图 1.1.23　子母车

7) 托盘流利式货架

托盘流利式货架如图 1.1.24 所示。

托盘流利式货架的特点：托盘靠输送机传输；一端补货，一端拣选；先进先出；每层存储一种 SKU；进深深度取决于输送机的长度。

托盘流利式货架的适用场景：SKU 种类数稍多，每种存量少；SKU 流转速度快；严格的先进先出。

图 1.1.24　托盘流利式货架

8) 单进深货架

单进深货架如图 1.1.25 所示。

单进深货架的特点：每个托盘均可直接获得；先进先出；货架高度可调节；单进深。

单进深货架的适用场景：SKU 种类多，但每种存量很少；SKU 流转速度快；严格的先进先出。

图 1.1.25　单进深货架

9) 双进深货架

双进深货架如图 1.1.26 所示。

双进深货架的特点：双进深；每个托盘非可直接获得；后进先出。

双进深货架的适用场景：SKU 种类多，但每种存量较少；SKU 流转速度快；非严格的先进先出。

图 1.1.26　双进深货架

10) 窄巷道货架

窄巷道货架如图 1.1.27 所示。

窄巷道货架的特点：巷道宽度约 1.8 米，甚至更窄；单进深，每个托盘可直接获得；配合窄巷道叉车，最大高度约 14 米；先进先出。

窄巷道货架的适用场景：SKU 种类多，但每种存量较少；SKU 流转速度快；严格的先进先出。

图 1.1.27　窄巷道货架

11) 动力式货架

动力式货架如图 1.1.28 所示。

动力式货架的特点：巷道可压缩；单进深；先进先出；一次只能进一辆叉车(安全机制)。

动力式货架的适用场景：SKU 流转速度低；SKU 种类多，但存量少；严格的先进先出；尤其适用于冷藏场景。

图 1.1.28　动力式货架

12) 堆垛机 AS/RS 系统

堆垛机 AS/RS 主要包括单进深堆垛机系统、双进深堆垛机系统和密集存储堆垛机系统，如图 1.1.29 所示。

单进深堆垛机系统
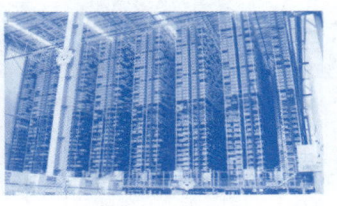
双进深堆垛机系统
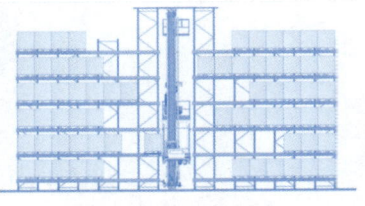
密集存储堆垛机系统

图 1.1.29　常见的堆垛机系统

综合对比以上各设备,从托盘可获得性、先进先出、货架成本、地面拣选以及存取速度5个角度,按1~5分(1为完全不具备该特征,5为完全适合该特征)对其进行评分,评分结果如表1.1.6所示。

表1.1.6 各存储形式对比

存储形式	托盘可获得性	先进先出	低货架成本	地面拣选	存取速度
地堆存储	1	1	5	1	4
驶入式货架和贯穿式货架	1	1	2	1	3
压入式货架	2	1	1	1	3
穿梭板货架	2	1/5	1	1	3
四向穿梭车	1	1	3	1	3
子母车	1	1	3	1	3
单进深货架	5	5	3	5	4
双进深货架	2	1	3	2	3
窄巷道货架	5	5	3	2	4~5
动力式货架	5	5	1	1	1
托盘流利式货架	1	5	1	5	5
单进深堆垛机	5	5	3	1	5
双进深堆垛机	2	1	3	1	5
密集存储系统	1	1	3	1	3

13) 输送线系统

输送线系统用于点对点的货品搬运、货品分拣和货品短期缓存。常见的输送线系统有重力式输送线和动力式输送线两种。

(1) 重力式输送线如图1.1.30所示,用于货品的短距离运输,适用于楼层间或者装卸货场景。

图1.1.30 重力式输送线

(2) 动力式输送线如图1.1.31所示,用于货品的长距离运输,包括滚轮式、带式、板式、链式、悬挂式等种类。

① 滚轮输送机如图1.1.32所示,由一系列滚轮组成,常用于装载单元,如托盘、料箱等的输送。

 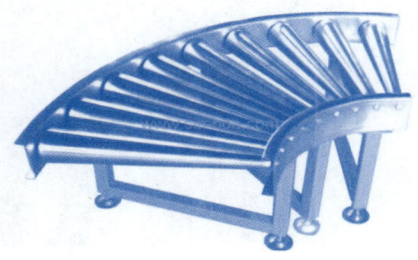

图 1.1.31　动力式输送线　　　　图 1.1.32　滚轮输送机

② 带式输送机如图 1.1.33 所示,皮带在支撑滚轮上运行,常用于输送较轻的装载单元,如纸箱等。

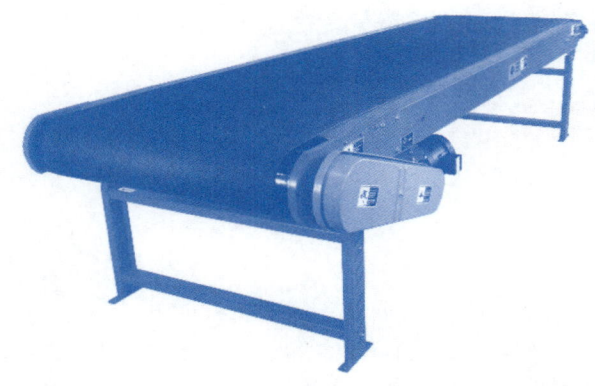

图 1.1.33　带式输送机

③ 板式输送机如图 1.1.34 所示,由水平的板条组成,常用于输送沉重的货品。

④ 链式输送机如图 1.1.35 所示,由水平的链条组成,常用于输送沉重的货品,或者在滚轮输送线中作为转向装置。

图 1.1.34　板式输送机　　　　图 1.1.35　链式输送机

⑤ 悬挂式输送机如图 1.1.36 所示,货品通过悬挂链输送,可用于仓库中的货品存储和分拣。

图 1.1.36　悬挂式输送机

输送线的适用场景：高吞吐量；固定输送路线；高频或持续的搬运活动；地面平整度低，或者需要跨区操作。

输送线的劣势：成本高；人员和车辆无法通行；柔性差。

任务 2　仓储数据分析的内容

●任务描述

通过进货作业分析、入库作业分析、存储作业分析、盘点作业分析、拣货作业分析、分货作业分析来对仓储运营数据进行分析；通过设备性能分析、设备异常分析、设备可靠性分析对仓库设备数据进行具体分析。

●任务分析

以理论讲授为主，结合相关案例对仓库数据的获取及分析进行具体的演示，让学生通过实践学以致用。

●相关知识

1. 仓库运营数据分析

1）仓库运营数据分析认知

仓库运营数据分析，旨在针对仓库的各类物流作业开展相关分析，以准确地反映仓储作业的特征。

(1) 仓储作业的效率：如吞吐量、收发货时间、物品及时验收率、库存物品周转率和出入库作业效率等；

(2) 仓储作业的质量：如货损货差率、设备完好率、保管损耗率、财务差异率和收发差错率等；

(3) 仓储作业设施设备利用程度：如库容利用率、单位面积存储量、仓容利用率和设备利用率等。

2) 仓储运营数据分析内容

从物流作业的角度划分，仓储运营数据分析内容主要包括六大部分：进货作业分析、入库作业分析、存储作业分析、盘点作业分析、拣货作业分析、分货作业分析。

(1) 进货作业通常是仓储作业中的第一个环节，当供应商货车按照规定的时间到达月台后，仓库作业人员将货物从货车上卸下，并对货物进行验收（检查货物的数量和质量），将有关信息同步相关系统。

根据进货作业的主要流程，对进货作业的分析可分为三个部分，如表1.2.1所示。

表1.2.1 进货作业的主要内容及目的

进货作业的主要内容	分析目的
供应商供货及时性分析	帮助企业对供应商供货及时性进行监督
卸货分析	了解仓库到货总量与卸货效率
验收分析	有助于了解验收差异的情况

(2) 入库作业即将货物放到库存预留区的作业，是配合未来出货需要预先将货品堆储而进行的必要的库房管理作业。入库作业分析主要包含以下内容：

① 入库一般性分析：了解仓库内货物的流转情况；掌握入库规律，协助企业及时地调整生产资源；了解入库差异成因，推动仓库内部资源和信息的合理化。

② 入库效率及影响因素分析：了解影响入库效率的因素，辅助仓库开展入库效率提升工作。

(3) 存储作业分析是采用适宜的工具、方法，对库存总量和结构进行分析，主要分析内容如下。

① 整体分析：了解库存现状，保证库存总量维持在合适的水平，以低库存成本实现高客户服务水平。

② 结构分析：合理化库存分区，提高仓库空间利用率，降低库存管理成本。

③ 布局分析：优化商品布局，减少搬运距离，增加单次出库的商品数量，提高出库效率。

(4) 盘点作业是一项确认库存品的品质、数量是否与账面（如WMS）相符的作业活动，主要分析内容如下。

① 盘点整体分析：科学有效地开展盘点工作，保证库存的质量和准确性；定量评估盘点工作量，灵活配置盘点作业人员的数量。

② 盘点差异分析：找出产生库存差错的原因，改善和健全库存管理制度，减少误差出现的频次。

(5) 拣货作业是根据客户订单的内容，将货物从仓库挑出的过程，主要分析内容如下。

① 拣货订单分析：了解每种商品出库分布情况，合理规划商品存储、拣货及分类方式。

② 拣货整体分析：结合入库总量，了解仓库内货物的流转情况，保持仓库出入均衡；掌握仓库出库规律，合理配置或调整仓库的出库资源。

③ 拣货效率及影响因素分析：掌握影响拣货效率的因素，辅助仓库开展出库效率提升工作。

(6) 分货作业是指根据客户订单的内容，将货物从仓库挑出的过程，主要分析内容如下。

① 分货整体分析：了解仓库分货现状及变化规律，辅助仓库管理者合理制订生产计划，安排生产资源；改进资源配置和布局，提高仓库分货能力。

② 分货细部作业分析：发现效率低下的关键环节，优化分货作业流程。

③ 重投包裹分析：降低重投包裹数量，减少资源的浪费，保证交付物品的品质，提升订单履约水平。

2. 仓库设备数据分析

仓库设备数据分析的对象是仓库的各类自动化设备，具体分析内容包含以下三类。

1) 设备性能分析

通过分析自动化设备的行为数据，获取设备在仓库实际运行中的性能参数，如速度（顶升、转弯、直行）、加速度、充电等。分析的作用主要有：一方面能够将数据反馈给产品研发部门，便于制订产品改进计划，并实施新产品创新；另一方面可以作为仿真数据进行参考，使仿真结果更贴近真实的仓库表现。

2) 设备异常分析

分析自动化设备的异常数据，辅助设备异常的定位和解决，保证仓库正常有序运营。

3) 设备可靠性分析

通过自动化设备全生命周期的运行数据，评估设备在时间维度上的质量，开展产品故障诊断与预测，制定合适的设备维修策略，以延长设备的使用寿命。

任务3　仓储数据分析的作用

● 任务描述

学习数据分析在仓储运营中的作用，理解仓库大数据分析的重要性。

● 任务分析

需要借助相应的模型、公式等对仓储数据进行分析，并结合具体的案例，通过数据分析前后的对比来体现数据分析的重要性。

● 相关知识

1. 数据分析在仓储中的作用

仓储数据包括仓库物流作业、设施、设备和人员产生的相关数据。仓储数据分析作为工业大数据分析的重要组成部分，正在给仓储行业带来更深刻的变革和更深的洞察力。数据分析在仓储中的作用主要有：提升仓储物流作业效率、节约仓储作业成本、加速自动化设备创新、提高订单履约能力和水平、提高设备可靠性、延长设备使用寿命。

1) 数据分析辅助提升仓储作业效率

案例：某 AGV 仓通过确定拣选时长的影响因素，提高工作人员拣选效率。

输入内容：某 AGV 仓库的出入库数据。

方法：根据广义可加模型 (GAM) 构建变量之间的非线性关系。

$$y_i=\beta_0+s(\mathrm{qty}_i)+s(\mathrm{volume}_i)+s(\mathrm{weight}_i)+s(\mathrm{shelf}_i)+\varepsilon_i$$

其中，$s()$ 为光滑样条函数，y、qty、volume、weight 和 shelf 依次代表单件拣选时长、单次拣选同种 SKU 件数、SKU 体积、重量以及所处货架层数。

输出结果：确定 SKU 重量、体积、件数以及所处货架层数为拣选时长的影响因素，量化各因素对拣选时长的影响效果。

应用：通过改进 AGV 仓库品类规划、优化商品布局和改进货架设计来影响 SKU 重量、体积、件数以及所处货架层数，从而提高工作人员拣选效率约 20%。

2) 数据分析辅助加速自动化设备创新

案例：公司在全国多个城市对仓库设备上线了新功能，为了评估设备的新功能效果，明确新功能的有效性，对各仓库的出库、回库耗时降幅进行了比较，如图 1.3.1 所示。

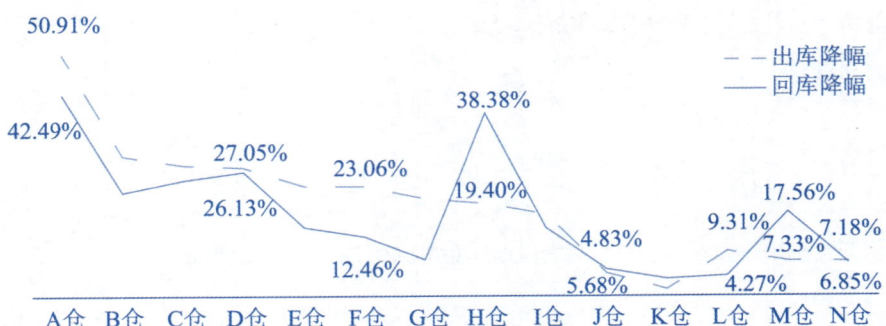

图 1.3.1 出库/回库耗时降幅

结论：

(1) 出库到工作站搬运耗时平均降低 26.10%，最高降低 50.91%。

(2) 回库到储位搬运耗时平均降低 17.14%，最高降低 42.49%。

(3) 本次上线的功能可以有效缩短出库和回库耗时。

3) 数据分析辅助提高订单履约能力和水平，降低仓库成本

案例：研究无人仓 AGV 小车（如图 1.3.2 所示）、工作站的最优数量配置，使其既能达到目标拣选件数、保证不会挂单，又不会造成资源浪费。

方法：C-D 生产函数、岭回归模型、情景分析。

$$y = f(\text{car}, \text{station}) = \beta_0 \text{car}^{\beta_1} \text{station}^{\beta_2}$$

$$\sum_{i=1}^{n}(y_i - \beta_0 - \sum_{j=1}^{p}\beta_j x_{ij})^2 + \lambda \sum_{j=1}^{p}\beta_j^2$$

输出结果：建立了无人仓拣选件数与 AGV 小车、工作站之间的关系模型；根据该模型可测算出日常及大促场景下仓库应配置的出库工作站、执行出库任务的 AGV 小车数量。

效果：保证了生产的顺利进行，同时小车利用率提升约 30%，有效减少工作站数量约 20%，控制了生产成本。

图 1.3.2 AGV 小车

4) 数据分析辅助提高设备可靠性，延长设备寿命

案例：获得京东地狼 AGV 的可靠性数据，明确地狼 AGV 失效机理；制定各项失效预防措施，从地狼 AGV 全生命周期入手开展可靠性提升。

方法：选取 6 个月的地狼仓库中地狼 AGV 的实际运营数据，计算地狼 AGV 的可靠性指标，如表 1.3.1 所示。

效果：依据可靠性指标制定仓库的巡检计划，使地狼 AGV 的平均无故障运行时长提升 30%。

表 1.3.1 地狼 AGV 实际运营分析

仓库	平均故障间隔时间(MTBF)/时	平均故障维修时间(MTTR)/分	可用度/%	趋势
A	1037.9	10.7	0.9998	TRUE
B	1201.8	12.6	0.9997	TRUE
C	1186.5	10.5	0.9998	TRUE
D	1318.7	10.4	0.9998	TRUE
E	1048.2	7.6	0.9999	TRUE
F	1136.9	12.5	0.9997	TRUE

2. 数据分析在仓储中的应用

由于计算机普及和互联网技术的快速发展，通信技术能力不断提高，从而促进了电子商务的飞速发展。目前，电子商务应用过程会产生大量的电子数据或程序，通过使用数据挖掘的方法，搜索和采集信息隐含的附有价值的电子信息，形成知识的不断飞跃。

1) 数据挖掘在电子商务中应用的必要性和可行性

电子商务主要以数字技术为基础，商务数据切换和业务活动的展开都是通过电子方式进行的。电子商务是建立在计算机网络技术平台，凭借互联网发展的优势，吸取传统商业活动的优点，得到巨大的收益。其优点主要有以下几方面：

(1) 服务时间自由，不受限制，基本可以开展 7 天 24 小时不间断的业务。

(2) 实现了全球电子信息资源共享，尤其是 B2B 模式电子商务的出现，促使了全球资源搜索，可进行不限地点、不限时间的销售和购买，使人们的买卖更加简单和方便。

(3) 明显增加了经济效益，降低了企业的成本。一是避免了高昂的租金、税费等，二是降低了广告成本，而且还可以降低空间和时间所带来的成本。

(4) 客户关系的管理和维护是重点工作内容。

(5) 电子商务可以极大地节省库存空间，而且保证供应链持续管理。

电子商务系统一般是由一些电子商务过程组成，在此过程中会产生大量的数据信息，这些数据是进行数据挖掘的基础。电子商务过程产生的电子信息具有其自身的特点，需要将数

据挖掘技术和电子商务相结合,以便找到适宜的电子商务数据挖掘的方法。这样一来,不仅可以提高工作效率、准确并且顺利地进行数据挖掘,而且电子商务服务会受到好评。

2) 数据挖掘的方法及工具

(1) 最常用的传统统计方法是数学抽样。如果将全部的数据收集分析是不现实的,更是不需要的,只需要在数学理论的指导下随机抽样,通过多元统计分析及因子分析等传统的方法进行科学统计。

(2) 可视化技术是指利用数模图形,将抽象的事物在视觉上表达出数据特点来,比如直方图、控制图等,许多图形都描述了使用统计控制的方法。将数据实现可视化是我们面临的一个重要问题。

(3) 决策树是指建立一个系统的规则,将大量的数据进行划分,这样建立起来的决策树模型可用于分类和总结。

(4) 神经网络是指模拟人类神经机构和功能,通过输入层直到输出层,调整的数据计算过程,将最终得到的结果进行分类和总结。

(5) 遗传算法是建立于自然进化理论,模拟基因组合过程和基因突变过程,从而优化数据技术的理论。

3) 数据挖掘在电子商务中的具体应用

(1) 在电子商务营销方面的应用如下。

① 调节产品生命周期。通过数据挖掘,实现互访和销售货物过程,并且进行分析,以获得客户的要求,进而确定消费者的消费周期,最后制定一个特定的时间开展促销让利活动,使用户享受在此时间段购买商品的优惠政策。

② 细分市场。可以通过数据挖掘找出不同人群的需求进行分析,满足不同客户的需求,划分出属于同一类别的市场需求,缩短他们的距离。不同类别的用户组之间的需求差别可能很大,数据挖掘可以实现客户特征提取,将客户分为更细的不同市场,进而提供更有针对性的服务。

③ 制定合理的产品策略和价格策略。可以使用相关的分析方法,分析在线客户的购买行为,分析客户购买产品的相关信息,如客户对一些品牌的兴趣和忠诚度、可接受的价格范围、快递运输包装等要求,帮助管理者确定市场,计划销售商品的种类,实现新产品投放和收益最大化。

④ 开展产品营销活动,制定促销策略。通过调查生产公司的情况和商品销售情况,确定产品的旺销周期和消费收入水平,根据当时的市场变化改变营销策略,达到收益最大化。

(2) 在电子商务网站系统和安全方面的应用如下。

① 提高反应速度。浏览服务器客户端的访问信息就是一笔财富,因为通过数据挖掘可以刷新网站单击率的纪录,管理者应该快速地调整战略,提升服务平台的稳定性,优化购物环境,提升服务质量,以确保电子商务购物顺利实现。

② 提高安全性。目前，网站上的统计分析可以利用各种数据，但是提高系统性能的同时，不能忽视系统的安全性能。

(3) 在网络广告方面的应用如下。

① 在网络页面上，逗留观看广告的用户可能会成为潜在的客户，导致企业都会投资一部分资金做在线广告，一些商家甚至花大价钱获得高单击率。

② 当用户访问网站的时候就会留下大量的信息，这些信息及时被存储在数据库中。通过数据挖掘，可以有效地了解用户需求，帮助商家实现个性化的营销。

资料来源：丁锡龙.数据挖掘技术对电子商务数据仓储的应用与分析[J].无线互联科技，2013(09):144.

●知识拓展

智慧仓储大数据应用

智慧仓储运营支撑平台将各地的仓储运营数据统一上传至企业大数据平台，进行分类，并对分散及重复数据进行筛选、汇总、抽取、挖掘、分析，形成物流与仓储有价值的大数据，便可应用于企业管控和管理全过程的协调、管理、协同、决策。大数据平台架构分为数据源、大数据获取、大数据处理、大数据应用4层。

(1) 数据源层主要实现采集前端各类感知设备以及各仓储运营平台数据。

(2) 大数据获取层实现结构化数据、非结构化数据、半结构化数据的导入导出。

(3) 大数据处理层实现数据的分布式存储和并行计算，并统一提供资源的调度服务、访问服务、管理监控服务和权限控制服务等。

(4) 大数据应用层实现物流运输调度、储位管理、可追溯管理、精准营销等各类智慧化应用。

① 运输调度：通过大数据优化任务发运计划，使运输任务最大程度地衔接起来，达到整个运输网络任务协调流程，合理组织运输工作和车辆调配，提高运输调度水平。

② 储位管理：通过对产品的进出货数据进行分析、整理、分类，深度挖掘不同类别之间的相关关系，再配合批次作业手段，优化拣货单，提高仓储工作效率。

③ 可追溯管理：借助大数据平台智能分析及智慧仓储前端采集信息，建立产品档案，全面直观地展示品牌形象，借助供应链系统与电子商务交易平台，实时监督产品生产、交易和运输全过程。

④ 精准营销：通过收集各个电子商务平台上同类产品的销售价格、数量、潜力，以及老客户的个人资料、交易行为、忠诚度等信息，同时深度挖掘潜在客户，制订一些优惠政策，激发购买的积极性，定向推送产品信息，实现精准营销。

资料来源：杨超，马韵洁，孙威蔚.基于大数据分析的智慧仓储运营支撑平台设计[J].电子技术与软件工程，2016(20):194.

●单元小结

　　本单元重点介绍了仓库的物流作业流程及常见的物流作业设备,要求学生能够全面掌握仓库的物流作业流程,明确货品在仓库中流转的全过程,同时了解各项作业流程的配套设备。

第 2 单元
数据分析基础知识

【内容概览】

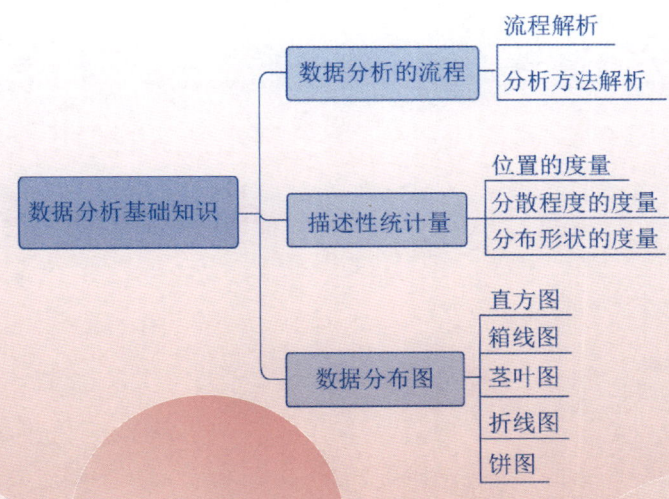

【知识目标】

1. 掌握数据分析的基本流程；

2. 掌握描述性统计量及计算方法；

3. 掌握描述性统计量均值、众数、中位数、百分位数的概念；

4. 掌握常见的数据分布图的绘制方法及应用场景；

5. 掌握常见的数据分布及其分布函数。

【技能目标】

1. 具备数据分析的基本技能；

2. 能够应用数据分析常用的基础分析方法和经典的统计模型；

3. 具备数据分布图计算和画图的基本能力。

【职业目标】

1. 增强学生数据分析的意识；

2. 能胜任仓储数据统计相关工作岗位；

3. 养成认真细致、精益求精的数据分析习惯。

任务 1　数据分析的流程

● 任务描述

掌握常用的数据分析的流程以及常用的数据分析方法。

● 任务分析

掌握数据分析的通用流程，通过数据分析方法，按照步骤实现相关的数据分析。

● 相关知识

1. 流程解析

第一步，数据获取。

数据获取途径与方法包括：抽样调查、实验设计、网络爬虫、传感集成。

第二步，探索性分析。

工作任务包括数据清洗、识别异常点、插补缺失值。

第三步，数据加工。

数据加工包括数据转换、数据挖掘与建模以及模型检验。

(1) 数据转换包括无量纲化、正态化、标准化。

(2) 数据挖掘与建模包括机器学习、统计模型。

① 机器学习包括监督学习、半监督学习、非监督学习、主动学习、深度学习等。

② 统计模型包括计量经济模型、时间序列分析、多元统计分析、非参数统计、高维数据分析等。

(3) 模型检验包括交叉验证、显著性检验、拟合优度检验。

第四步，解释与预测。

工作任务包括：影响因素分析、相关分析、多变量交互作用、风险与决策。

第五步，研究报告。

研究报告要求：可视化、可复制性。

2. 分析方法解析

本任务涉及的分析方法包括数据分析常用的基础分析方法和经典的统计模型。

(1) 描述性统计包括描述性统计量、数据分布图等。

(2) 推断性统计包括参数检验、拟合优度检验、参数估计、非参数估计、列联表分析、抽样分布等。

(3) 统计模型包括回归分析、时间序列分析、综合评价、广义可加模型、关联分析、社会网络分析等。

● 知识拓展

数据的无量纲化是指不同指标之间的数据由于量纲不同，导致其不具有可比性，若直接代入模型则会影响模型结果。因此首先需将数据进行无量纲化，消除量纲影响后再进行分析。

任务 2　描述性统计量

● 任务描述

> 通过位置的度量、分散程度的度量、分布形状的度量来对数据进行分析。

● 任务分析

> 掌握各种度量方法的逻辑，通过案例练习掌握各统计量的计算过程。

● 相关知识

1. 位置的度量

位置的度量是用来描述定量数据的集中趋势的统计量，常用的有均值、众数、中位数、百分位数等。

1) 均值

均值 ($\bar{x}$) 是数据的平均数，描述了数据取值的平均位置。

$$\bar{x} = \frac{1}{n}\sum_{i=1}^{n} x_i$$

练习 2.1 已知 15 位拣货员同一天内拣货件数如下：

75,64,57,68,62,62,59,64,67,64,57,69,67,53,72

求平均每人每天拣货件数。

解答 $\bar{x}$ =(75+64+57+68+62+62+59+64+67+64+57+69+67+53+72)÷15=64

因此，平均每人每天拣货件数为 64。

2) 顺序统计量

设 n 个数据按照从小到大顺序排列为顺序统计量。

$$x_1 \leqslant x_2 \leqslant \cdots \leqslant x_n$$

练习 2.2 已知 15 位拣货员同一天内拣货件数如下：

75,64,57,68,62,62,59,64,67,64,57,69,67,53,72

求顺序统计量。

解答 将数据按照从小到大顺序排列，得顺序统计量为

53 57 57 59 62 62 64 64 64 67 67 68 69 72 75

3) 众数

众数是一组数据中出现频次最多的数据。虽然众数不受极端数据的影响，但在数据代表性方面比较差。

练习 2.3 已知 15 位拣货员同一天内拣货件数如下：

75,64,57,68,62,62,59,64,67,64,57,69,67,53,72

求众数。

解答 统计每个数据出现的次数

数据"64"出现 3 次；数据"57""62""67"各出现 2 次；其他数据均出现了 1 次。所以，众数为"64"。

4) 中位数

对于一组数据：$x_1, x_2, \cdots x_n$，将它从小到大排列：$x_1, x_2, \cdots x_n$，中位数一般用 m_e 表示，是指数据排序位于中间位置的值。

$$m_e = \begin{cases} x_{\frac{n+1}{2}} & \text{当 } n \text{ 为奇数时} \\ \frac{1}{2}\left[x_{\frac{n}{2}} + x_{(\frac{n}{2}+1)}\right] & \text{当 } n \text{ 为偶数时} \end{cases}$$

中位数描述一组数据中心位置的数字特征，大体上比中位数大或者小的数据个数基本相等。

对于对称分布的数据，中位数与均值比较接近；对于偏态分布的数据，均值与中位数差别较大。

此外，中位数的显著特点是不受异常值的影响，具有稳健性，因此它是数据分析中相当重要的统计量。

练习 2.4 已知 15 位拣货员同一天内拣货件数如下：

$$75,64,57,68,62,62,59,64,67,64,57,69,67,53,72$$

求中位数。

解答 将数据按照从小到大的顺序排列，得顺序统计量

$$53\ 57\ 57\ 59\ 62\ 62\ 64\ 64\ 64\ 67\ 67\ 68\ 69\ 72\ 75$$

位于中间位置（第八个）的值为 64，即中位数为 64。

5) 百分位数

百分位数是中位数的推广，将 n 个数据按照从小到大顺序排列后，对于 $0 \leq p \leq 1$，它的 p 分位点定义为

$$m_p = \begin{cases} x_{(\lfloor np \rfloor + 1)} & \text{当 } np \text{ 不是整数时} \\ \dfrac{1}{2}\left[x_{(np)} + x_{(np+1)}\right] & \text{当 } np \text{ 是整数时} \end{cases}$$

其中，$\lfloor np \rfloor$ 表示 np 的整数部分。

p 分位数又称为第 $100p$ 百分位数。在实际计算中，我们常关注 0 分位数（最小值），0.25 分位数（第 25 百分位数，也称下四分位数，Q_1），0.5 分位数（第 50 百分位数，中位数），0.75 分位数（第 75 百分位数，也称上四分位数，Q_3），1 分位数（最大值）。

练习 2.5 已知 15 位拣货员同一天内拣货件数如下：

$$75,64,57,68,62,62,59,64,67,64,57,69,67,53,72$$

求最小值、下四分位数、中位数、上四分位数、最大值。

解答 将数据按照从小到大顺序排列，得顺序统计量

$$53\ 57\ 57\ 59\ 62\ 62\ 64\ 64\ 64\ 67\ 67\ 68\ 69\ 72\ 75$$

因此，最小值为 53

下四分位数：$x_{(\lfloor 15 \times 0.25 \rfloor + 1)} = x_{(4)} = 59$

中位数：$x_{(\lfloor 15 \times 0.5 \rfloor + 1)} = x_{(8)} = 64$

上四分位数：$x_{(\lfloor 15 \times 0.75 \rfloor + 1)} = x_{(12)} = 68$

最大值：75

2. 分散程度的度量

表示数据分散（或者变异）程度的特征量有方差、标准差、极差、半极差、变异系

数和标准误等。

1) 方差、标准差与变异系数

方差是描述数据取值分散性的一个度量。样本的方差是样本相对于均值的偏差平方和的平均，记为 s^2，即

$$s^2 = \frac{1}{n-1}\sum_{i=1}^{n}(x_i - \bar{x})^2$$

其中，$\bar{x}$ 是样本的均值。

对样本的方差开方就得到了样本的标准差，记为 s。

变异系数是标准差与均值的比值，是数据相对分散性的一种度量，记为 CV。

$$\text{CV} = \frac{s}{\bar{x}}$$

变异系数是一个无量纲的量，可以用于来自不同总体的样本数据变异性的比较。

练习 2.6 已知 15 位拣货员同一天内拣货件数如下：

75,64,57,68,62,62,59,64,67,64,57,69,67,53,72

求方差、标准差和变异系数，保留两位小数。

解答

均值：$\bar{x}$ =(75+64+57+68+62+62+59+64+67+64+57+69+67+53+72) ÷ 15=64

方差：$s^2 = \frac{1}{n-1}\sum_{i=1}^{n}(x_i - \bar{x})^2$

$= \frac{1}{15-1} \times [(75-64)^2+(64-64)^2+(57-64)^2+(68-64)^2+(62-64)^2+(62-64)^2+(59-64)^2+$

$(64-64)^2+(67-64)^2+(64-64)^2+(57-64)^2+(69-64)^2+(67-64)^2+(53-64)^2+(72-64)^2]$

$=35.42$

标准差：$s = \sqrt{s^2} = \sqrt{35.42857} = 5.95 = 5.95$

变异系数：$\text{CV} = \frac{s}{\bar{x}} = 5.95219/64 = 0.09$

2) 极差与标准误

样本极差 (R) 的计算公式为

$$R = \max(x) - \min(x)$$

其中，x 是样本数据集，样本极差是描述样本分散性的数字特征。当数据越分散，其极差越大。

半极差（或称四分位差）是样本上下四分位数之差，记为 R_1，即

$$R_1 = Q_3 - Q_1$$

半极差是度量样本分散性的重要数字特征，特别是对于含有异常值的数据，它作为数据分散性的度量，具有稳健性，因此在稳健性数据分析中，半极差具有重要作用。

样本的标准误 (s_m) 定义为

$$s_m = \sqrt{\frac{1}{n(n-1)}\sum_{i=1}^{n}(x_i-\overline{x})^2} = \frac{s}{\sqrt{n}}$$

练习 2.7 已知 15 位拣货员同一天内拣货件数如下：

$$75,64,57,68,62,62,59,64,67,64,57,69,67,53,72$$

求极差、半极差、标准误，保留两位小数。

解答

极差：$R = \max(x) - \min(x) = 75 - 53 = 22$

半极差：$R_1 = Q_3 - Q_1 = 68 - 59 = 9$

标准误：$s_m = \sqrt{\dfrac{1}{n(n-1)}\sum_{i=1}^{n}(x_i-\overline{x})^2} = \dfrac{5.95}{\sqrt{15}} = 1.53$

3. 分布形状的度量

1) 偏度系数

样本的偏度系数 (g_1) 的计算公式为

$$g_1 = \frac{n}{(n-1)(n-2)s^3}\sum_{i=1}^{n}(x_i-\overline{x})^3 = \frac{n^2\mu_3}{(n-1)(n-2)s^3}$$

其中，s 是标准差，μ_3 是样本的 3 阶中心距，即 $\mu_3 = \dfrac{1}{n}\sum_{i=1}^{n}(x_i-\overline{x})^3$

偏度系数是刻画数据的对称性指标。

关于均值对称的数据，其偏度系数为 0；右侧更为分散的数据，其偏度系数为正值；左侧更为分散的数据，其偏度系数为负值。

练习 2.8 已知 15 位拣货员同一天内拣货件数如下：

$$75,64,57,68,62,62,59,64,67,64,57,69,67,53,72$$

求偏度系数。

解答

偏度系数：$g_1 = \dfrac{n}{(n-1)(n-2)s^3}\sum_{i=1}^{n}(x_i-\overline{x})^3$

$= \dfrac{15}{(15-1)(15-2)(5.95219)^3}[(75-64)^3+(64-64)^3+(57-64)^3+(68-64)^3+(62-64)^3+(62-64)^3+(59-64)^3+(64-64)^3+(67-64)^3+(64-64)^3+(57-64)^3+(69-64)^3+(67-64)^3+(53-64)^3+(72-64)^3] = -0.03$

2) 峰度系数

样本的峰度系数 (g_2) 的计算公式为

$$g_2 = \frac{n(n+1)}{(n-1)(n-2)(n-3)s^4}\sum_{i=1}^{n}(x_i-\overline{x})^4 - 3\frac{(n-1)^2}{(n-3)(n-2)}$$

$$= \frac{n^2(n+1)\mu_4}{(n-1)(n-2)(n-3)s^4} - 3\frac{(n-1)^2}{(n-3)(n-2)}$$

其中，s 为标准差，μ_4 是样本 4 阶中心矩，即 $\mu_4 = \frac{1}{n}\sum_{i=1}^{n}(x_i - \bar{x})^4$

当数据的总体分布为正态分布时，峰度系数近似为 0；当分布较正态分布的尾部更分散时，峰度系数为正，否则为负；当峰度系数为正时，两侧的极端数据较多；当峰度系数为负时，两侧的极端数据较少。

● 任务准备

准备计算机、Excel、计算器、纸、笔等基本工具。

● 任务实施

根据位置的度量、分散程度的度量、分布形状的度量等相关公式完成各项练习题数据的计算。

● 问题管理

本任务涉及数据和公式较多，需仔细认真完成各项计算。

● 知识拓展

碎片化学习行为认知特性之描述性分析调查研究

学习碎片化始于信息碎片化，进而带来知识碎片化、时间碎片化、空间碎片化、媒体碎片化、关系碎片化等。据此，本研究将碎片化学习界定为学习者通过各种移动互联设备，随时随地随心地获取各种零碎性信息和知识的学习方式。

本次调查主要以长江大学大三理科生为研究对象，选取数学、化学、物理三类专业学生作为调查对象，有效问卷 426 份。学生专业分布情况为数学类占 33.74%，物理类占 28.83%，化学类占 37.43%；性别为男生 67.79%，女生 32.21%。

调查显示，碎片化学习认知特性包括感知错觉、多通道感知、注意、记忆、思维特性等方面。

1. 调查结果分析

(1) 记忆特性维度得分最高。58% 的学生同意或完全同意碎片化信息主要停留在短时记忆阶段，37.9% 的学生认为后续碎片化学习会对最初的学习目标有一定的干扰。根据信息加工理论，"信息是经编码形式存储在长时记忆中的"。碎片化学习中，学习者一般不会对信息进行复述或编码,因此进入短时记忆的信息量有限且变化快,当需要使用信息时,很难经过检索提取信息,这就削弱了获取信息的价值。同时,信息较快的变换速度会让人把更多的焦点放在新进入的信息上,而忽略了最初的目标。

(2) 学习方式维度的得分均值处于高位。学生利用碎片化时间学习时,46% 的学生"会树立明确目标",50.8% 的学生"会考虑我真正需要去学些什么",51.6% 的学生"遇到问题时会停下来思考",说明学生有较强的目标意识,会考虑核心学习目标,主动地选择信息。

学生利用碎片化时间学习时,39% 的学生"借助时间管理软件调节学习过程",34.6% 的学生会利用信息加工工具标记阅读的信息。通过工具来管理学习过程或通过信息标记提高学习质量,这两方面的调查数据值并不高。分析原因如下:大三学生主要在学校接受系统的专业学习,形成了一套适应专业学习的学习方式,利用信息化工具去管理和加工信息这种新的学习方式的经验和意识都比较欠缺,而且软件本身并非集成度高和功能全面,这些都导致了学生使用软件辅助学习过程的概率降低。

(3) 感知错觉、多通道感知两个维度的得分处于中位。感知错觉方面,学生碎片化学习过程中得到了较多的愉悦感(均值为3.6),感到积累了知识(均值为3.21),这也是他们频繁使用碎片化学习方式的原因,即愉快的"学习"。但"学习是人的行为经验方面相对持久的变化",是否产生持久变化是衡量学习是否发生的重要依据。碎片化学习时间短、注意变化快,很多信息未存即逝,并未给学习者带来行为经验方面的影响,所以很多碎片化的"学习"是一种感知错觉。当然,也有部分碎片化学习给学习者拓宽了视野,潜移默化地影响了原有的部分观念,这部分碎片化学习发生了且有意义。孤立感方面,大部分学生持否认或中立的态度,说明他们没有对碎片化学习产生过强的依赖,有较强的自主能力和自信。

多通道感知方面,多数学生会同时打开多个程序,且自认为依然能对外界保持注意即耳听八方。碎片化学习过程所借助的媒介是多任务处理的模式,因此学习的外部环境也延续了多通道和多样化。碎片化学习过程,或许因为没有明确目的,处于浅层次的片段式学习,所以学生能保持对外界的注意。但是,41% 保持中立、20% 不同意的数据也表明:耳听八方的能力在碎片化学习过程中是受到影响的,甚至被很大程度地削弱了。关于中途上 QQ 等娱乐行为,各有约 30% 的学生持不同意、中立或同意的态度,这既与多通道学习环境有关,也与学习任务、学习者自身控制力相关。

(4) 注意特性的均值得分处于下行。在碎片化学习过程中,48.4% 的学生倾向于没有耐心读完长文档,不同意的仅占 15%,说明由于碎片化学习内容大多零碎且短小,学生逐渐养成了与之适应的阅读方式,对于突然出现的长篇幅内容,大部分人难以改变阅读节奏,很难完整地阅读文档。其次,37.1% 的学生呈现出"注意点易频繁跳跃且焦点易因特色夸张的标题而转移"的特点,说明碎片内容结构松散,很难维持长久注意,特色标题却能调动好奇心,让人一睹为快。某些弹出的消息或广告,对学习者注意力影响较小,均值为 2.56,可能由于弹出的消息框停留时间短且大部分为广告,对学生吸引力差,因此不易转移其注意。

(5)思维特性维度得分最低。思维特性各题的数据分析表明,约 50.8% 的人遇到有价值的信息时会精读,只有 20.1% 的人已养成一看而过的习惯,不会进一步对信息加工。在思维活跃度、同化度、主见度方面,同意、中立、不同意三种倾向比例约为 3∶4∶3,这说明思维的复杂度高,不同人对思维的认识差异明显,在碎片化学习中思维特性没有明显的倾向。

2. 研究建议

学生进行碎片化学习时,应当树立明确的学习目标,借助标注工具和时间管理工具管理学习过程。针对记忆主要是短时记忆,建议对有价值的信息及时进行重复或加工,以便进入长时记忆存储。思维方面建议多停下来思考,应尽可能减少多通道感知对学习的干扰,多追求阅读信息的质而不是量。后期在此基础上,还需进一步对数据进行处理,以期对认知特性之间的关系做进一步研究。

资料来源:李新. 碎片化学习行为认知特性之描述性分析调查研究 [J]. 软件导刊(教育技术),2019,18(04):9-11.

● 任务小结

本任务介绍了开展数据分析的基本流程,并对数据的描述性统计量及其计算方法进行了重点介绍,要求学生能够建立数据分析的逻辑体系,树立通过简单的数学计算认识数据、熟悉数据的意识。

任务 3　数据分布图

● 任务描述

掌握直方图、箱线图、茎叶图、折线图、饼图的绘制方法。

● 任务分析

需根据数据特征按照不同数据分析的方法进行相关图形的绘制。

● 相关知识

数据的数字特征刻画了数据的主要特征,而数据分布能够对数据的总体情况做出全面的描述。数据分布图主要有直方图、箱线图、茎叶图、折线图、饼图。

1. 直方图

直方图将数据取值的范围分成若干区间，统计数据落在每个区间的频率和频次。以区间长度为宽，频率或者频次为高，绘制每个区间的矩形，获得直方图（如图 2.3.1 所示）。区间长度对直方图形态有很大的影响。区间长度太小，每组的频数较少，由于随机性的影响，临近区间上的频数可能很大；区间长度太大，直方图所反映的形态就不灵敏。

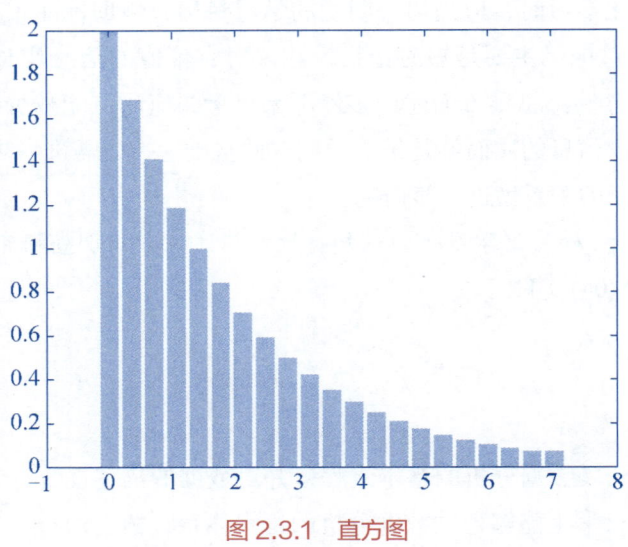

图 2.3.1　直方图

练习 2.9　已知 15 位拣货员同一天内拣货件数如下：

75,64,57,68,62,62,59,64,67,64,57,69,67,53,72

请绘制拣货量分布的直方图。

解答

第一步，划分区间。

[50,55)，[55,60)，[60,65)，[65,70)，[70,75)，[75,80)

第二步，统计频次。

[50,55)：　1

[55,60)：　3

[60,65)：　5

[65,70)：　4

[70,75)：　1

[75,80)：　1

第三步，绘制直方图。

拣货量分布的直方图如图 2.3.2 所示。

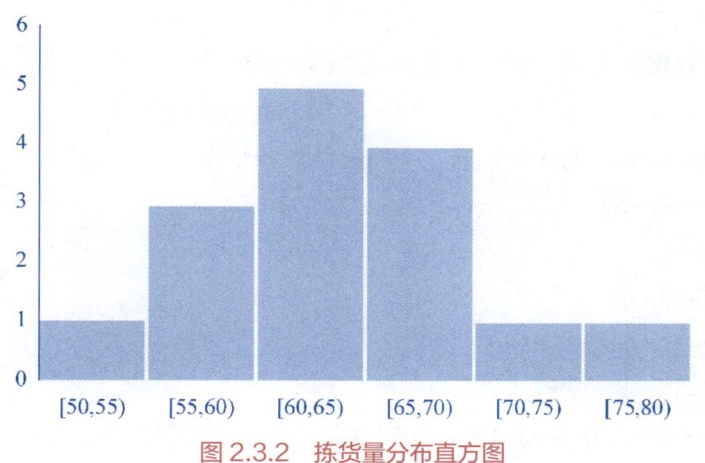

图 2.3.2 拣货量分布直方图

2. 箱线图

  箱线图能够直观简洁地展示数据分布的主要特征。在箱线图中,上下四分位数分别确定出中间箱体的顶部和底部。箱体中间的粗线是中位数所在的位置。由箱体向上下伸出的垂直部分称为"触须",表示数据的散布范围,最远点为上下四分位数加减 1.5 倍的半极差,也称为箱线图的内限。如图 2.3.3 所示,内限未在图中标注。

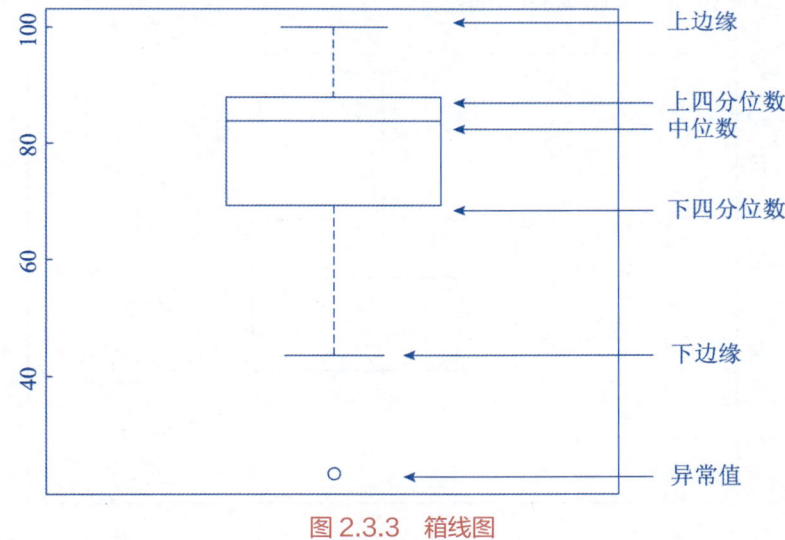

图 2.3.3 箱线图

  超出内限的点称为异常值点,异常值点用"o"表示。非异常值数据的最大、最小值分别构成了箱线图的上边缘和下边缘。

  练习 2.10 已知 15 位拣货员同一天内拣货件数如下:

$$75, 64, 57, 68, 62, 62, 59, 64, 67, 64, 57, 69, 67, 53, 72$$

请绘制拣货量分布的箱线图。

解答

第一步,将数据按照从小到大顺序排列,得顺序统计量。

53 57 57 59 62 62 64 64 64 67 67 68 69 72 75

第二步,求中位数、上四分位数、下四分位数和半极差。

下四分位数:$Q_1 = 59$

中位数:$Q_1 = 64$

上四分位数:$Q_3 = 68$

半极差:$R_1 = Q_3 - Q_1 = 68 - 59 = 9$

第三步,求内限和异常值点。

内限上限:$Q_3 + 1.5 \times R_1 = 68 + 1.5 \times 9 = 81.5$

内限下限:$Q_1 - 1.5 \times R_1 = 59 - 1.5 \times 9 = 45.5$

异常值点:无

第四步,求上边缘和下边缘。

由于数据无异常值点,则箱线图的上边缘和下边缘对应了数据的最大值和最小值。

上边缘:75

下边缘:53

第五步,绘制箱线图。

拣货量分布的箱线图如图 2.3.4 所示。

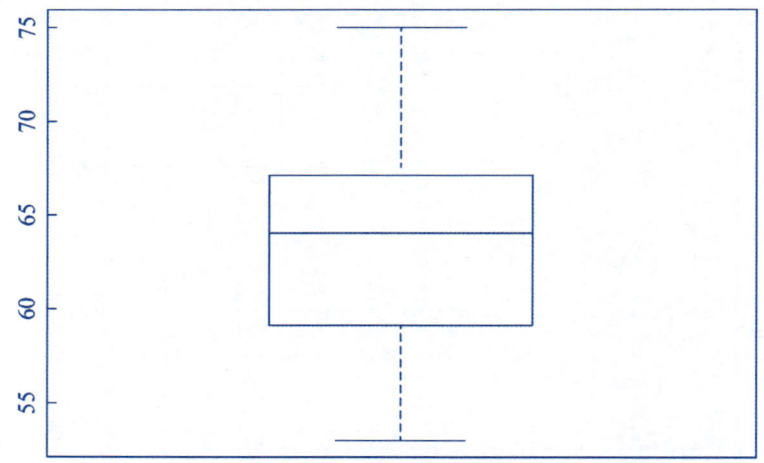

图 2.3.4 拣货量分布箱线图

3. 茎叶图

与直方图比较,茎叶图能够更细致地看出数据分布的结构。在茎叶图中,纵轴为测定数据,横轴为数据频数,数据的十位数部分表示"茎",作为纵轴的刻度;个位数部分作为"叶",显示频数的个数,作用和直方图的直方类似,如图2.3.5所示。

```
        甲  |   | 乙
            | 0 | 8
         50 | 1 | 247
         32 | 2 | 199
     875421 | 3 | 36
        944 | 4 |
          1 | 5 | 2
```

图 2.3.5　茎叶图

练习 2.11 已知 A、B 两组拣货员同一天内拣货件数如下：
　　A:75,64,57,68,62,62,59,64,67,64,57,69,67,53,72
　　B:76,82,80,70,75,68,93,83,93,73,74,83,79,70,90
请绘制 A、B 两组拣货量分布的茎叶图；从茎叶图观察,哪组拣货员的工作能力更强？

解答

第一步,将数据按照从小到大顺序排列,得顺序统计量：
　　A:53 57 57 59 62 62 64 64 64 67 67 68 69 72 75
　　B:68 70 70 73 74 75 76 79 80 82 83 83 90 93 93

第二步,以十位上的数字为茎,以个位上的数字为叶,绘制茎叶图,如图2.3.6所示。

```
          A        |   |      B
            3 7 7 9| 5 |
    2 2 4 4 4 7 7 8 9| 6 | 8
                  2 5| 7 | 0 0 3 4 5 6 9
                     | 8 | 0 2 3 3
                     | 9 | 0 3 3
```

图 2.3.6　拣货量分布茎叶图

结论：由茎叶图可以清晰地观察到,B 组的拣货能力要强于 A 组。

4. 折线图

　　折线图常用于显示数据随时间或者有序类别变化的趋势。在折线图中,横轴表示时间或者有序类别,纵轴表示数据点的数值大小,将每个数据点描绘在图中的对应位置,并通过线段连接,即可获得折线图,如图2.3.7所示。

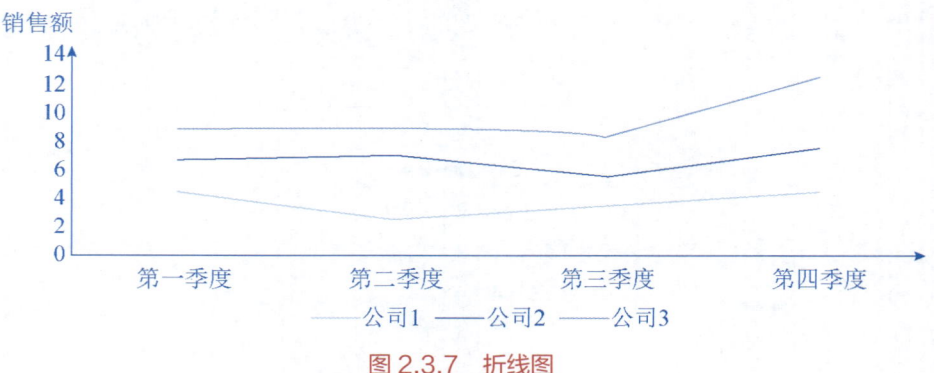

图 2.3.7　折线图

5. 饼图

饼图是利用圆形及圆内扇形面积来表示数值大小的图形。饼图常用于展示总体中各组成部分所占比重。

练习 2.12　已知 15 位拣货员 (1,2,3,…,15) 同一天内拣货件数如下：

175,64,57,68,62,62,59,64,67,64,57,69,67,153,72

请绘制饼图，并观察哪位拣货员的工作能力更强。

解答

第一步，计算每位拣货员的拣货量占比。

拣货总量：175+64+57+68+62+62+59+64+67+64+57+69+67+153+72 =1160

拣货员 (1,2,3,…,15) 的拣货量占比为：15.09%，5.52%，4.91%，5.86%，5.34%，5.34%，5.09%，5.52%，5.78%，5.52%，4.91%，5.95%，5.78%，13.19%，6.21%

第二步，绘制饼图。

绘制的饼图如图 2.3.8 所示，可知第一位拣货员工作能力更强。

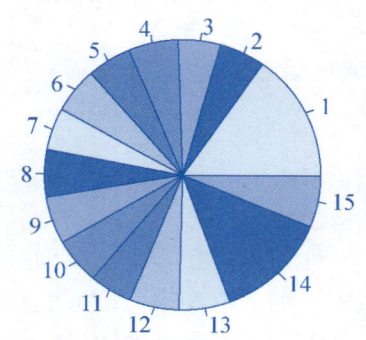

图 2.3.8　15 位拣货员拣货量占比饼图

●任务准备

准备计算机、Excel、计算器、纸、笔等基本工具。

●任务实施

如上述练习题所示,根据绘制步骤完成各图形绘制。

●问题管理

本任务要求根据数据特征和题目要求来绘制图形,在绘制过程中要注意数据排序时的准确性,防止出现数据遗漏现象。

●知识拓展

利用 Excel 绘制统计图

第一步,打开要编辑的 Excel 表,如图 2.3.9 所示。

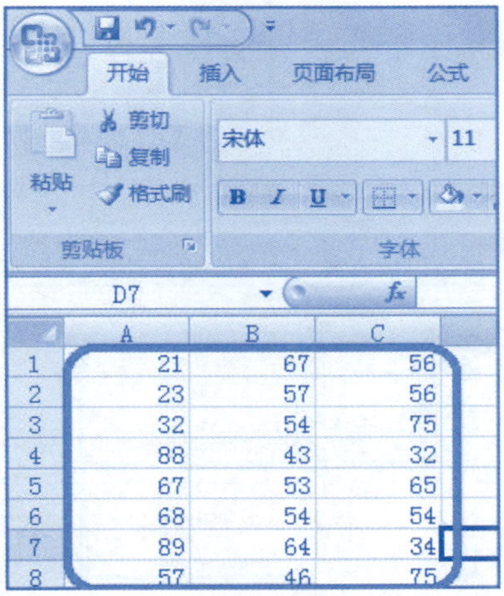

图 2.3.9　打开要编辑的 Excel 表

第二步,选择"插入"选项卡,如图 2.3.10 所示。

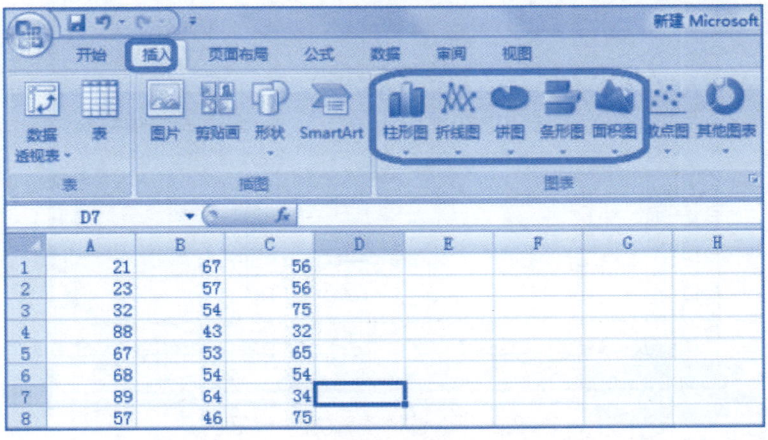

图 2.3.10　选择"插入"选项卡

第三步，在"图表工具"选项组中选择要绘制的图形，如图 2.3.11 所示。

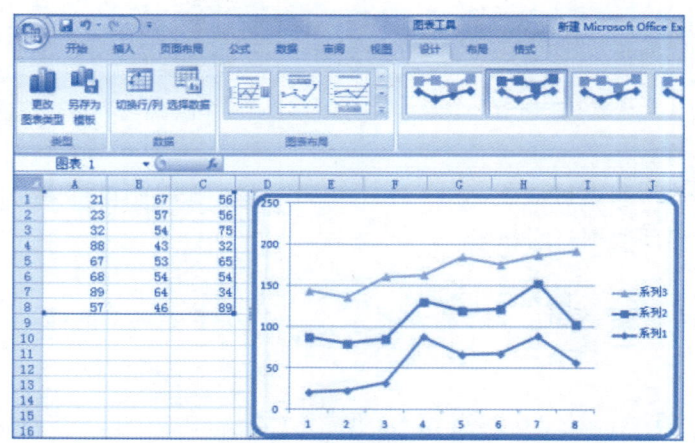

图 2.3.11　选择要绘制的图形

第四步，如果对图形不满意，可以单击"选择数据"按钮，进行重新编辑，如图 2.3.12 所示。

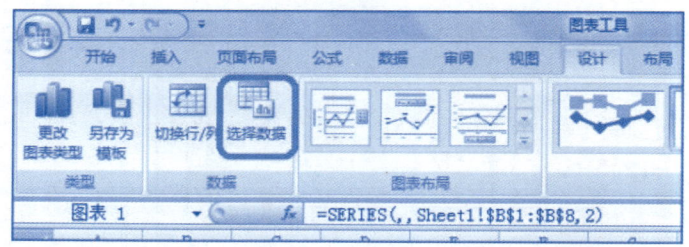

图 2.3.12　单击"选择数据"重新编辑

第五步，进入编辑页面，选择要编辑的行和列，如图 2.3.13 所示。

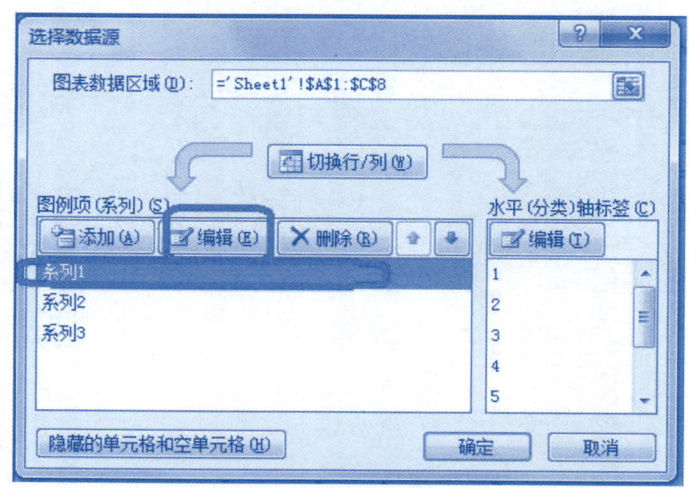

图 2.3.13　选择要编辑的行和列

第六步，根据提示，可以改变名称及数据，如图 2.3.14 所示。

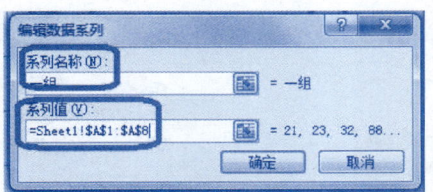

图 2.3.14　改变名称及数据

第七步，根据自己的需要编辑图表，如图 2.3.15 所示。

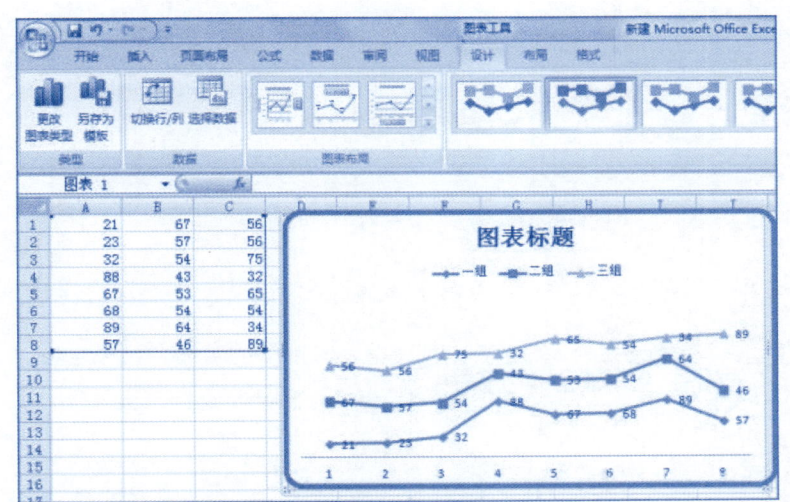

图 2.3.15　编辑图表

●任务小结

本任务介绍了数据分布图的绘制及应用场景，数据分布图在了解数据分布和展示分析结果方面都占据重要地位，要求学生能够结合实际情境，熟练绘制并应用数据分布图。

第 3 单元
进货作业分析

【内容概览】

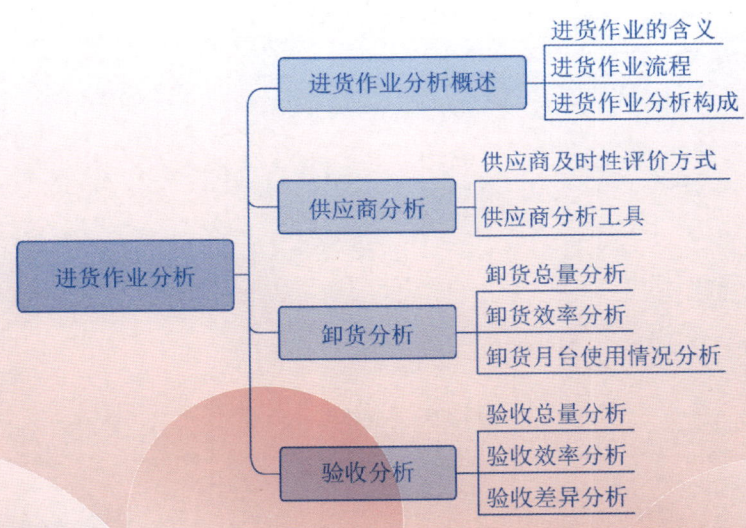

【知识目标】

1. 掌握进货作业分析的主要内容、方法及应用；
2. 理解数据位置度量、分散程度和分布形状的度量描述统计量的含义及计算方法；

  3. 掌握对数据分析结果进行解读的方法。

 【技能目标】

  1. 能够使用 Excel 的相关函数和数据分析插件或 SPSS 软件对进货相关数据进行分析；

  2. 能够利用数据透视表对进货作业的明细数据进行汇总统计。

 【职业目标】

  1. 培养严谨认真的工作态度。进货作业关系到后续作业效率和效果，时间和流程的控制都非常重要；

  2. 锻炼数字化管理的能力。物流作业虽然以人工操作为主，但是需要可视化的数据分析统计结果作为优化管理的依据；

  3. 发挥团队协作精神。进货作业需要多项作业人员配合完成，在实践工作中体会团队合作的重要性。

任务 1　进货作业分析概述

● 任务描述

> 进货作业就是把货物做实体上的接收，从货车上将货物卸下，核对货物的数量及状态，如数量检查、品质检查、开箱等，然后将必要的信息进行书面化的记载，由仓库管理人员记录必要的信息或录入计算机中。为了更好地实现进货作业管理，需要选择合适的进货作业分析项目。

● 任务分析

> 进货作业是物流中心的基础作业，进货作业管理的重点是盘点、记录入库货物数量和性状，并及时录入数据库中，方便系统管理。因此，在进货作业前，应做好进货作业分析。要完成进货作业分析，需要首先理解进货作业的含义，分析进货作业流程，最终掌握进货作业分析的内容。其中，进货作业的含义、流程与进货作业的影响因素是做好进货作业分析所需要掌握的。

● 相关知识

1. 进货作业的含义

进货作业是指从货车上把货物卸下、开箱，检查其数量、质量，然后将必要的信息进行书面化的记载。进货作业通常是仓储作业中的第一个环节，当供应商货车按照规定的时间到达月台后，仓库作业人员将商品从货车上卸下，并对货物进行验收（即检查货物的数量和质量），将有关信息同步相关系统。

进货作业是仓储作业的开端，也是配送作业的基础和前提，其工作质量直接影响到后续工作的质量。商品从卸货到准备入库，意味着从生产领域进入配送领域，也是商品出厂后的第一次中转环节。在进货作业中，供应商根据订单将货物送到仓库或配送中心，仓管员卸货、开箱验货后，存入库房指定位置，实现商品流通的第一步。

2. 进货作业流程

根据进货作业要求和作业规范，进货作业流程主要包括进货准备、卸货搬运、收货检验、分类贴签4个基本流程。

1) 进货准备

仓库主管需要根据进货作业计划,在商品到达仓库之前就完成进货准备工作。准备工作以入库商品的品种、数量和具体到库日期等为基础,包括安排储位、调配人员、配备工具和整理文件等相关工作。做好入库前的准备工作,是保证入库环节稳中有序的重要条件。进货作业具体工作包括以下环节。

(1) 做好储位准备。准备工作使货物到达仓库后能够按时入库,保证入库工作的顺利进行,因此准备工作中最重要的就是安排储位。根据仓储合同或入库计划中商品的特性、体积、质量、数量、到货时间和存储条件等信息,结合商品分区、分类和储位管理的要求,预先确定商品的理货场所和存储位置,以此生成仓储计划。仓储计划下达仓管员后,需及时进行货位准备,如清理货位、清除残留物、消毒通风等。

(2) 人员准备要到位。在储位准备的基础上,仓库主管还需要查阅入库资料,了解入库货物的品种、规格、数量、到库时间、货物存期、货物的理化特性等信息,按到货的顺序做好接货计划,安排好接运、卸货、检验和搬运的作业人员,并提出工作要求。

(3) 工具要提前准备妥当。首先要安排好卸货平台,然后根据到货商品的性能及包装、单位重量、单位体积、到货数量等信息,确定检验、卸货与搬运方法,最后准备好相应的检验工具、卸货设备和搬运设备。

(4) 做好相应文件的准备工作。根据到货计划,准备到货的单证核查相关文件以及相关验收标准。

2) 卸货搬运

卸货搬运工作指将货物从运输工具上卸下,并搬运到指定的收货区。为了搬运者安全有效率地卸货,仓库迅速正确接收货物,需要注意以下几点:

(1) 卸货人员与送货人员应做好配合,减少卸货作业的拖延;
(2) 进货作业的基本工作尽量在收货区一次性完成,避免商品的二次搬运;
(3) 收货区至存储区的活动尽可能保持直线流动,达到距离最小化,提高作业效率;
(4) 收货环节尽量不更改货物储运包装,便于库房内流转;
(5) 为方便后续存取及随时应付确认查询的需求,应详细记录进货资料。

3) 收货检验

进货作业中的收货检验包括"三检验":外观、数量和质量。其中,外观检验包括外包装是否有破损、污染、水渍或人为损坏等;对无外包装的货物,直接查看货物的表面,检查是否有生锈、破裂、脱落、撞击等损坏;标签、标志与货物内容是否一致;通过货物的气味、颜色、触摸的质感等检查货物是否变质等。数量检验主要是点检商品数量是否与入库单一致。质量检验是对货物内在质量包括物理结构、化学成分、使用功能等进行检验。

在实际工作中，对于常规入库商品，或者可信赖商品入库，可以先点收货物，再通知负责检验的单位办理检验工作，验收无误后办理入库工作。对于特殊商品或者入库单中明确规定的要求，先由检查部门检验品质，认为完全合格后，再通知仓储部门办理收货手续。入库货物检验分为全查和抽查，原则上应采用全查的方式，对于大批量、同包装、同规格、较难损坏、质量较高、可信赖的货物可以采用抽查的方式进行检验。

4) 分类贴签

分类是根据到货商品的类别、规格等进行逐次区分，标签是根据货物分类情况加以编排，用简明的文字、符号或数字代替货物的名称、类别及其他信息等。贴标签是将制作完成的标签贴于货箱指定位置。分类贴签便于后续作业的进行与整理工作的开展。

在进行货物分类时需要遵循以下原则：

(1) 根据仓库内的作业需要，选择合适的分类方式；

(2) 分类应明确，不可存在某一货物同属两个不同类别的情况；

(3) 分类应该具有稳定性，一旦确定类别后，不可随意更改；

(4) 分类应有伸缩性，方便增列新产品或者新业务。

3. 进货作业分析构成

影响进货作业的因素有很多，主要来自供应商方面的因素、货物本身的因素和仓库方面的因素三个方面。

1) 供应商方面的因素

供应商方面的因素主要指供应商的数量、送货方式、送货工具以及送货时间等因素，这些会直接影响到进货作业的组织和计划。实际应用中涉及的数据包括：每天前来送货的供应商的平均数和最大数、送货的车型及车辆数目、每辆车平均所需的卸货时间、货车到达的高峰时间、中转运输的接运方式、货物装载形式、货物到达时间等。

2) 货物方面的因素

货物方面的因素主要指不同商品的种类、特性以及每批次商品的数量等因素，因为不同的商品特性需要采用不同的作业方式。实际应用中涉及的数据包括：每种商品的包装形态、规格、质量特性以及每天运到的批量大小。

3) 仓库方面的因素

仓库方面的因素主要是进货作业人员与仓储作业人员的配合度。合理的作业人员调度和工作安排可以尽可能缩短进货作业时间，避免车辆等待装卸的时间过长。实际应用中涉及的数据包括：卸货方式、搬运方式以及是否需要通过拆箱、整合等方式将进货摆放方式转换成存储摆放方式等。这样，可以方便后续的作业开展。

●任务准备

将影响进货作业的各因素进行归纳整理，通过企业调研和抽象化的数据化处理，从中找出合适的作业分析项目。

●任务实施

结合进货作业的主要流程和影响进货作业的因素，选取以下三个部分进行进货作业分析。

1) 供应商供货及时性分析

分析目的：在于帮助企业对供应商供货及时性进行监督。

分析内容：平均每车延迟时间和及时配送率。

2) 卸货分析

分析目的：了解仓库到货总量与卸货效率。

分析内容：装卸总量分析、装卸效率的度量与分析和装卸月台的使用情况分析。

3) 验收分析

分析目的：对卸货效率度量主要从时间和能力两个维度进行分析，时间维度上的指标越小效率越高，能力维度上的指标越大效率越高。

分析内容：平均每车卸货时长、平均每托货物卸货时长、平均每小时卸货托数和平均每小时每人卸货托数。

●知识拓展

进货单与入库单的比较

进货单：进货单是企业应付款立账的依据。企业根据供应商送来的存货、发货清单、质量检验结果（已验收允许入库的数量）填制单据。关于其立账流程方面，对于入库成本，应当以实际进货情况同供应商之间的应付关系为根据进行确定。

入库单：对于工业企业，入库单一般指的是采购原材料验收入库时所填制的单据。对于商业企业，入库单是商品进货入库时所填制的单据。入库单以业务类型划分，包括普通采购及采购退货。

● 任务小结

该任务实施以进货作业流程分析为前提，在对供应商、货物和仓库三方面分析的基础上，选取供应商分析、卸货分析和验收分析作为进货作业的三个分析点，并选取了相应的分析指数。进货作业分析的目的是提升进货作业效率，提高进货作业与后续作业的配合度。

任务2　供应商分析

● 任务描述

货物物流大多数直接由供应商负责，基本采取整车运或零担物流的模式进行运输，运输的时效性和质量均较难得到保障。以整车运输为例，运输时间涉及三个部分：提货时间、在途时间和交货时间。其中，提货时间指在提货仓库中完成货物数量清点、交接和装车的时间；在途时间指车辆装载货物在运输过程中的时间；交货时间指在交货仓库中完成卸车、清点交接、签单的时间。而零担运输和快递运输，因增加了拼装和分散交货等条件，时间比整车更长，因此准时性和服务质量难以保障，仓库无法监控运输在途状况，难以对货物进行实时跟踪监控，车辆延迟时间会直接影响货物送达情况，通常仓库都会和供应商有约定的配送到达时间，方便仓库提前准备卸货验收所需资源，减少供应商等待时间，提高作业效率。为帮助企业对供应商供货及时性进行监督，需要对供应商供货的及时性进行分析。

● 任务分析

供应商供货及时性分析能够准确反映企业与供应商合作情况，分析评估结果的应用是企业引导供应商优化供货行为的主要手段。供应车辆的延迟时间会直接影响货物的送达情况，为避免供货不及时对后续生产或履约造成影响，需要了解供应商供货的及时性。这里，我们采用平均每车延迟时间和及时配送率来评价供应商供货的及时性。

● 相关知识

1. 供应商及时性评价方式

高效低成本运输是物流行业追求的目标，货物运输随着时间的延迟将导致效率降低、成本增加，为减少供应商等待时间，提高作业效率，帮助企业对供应商供货及时性进行监督，主要考虑车辆延迟情况与及时配送情况，参考平均每车延迟时间和及时配送率两个指标进行供应商及时性评价。

(1) 第一个指标：平均每车延迟时间。平均每车延迟时间指的是每辆车延迟时间的平均值。若车辆未发生延迟，实际到达时间与规定到达时间一致，则延迟时间为 0；若发生延迟，则延迟时间为实际到达时间与规定到达时间的差值。

(2) 第二个指标：及时配送率。及时配送率指的是按照规定时间配送的货物数量与所有货物总量的比例。及时配送率是从货物角度来衡量供货商配送的及时性，及时配送率越高，表明配送越及时。

2. 供应商分析工具

企业的相关数据大多存放在 Excel 文件中，在进行供应商及时性分析时，对照评价指标直接计算数据即可求得结果。

● 任务准备

系统安装 Excel 软件，学习和掌握通过工具软件快速实现数据分析统计的方法。使用 Excel 软件实现数据分析的方法有两种：一是直接使用 Excel 函数计算出相应的描述性统计的统计量；二是使用 Excel 数据分析工具插件，一次性生成描述性统计结果。

1. Excel 函数

在 Excel 中，函数实际上是一个预先定义的特定计算公式。按照这个特定的计算公式对一个或多个参数进行计算，并得出一个或多个计算结果，称为函数值。使用这些函数不仅可以完成许多复杂的计算，而且还可以简化公式的繁杂程度。计算卸货总量的描述性统计量时，常用的统计函数有：AVERAGE、MEDIAN、PERCENTILE、MIN、MAX、MODE、VAR.S 和 STDEV.S。

具体操作过程如图 3.2.1 所示，打开 Excel，单击"公式"→"插入函数"，跳转到搜索函数界面，输入所需要的函数名称，单击"转到"，选择该函数，单击"确定"即可。

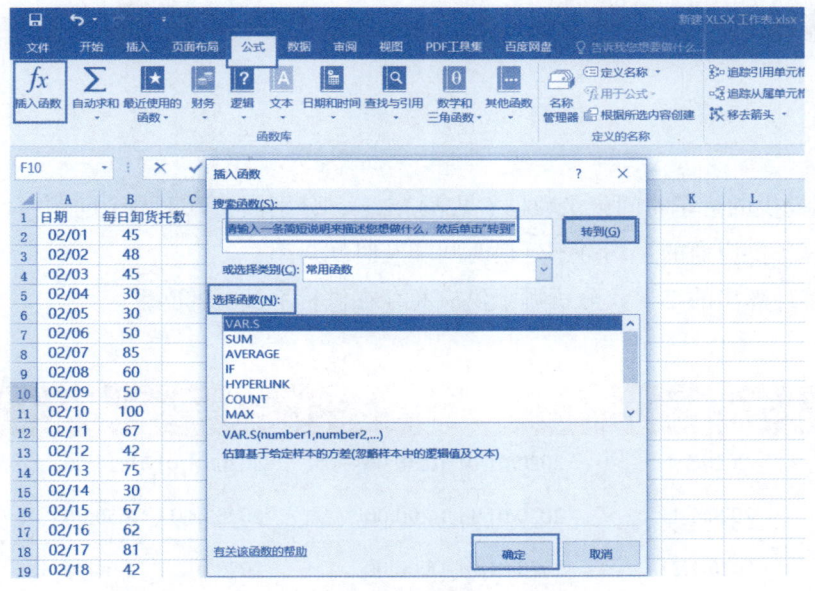

图 3.2.1 Excel 函数使用界面

2. Excel 数据分析工具插件

Excel 是非常简单易学的数据分析工具，Excel 中有自带的数据分析工具箱，在工具箱中有多个数据分析工具，比如方差分析、相关系数、协方差、指数平滑、描述统计等。

默认情况下，Excel 数据分析工具插件不会出现在菜单栏中，需要将其激活才能调用。具体方法如图 3.2.2 所示，打开 Excel，依次单击"文件"→"选项"→"加载项"→（管理：Excel 加载项）"转到"→勾选"分析工具库"→"确定"，此时可以在菜单栏中找到 Excel 数据分析工具插件。

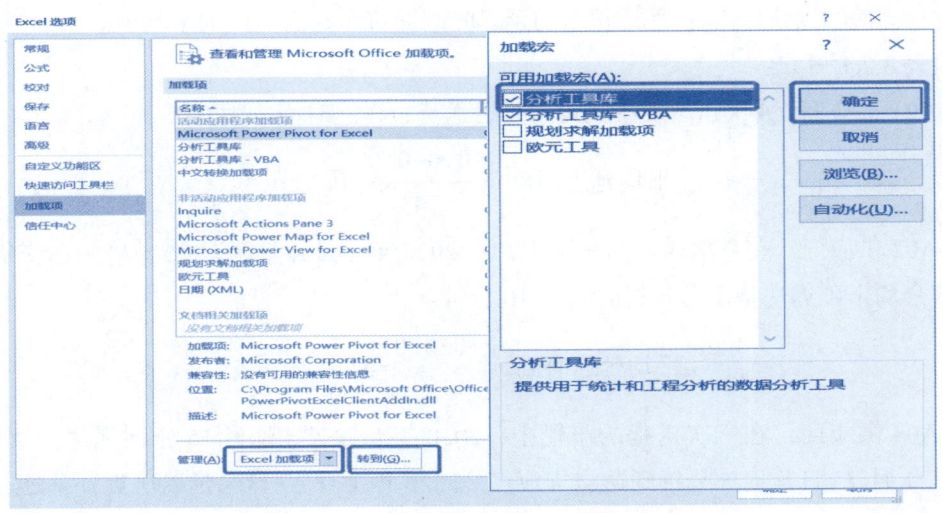

图 3.2.2 Excel 数据分析插件的调用

● 任务实施

练习 3.1

请根据提供的货车时间记录数据(见表 3.2.1),分别回答以下两个问题:
(1) 计算各供应商的平均每车延迟时间和及时配送率;
(2) 根据计算出的结果,分析哪个供应商存在供货不及时的问题。

表 3.2.1 货车时间记录数据表

供应商编号	日期	约定到货时间	实际到货时间	总到货数量
AA01	2020/1/1	2020/01/01 10:30:00	2020/01/01 10:15:00	20000
AA01	2020/1/11	2020/01/11 14:00:00	2020/01/11 13:50:00	25000
AA01	2020/1/21	2020/01/21 15:00:00	2020/01/21 15:00:00	30000
AA01	2020/1/31	2020/01/31 15:00:00	2020/01/31 14:55:00	30000
AA02	2020/1/4	2020/01/04 10:30:00	2020/01/04 10:40:00	18000
AA02	2020/1/14	2020/01/14 12:00:00	2020/01/14 11:50:00	22000
AA02	2020/1/24	2020/01/24 11:30:00	2020/01/24 11:15:00	19000
AA03	2020/1/7	2020/01/07 10:30:00	2020/01/07 10:45:00	12000
AA03	2020/1/17	2020/01/17 11:00:00	2020/01/17 11:05:00	11000
AA03	2020/1/27	2020/01/27 12:00:00	2020/01/27 11:45:00	12000

解答

(1) 计算各供应商的平均每车延迟时间和及时配送率。

① 平均每车延迟时间:平均每车的延迟时间即每车延迟时间的平均值。

由表 3.2.1 可知:

AA01 供应商:4 次送货的车辆均未延迟送货,延迟时间均为 0。

$$平均延迟时间 = \frac{0+0+0+0}{4} = 0(分)$$

AA02 供应商:在三次送货的车辆中,除 2020 年 1 月 4 日延迟 10 分钟到达交货地点外,其余均未延迟送货。总延迟时间为 10 分钟。

$$平均延迟时间 = \frac{10+0+0}{3} = 3.33(分)$$

AA03 供应商:在三次送货的车辆中,2020 年 1 月 7 日延迟 15 分钟到达交货地点,2020 年 1 月 17 日延迟 5 分钟到达交货地点,2020 年 1 月 27 日未延迟送货。总延迟时间为 20 分钟。

$$平均延迟时间 = \frac{15+5+0}{3} = 6.67(分)$$

② 及时配送率：及时配送率即按照规定时间配送的货物数量与所有货物总量的比例。由表 3.2.1 可知：

AA01 供应商：4 次送货的车辆均未延迟送货，其按照规定时间配送的货物数量即为所有货物总量。

$$及时配送率 = \frac{20000+25000+30000+30000}{20000+25000+30000+30000} = 100\%$$

AA02 供应商：在三次送货的车辆中，2020 年 1 月 4 日延迟交货，其余两次未延迟送货。其按照规定时间配送的货物数量为 22000+19000，而所有货物总量为 18000+22000+19000。

$$及时配送率 = \frac{22000+19000}{18000+22000+19000} = 69.49\%$$

AA03 供应商：在三次送货的车辆中，2020 年 1 月 7 日延迟交货，2020 年 1 月 17 日延迟交货，2020 年 1 月 27 日未延迟送货。其按照规定时间配送的货物数量为 12000，而所有货物总量为 12000+11000+12000。

$$及时配送率 = \frac{12000}{12000+11000+12000} = 34.29\%$$

(2) 根据计算出的结果，分析哪个供应商存在供货不及时的问题。

衡量供应商供货及时性的指标有平均延迟时间和及时配送率，从上一小题计算结果可知：AA02 供应商和 AA03 供应商存在供货不及时的问题。

●知识拓展

供应商的关联分析

一个企业有着诸多的供应商，成百上千，这些供应商之间有没有关联呢？表面上没有，内里却可能有很多关联。那如何找出他们之间的关联以及看待这个问题呢？从数据分析的角度有两个方法：一是根据内部数据，进行采购部门与供应商之间的关系对比分析，然后减去同行业所属权重的影响，看有多少是可能相关联的；二是利用网络爬虫技术，将供应商包含法人、投资人等各种信息进行关联比对分析，找出此供应商的深层次关联。找到供应商之间的关联，可以帮助企业据此再次进行沟通谈判，做出更有利的采购决策。

●任务小结

从进货作业分析来看，供应商及时性是最关键的因素之一，因此供应商分析的主要内容是每车延迟时间和及时配送率两个指标。本任务的实施主要借助 Excel 软件，对照评价指标直接计算数据即可求得分析结果。

任务3　卸货分析

●任务描述

入库物料的信息包含了物料名称、编码、所在车辆信息、供应商等，是做卸货分析的主要数据来源。卸货作业活动的资源主要由人员、设备和月台构成，其中设备根据具体情况进行拆分，有的装卸活动只需要托盘，有的只需要叉车，有的只需要输送线，而在月台的资源上主要转换到可以同时作业的卸货口的数量上，卸货口数量越多卸货的总时间越短。卸货分析的主要目的在于了解仓库到货总量与卸货效率，除了对装卸总量进行分析外，还要进行装卸效率的度量与分析以及装卸月台的使用情况分析。

●任务分析

不同供应商与仓库之间的距离也不同，较近的供应商的供应特征是多批次小批量，较远的供应商的供应特征是多批量小批次，仓库每天装卸车辆数量较多，可以达到数百辆。如果是根据车辆随机到货进行卸货，可能会导致仓库内的车辆过多而产生拥堵、卸货资源计划安排不合理导致资源利用率低等问题。

●相关知识

1. 卸货总量分析

1) 分析指标

卸货的总量代表了卸货作业的工作量，也代表了进入仓库的物品总量。如何衡量卸货总量呢？这里我们引入两个指标：

(1) 可用不同的计量单位衡量卸货总量，如卸货车数和卸货托数。

(2) 可根据分析的目的，按天、按周或按月等来计算卸货总量。

2) 分析工具

为了更加快速简便地求得统计数值，可以通过 Excel 软件或 SPSS 软件来快速实现卸货总量的描述性统计。

2. 卸货效率分析

1) 分析指标

　　效率是指在适当的使用原料、能源、人力、资金及时间的情形下，进行特定事务产出预期的能力，一般指工作产出与投入之比，对各个作业环节效率的了解能帮助企业为提高效率、降低成本、改善服务和提高经济效益。

　　对卸货效率分析主要从时间和能力两个维度进行分析，时间维度的指标有平均每车卸货时长和平均每托货物卸货时长。能力维度的指标有平均每小时卸货托数和平均每小时每人卸货托数。时间维度上的指标越小效率越高，能力维度上的指标越大效率越高。

2) 分析工具

　　(1) 平均每辆货车卸货消耗时长是卸货总消耗时长与卸货车辆数的比值，计算公式如下：

$$平均每车卸货时长 = \frac{卸货总消耗时长}{卸货车数}$$

　　(2) 平均每托货物卸货消耗时长是卸货总消耗时长与卸货托数的比值，计算公式如下：

$$平均每托货物卸货时长 = \frac{卸货总消耗时长}{卸货托数}$$

　　(3) 以仓库整体为单位，平均每小时卸货的托数是卸货总托数与卸货小时数的比值，计算公式如下：

$$平均每小时卸货托数 = \frac{总卸货托数}{卸货小时数}$$

　　(4) 以仓库内的每个卸货人员为单位，平均每人每小时卸货托数是总卸货托数与每人卸货小时总和的比值，计算公式如下：

$$平均每小时每人卸货托数 = \frac{总卸货托数}{每人卸货小时总和}$$

3. 卸货月台使用情况分析

1) 分析指标

　　在用卸货月台甘特图进行卸货月台使用情况的分析时，可以很好地利用历史数据，清晰直观地展示出每个卸货月台的作业开始时间和结束时间，有助于判断月台分配是否合理。同时，针对实时数据，可以配合人员、卸货设备等其他资源信息，为新来货车分配月台。

2) 分析工具

　　甘特图又称为横道图、条状图，是通过条状图形来显示项目、进度和其他时间相关的系统进展的内在关系随着时间进展的情况。甘特图是以图示通过活动列表和时间刻度表示出特定项目的顺序与持续时间。在甘特图上，横轴表示时间，纵轴表示项目，线条表示期间计划和实际完成情况。通过甘特图，管理者可以直观了解计划何时进行，实际工作进展与要求的对比，便于管理者弄清项目的剩余任务，评估工作进度。甘特图如图 3.3.1 所示。

甘特图的出现，是 20 世纪初管理思想的一个重大革命。在现代的项目管理里，甘特图被广泛应用。它可以帮助管理者直观地看到任务的进展情况、资源的利用率等。并且，甘特图可以叠加，将多张各方面的甘特图集成为一张总图。应用的灵活性和扩展性使得甘特图如今已不单单被应用到生产管理领域，而是被广泛应用到各个领域。

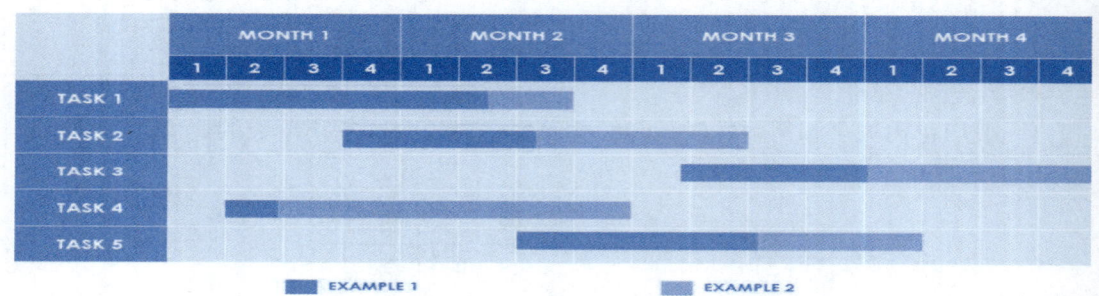

图 3.3.1　甘特图

● 任务准备

系统安装 Excel 软件或 SPSS 软件，学习和掌握通过工具软件快速实现数据分析统计的方法。利用 SPSS 软件来实现数据统计分析，具体操作如下。

1. 打开界面

进入 SPSS 界面，在 SPSS 数据视图中，列表示变量，行表示观测值，屏幕的顶端是 SPSS 的主菜单栏，使用 SPSS 实现卸货总量的描述统计，需要将数据输入到数据视图中，单击适当的菜单按钮就可以分析这些数据。结果显示在 SPSS 查看器的输出窗口。

2. 导入数据

导入数据集的方法有两种：一是直接输入；二是读取已有文件。

1）直接输入

可以把数据直接输入到扩展表来创建 SPSS 数据文件。通常情况下，会将数值存储在另一个文件中，即可采用复制的方法，直接粘贴到新建的扩展文件中，单击左上角单元格，右键选择粘贴到数据视图表格内。这里需要注意的是，在创建行的时候，实则是创建观测值，在复制的时候不要复制字段名称。如图 3.3.2 所示，仅仅添加观测值，而没有将变量名称复制到扩展表中，实际上列标签就是变量名称，对于变量名称的修改，需要在变量视图中修改。如图 3.3.3 所示，打开变量视图，将名称改为字段名称，同时为了实际操作的需要，也可能需要修改字段类型、宽度、小数位数等。

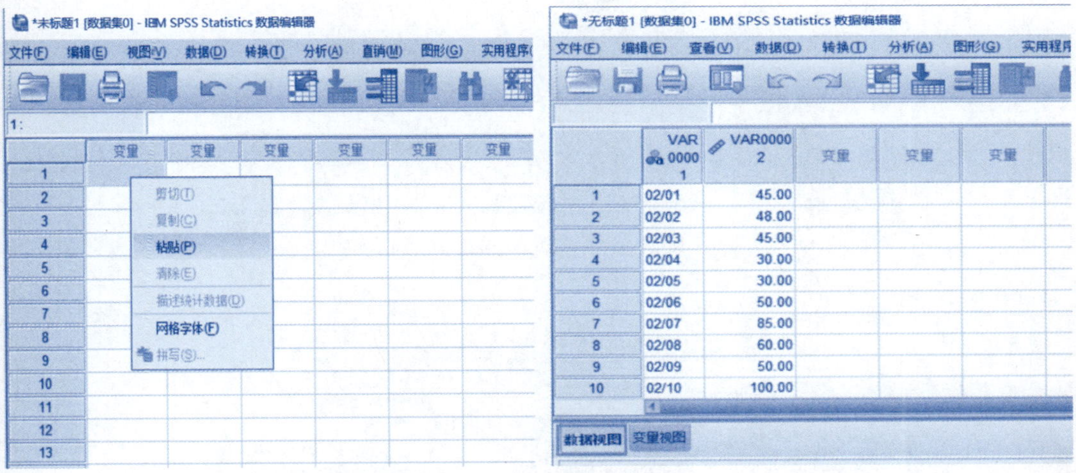

图 3.3.2　创建 SPSS 数据集

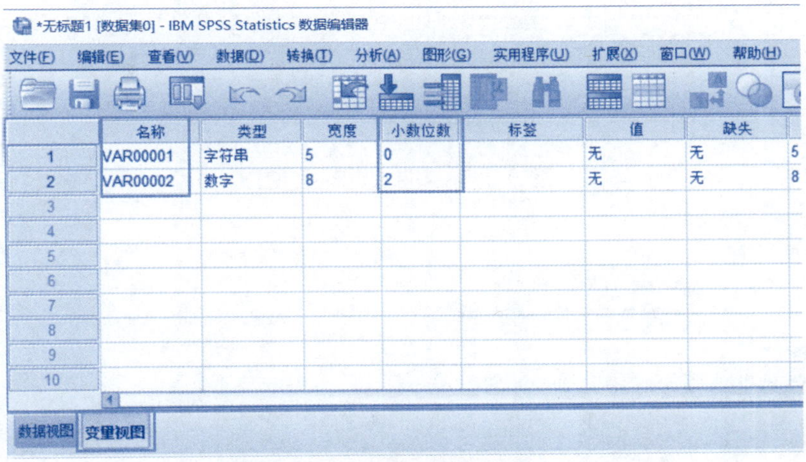

图 3.3.3　在变量视图中修改变量

2) 读取已有文件

打开 SPSS 软件，选择"文件"→"打开"→"数据"，如图 3.3.4 所示，单击数据，跳转到图 3.3.5 所示界面，查找文件位置，找到需要读取文件的具体位置，然后直接打开即可。这里需要提醒一点：在打开文件时，务必注意文件类型选项。如图 3.3.5 所示，SPSS 可以读取的文件类型较多，但如果选择其他类型，可能会没办法显示想要打开的文件。我们以 .csv 文件格式为例，打开并读取已有文件数据，读取文件过程共三个步骤，分别如图 3.3.6～图 3.3.8 所示。

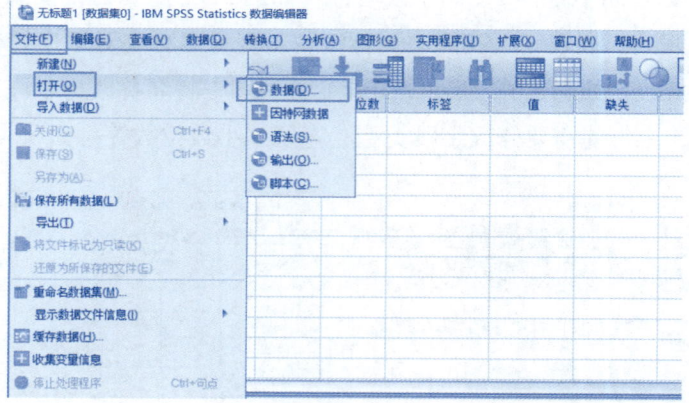

图 3.3.4　读取文件数据 (1)

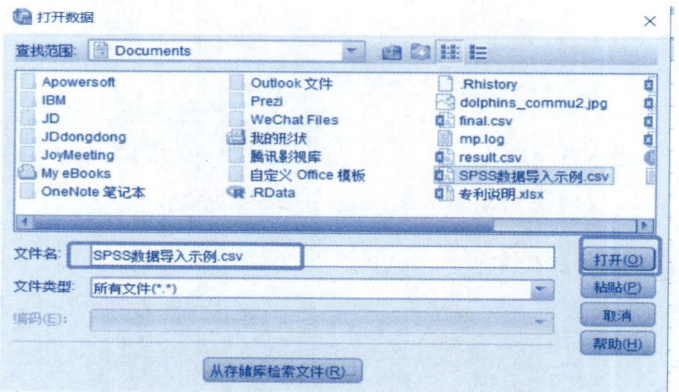

图 3.3.5　读取文件数据 (2)

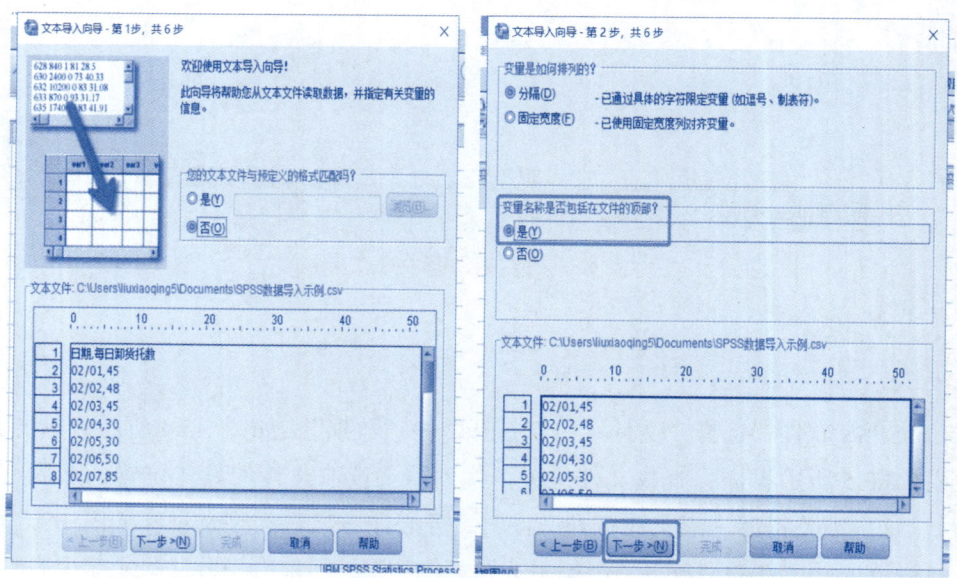

图 3.3.6　读取文件数据 (3)

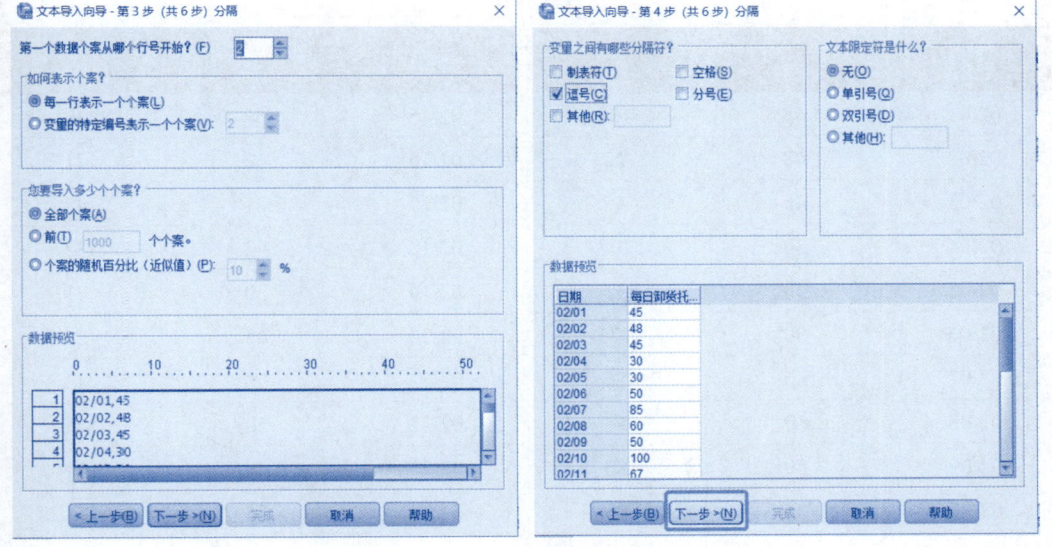

图 3.3.7 读取文件数据(4)

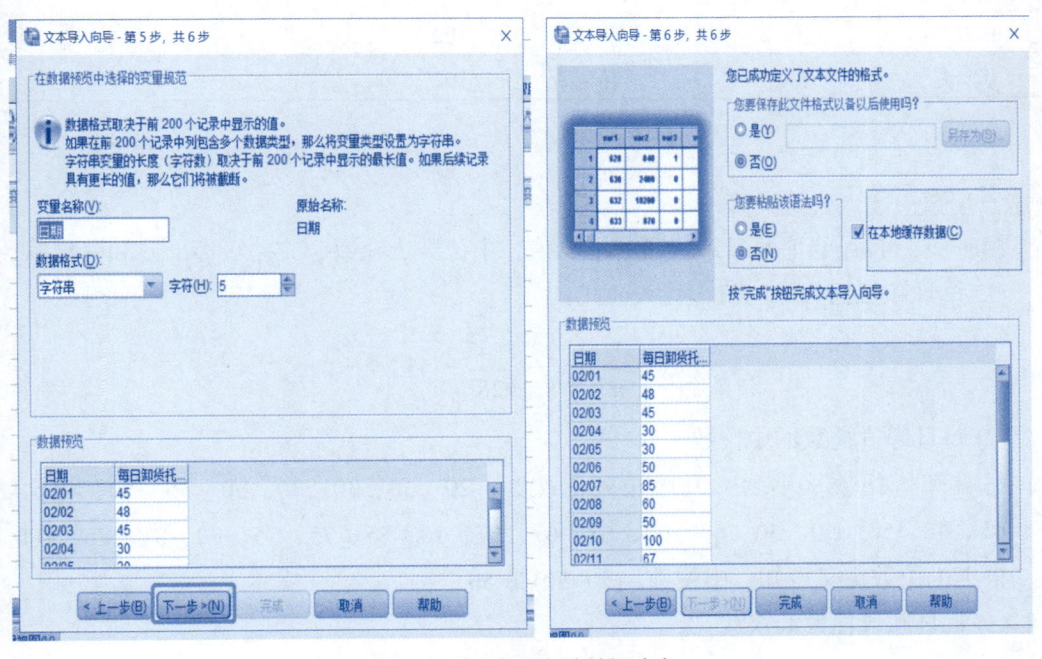

图 3.3.8 读取文件数据(5)

● 任务实施

练习 3.2

已知 A 仓库和 B 仓库在 2020 年 2 月每日的卸货托数(如表 3.3.1 所示),请分别计算每日卸货托数的均值、中位数、众数、方差、标准差和变异系数。

表 3.3.1 A 仓库和 B 仓库每日的卸货总量数据

日期	A仓库每日卸货托数	B仓库每日卸货托数	日期	A仓库每日卸货托数	B仓库每日卸货托数
02/01	45	100	02/15	67	30
02/02	48	22	02/16	62	71
02/03	45	15	02/17	81	48
02/04	30	107	02/18	42	32
02/05	30	32	02/19	30	21
02/06	50	175	02/20	63	25
02/07	85	55	02/21	70	42
02/08	60	52	02/22	50	46
02/09	50	80	02/23	40	50
02/10	100	86	02/24	75	23
02/11	67	22	02/25	20	35
02/12	42	34	02/26	35	21
02/13	75	176	02/27	75	52
02/14	30	36	02/28	80	59

方法一：直接代入公式计算

第一步：求 A 仓库每日卸货托数的均值、中位数、众数、方差、标准差和变异系数。

(1) 每日卸货托数的均值，代入公式：

$$\bar{x} = \frac{1}{n}\sum_{i=1}^{n}x_i = \frac{1547}{28} = 55.25$$

(2) 每日卸货托数的中位数。

每日卸货托数从小到大升序排列依次为：20、30、30、30、30、35、40、42、42、45、45、48、50、50、50、60、62、63、67、67、70、75、75、75、80、81、85、100。

根据中位数定义可知：中位数 =(50+50)/2=50

(3) 每日卸货托数的众数：

根据众数定义，30 出现 4 次，出现次数最多，故众数为 30。

(4) 每日卸货托数的方差，代入公式：

$$s^2 = \frac{1}{n-1}\sum_{i=1}^{n}(x_i - \bar{x})^2 = \frac{(45-55.25)^2 + \cdots + (80-5.25)^2}{28-1} = \frac{11087.25}{27} = 410.64$$

(5) 每日卸货托数的标准差：

$$s = \sqrt{s^2} = \sqrt{410.64} = 20.26$$

(6) 每日卸货托数的变异系数：

$$CV = s/\bar{x} = 20.26 / 55.25 = 0.4$$

第二步：求 B 仓库每日卸货托数的均值、中位数、众数、方差、标准差和变异系数。

(1) 每日卸货托数的均值，代入公式：

$$\bar{x} = \frac{1}{n}\sum_{i=1}^{n} x_i = \frac{1547}{28} = 55.25$$

B 仓库 2020 年 2 月卸货数的均值是每日卸货托数的平均数，描述了 2 月份每日卸货数量的平均情况。

(2) 每日卸货托数的中位数。

每日卸货托数从小到大升序排列依次为：15、21、21、22、22、23、25、30、32、32、34、35、36、42、46、48、50、52、52、55、59、71、80、86、100、107、175、176。

根据中位数定义可知：中位数 =(42+46)/2=44。

B 仓库 2 月份每日卸货托数的中位数是按照 2 月份卸货托数升序后，位于中间位置的数值，不受异常值的影响，具有稳健性，反映了 B 仓库 2 月份每日卸货托数的中间水平。

(3) 每日卸货托数的众数：

根据众数定义，21、22、32、52 各出现 2 次，出现次数最多，故众数为 21、22、32、52。众数是一种位置平均数，是总体出现次数最多的变量值，每日卸货托数的众数不受极端数据的影响，可以理解为 B 仓库 2 月份最普遍的卸货数量。

(4) 每日卸货托数的方差，代入公式：

$$s^2 = \frac{1}{n-1}\sum_{i=1}^{n}(x_i - \bar{x})^2 = \frac{(100-55.25)^2 + \cdots + (59-55.25)^2}{28-1} = 1735.82$$

B 仓库 2 月份每日卸货托数方差是 2 月份每日卸货托数相对于均值的偏差平方和的平均，方差是描述数据取值分散性的一个度量，方差越大，说明数据的波动越大，越不稳定。

(5) 每日卸货托数的标准差：

$$s = \sqrt{s^2} = \sqrt{1735.82} = 41.66$$

标准差也称均方差，是样本中各数据偏离平均数的距离的平均数，标准差能反映一个数据集的离散程度。

(6) 每日卸货托数的变异系数：

$$CV = s/\bar{x} = 41.66 / 55.25 = 0.75$$

变异系数又称"标准差率"，是衡量样本中各数据变异程度的另一个统计量。变异系数越小，变异（偏离）程度越小；反之，变异系数越大，变异（偏离）程度越大。

第三步：A 仓库和 B 仓库描述统计量的比较，如表 3.3.2 所示。

表 3.3.2　A 仓库和 B 仓库描述统计量

	A 仓库	B 仓库
均值	55.25	55.25
中位数	50	44
众数	30	21、22、32、52
方差	410.64	1735.82
标准差	20.26	41.66
变异系数	0.4	0.75

通过计算 A 仓库和 B 仓库每日卸货托数的平均值、中位数、众数、方差、标准差和变异系数，发现 A 仓库和 B 仓库平均每日卸货 55.25 托。从每日卸货托数的方差、标准差和变异系数可以看出，B 仓库每日卸货托数的波动明显大于 A 仓库，A 仓库的每日卸货总量相较于 B 仓库更为稳定。

方法二：使用 Excel 软件计算

单击"数据"选项卡，单击分析模块下的数据分析选项，在分析工具库中选择"描述统计"并单击"确定"，如图 3.3.9 所示。根据分析需求选择输入区域，即需分析的数据值，同时需要选择输出区域，根据实际需要也可以将输出数据放在新的工作簿中，需要注意的是，务必勾选"汇总统计"，并单击"确定"。

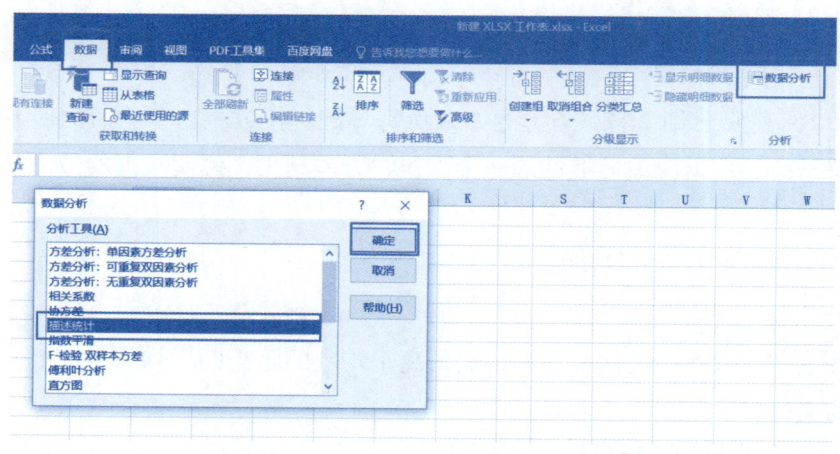

图 3.3.9　Excel 数据分析插件界面

如图 3.3.10，在上一步中勾选"汇总统计"后，单击"确定"，跳转到描述统计界面，即可看到汇总统计的结果。如图 3.3.11 所示，在例题中需要计算每日卸货托数的变异系数，但是在图 3.3.11 中并没有给出变异系数的值，因此需要按照定义计算出每日卸货托数的变异系数。

$$CV = s/\bar{x} = 20.26 / 55.25 = 0.4$$

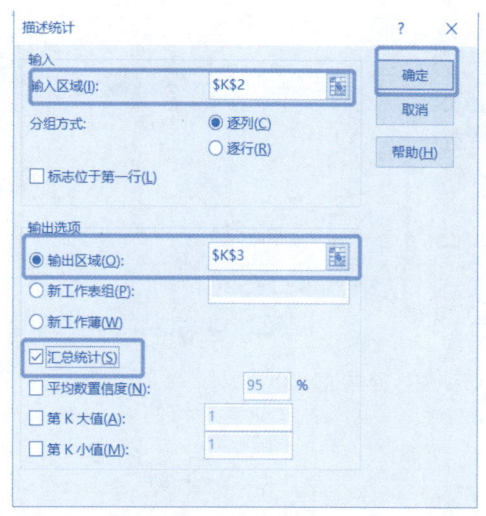

图 3.3.10　描述统计界面　　　　图 3.3.11　汇总统计结果

方法三：使用 SPSS 软件计算

如图 3.3.12 所示，将数据导入到 SPSS 扩展表后，进行描述性统计，选择"分析"→"描述统计"→"描述"，进入图 3.3.13 所示界面，将需要进行描述统计的变量添加到变量栏，然后将分析的变量选入变量框后，单击"选项"按钮，跳转到图 3.3.14 的界面，勾选出想计算的统计量，单击"继续"后，再单击"确定"。如图 3.3.15 所示，单击"确定"后，跳转到 SPSS 查看器的输出窗口，查看结果。

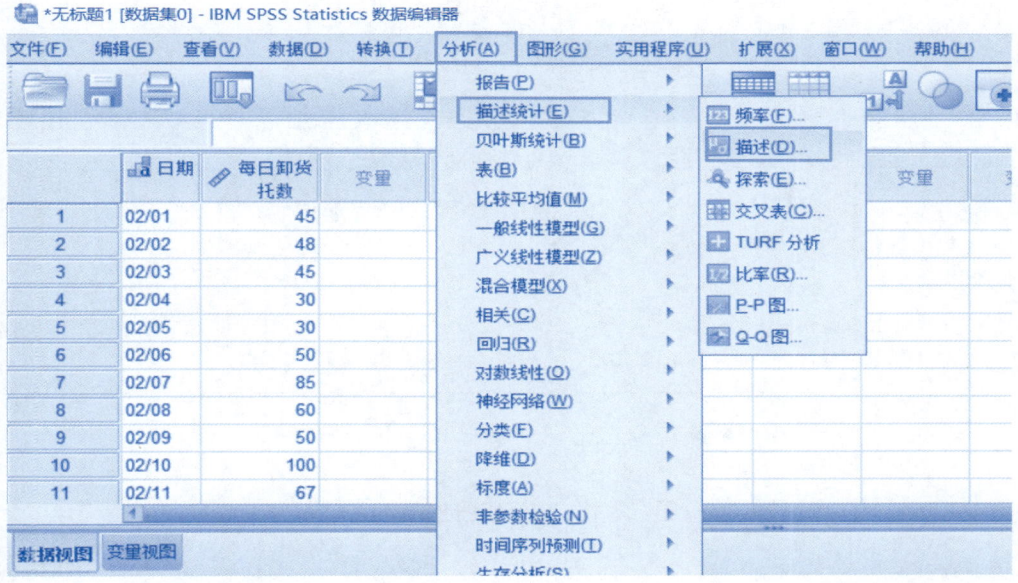

图 3.3.12　进行描述性统计 (1)

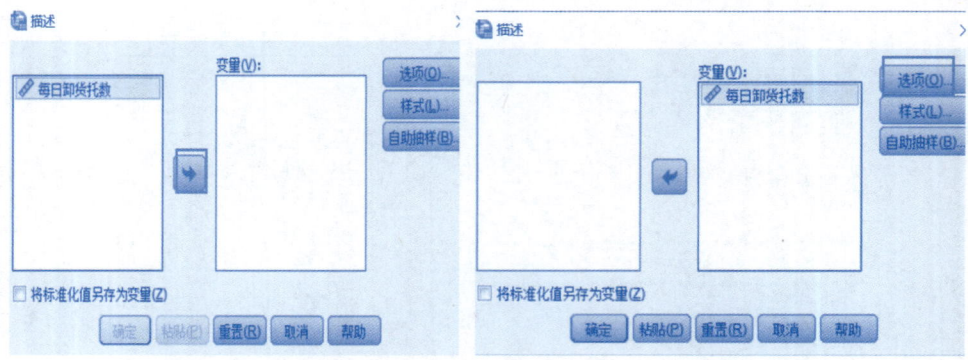

图 3.3.13　进行描述性统计 (2)

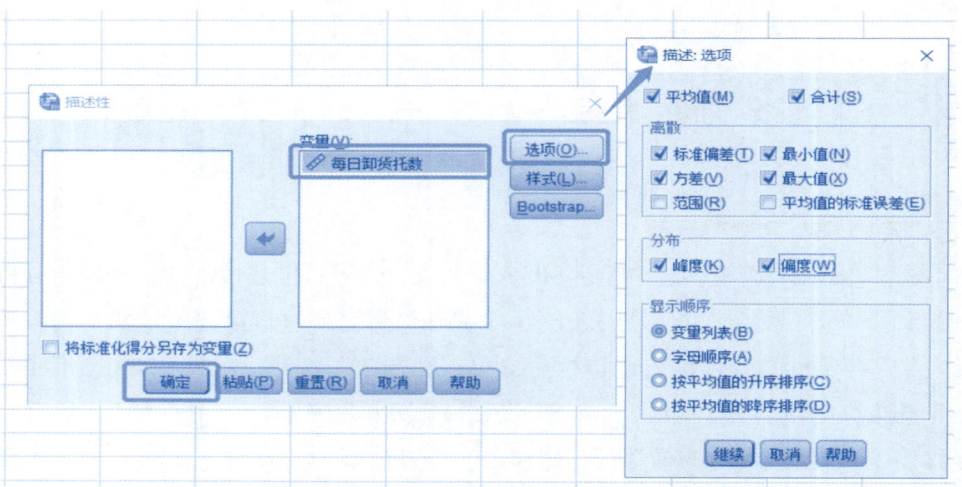

图 3.3.14　进行描述性统计 (3)

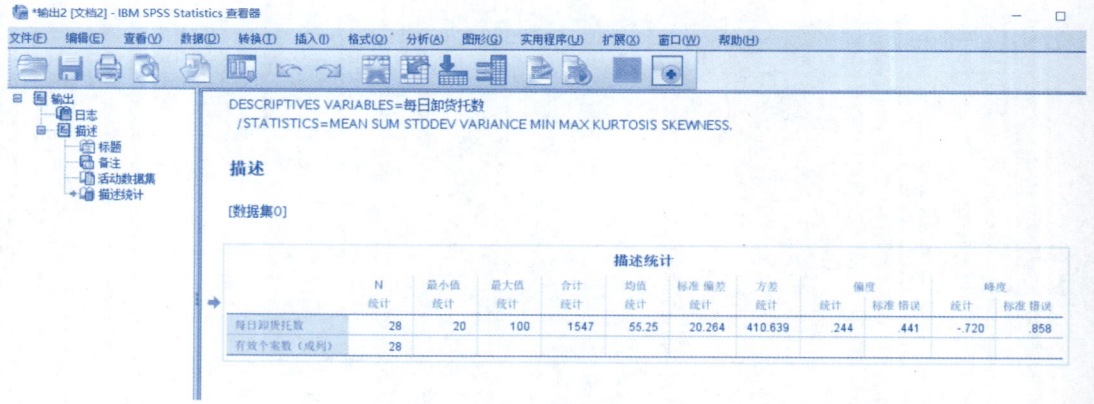

图 3.3.15　进行描述性统计 (4)

练习 3.3

(1) 请根据表 3.3.3 中某天每辆货车的卸货记录数据，分别计算平均每车卸货时长、平均每托货物卸货时长。

(2) 请根据表 3.3.4 提供的数据，计算平均每小时卸货托数、平均每小时每人卸货托数。

表 3.3.3　货车卸货记录数据

货车编号	卸货时长（时）	卸货托数
CC001	1.3	84
CC002	0.8	57
CC003	1.1	72
CC004	2.3	143
CC005	1.5	99
CC006	0.6	45
CC007	0.7	48
CC008	1.2	73
CC009	1.3	81
CC010	1.5	92
CC011	2	125

表 3.3.4　时段内卸货记录数据

序号	时间段	卸货托数	卸货人数
1	7:00—8:00	35	1
2	8:00—9:00	62	2
3	9:00—10:00	126	4
4	10:00—11:00	160	5
5	11:00—12:00	152	5
6	12:00—13:00	184	6
7	13:00—14:00	153	5
8	15:00—16:00	92	3
9	16:00—17:00	34	1

第一步，计算平均每小时卸货托数，代入公式：

$$\text{平均每车卸货时长} = \frac{\text{卸货总消耗时长}}{\text{卸货车数}}$$

$$= \frac{1.3+0.8+1.1+2.3+1.5+0.6+0.7+1.2+1.3+1.5+2}{11} = \frac{14.3}{11} = 1.3$$

计算平均每托货物卸货时长，代入公式：

$$\text{平均每托货物卸货时长} = \frac{\text{卸货总消耗时长}}{\text{卸货托数}}$$

$$= \frac{1.3+0.8+1.1+2.3+1.5+0.6+0.7+1.2+1.3+1.5+2}{84+57+72+143+99+45+48+73+81+92+125} = \frac{14.3}{919} = 0.016$$

第二步,计算平均每小时卸货托数,代入公式:

$$平均每小时卸货托数 = \frac{总卸货托数}{卸货小时数}$$

$$= \frac{35+62+126+160+152+184+153+92+34}{9} = \frac{998}{9} = 110.9$$

计算平均每小时每人卸货托数,代入公式:

$$平均每小时每人卸货托数 = \frac{总卸货托数}{每人卸货小时总和}$$

$$= \frac{35+62+126+160+152+184+153+92+34}{1+2+4+5+5+6+5+3+1} = \frac{998}{32} = 31.2$$

练习 3.4

根据表 3.3.5 所示数据,绘制卸货月台使用情况的甘特图,并分析哪个月台使用时间最长。

第一步,绘制表格。

由于甘特图的横轴表示时间、纵轴表示卸货月台,所以根据给出的数据绘制一个横轴为时间、纵轴为月台的表格。若该时间段内月台在使用中,则在表格里做个标记(本案例中以"1"为标记),将其转换成表 3.3.5 的形式,方便进行下一步操作。

表 3.3.5 月台卸货时间表

月台编号	7:00-8:00	8:00-9:00	9:00-10:00	10:00-11:00	11:00-12:00	12:00-13:00	13:00-14:00	15:00-16:00	16:00-17:00
Y001			1	1	1	1	1		
Y002	1	1	1	1	1	1	1	1	
Y003		1	1	1	1	1	1	1	1
Y004		1	1	1		1	1	1	
Y005				1	1	1	1		
Y006						1			

第二步,填充进程如下。

(1)选中所有数据,在开始选项卡中找到条件格式,单击"条件格式",如图 3.3.16 所示,依次选择"突出显示单元格规则"→"等于"。

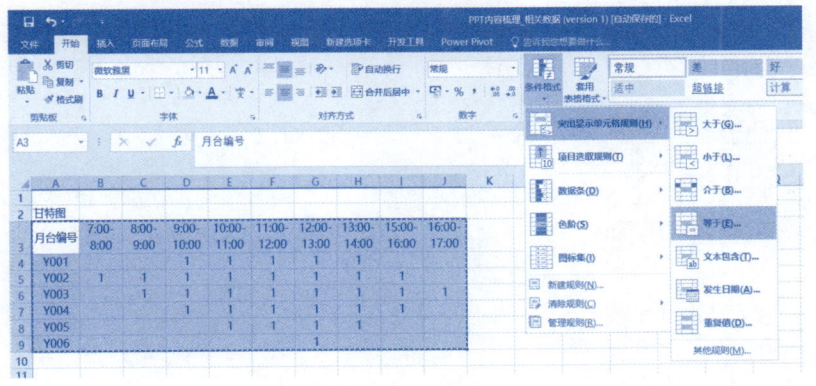

图 3.3.16 选中数据

(2) 单击"等于",跳转到图 3.3.17 的界面,确认左边框中数值为 1,然后选择"自定义格式"。此时将跳转为设置单元格格式界面,需将字体颜色和单元格填充色均改为黄色,如图 3.3.18 和图 3.3.19 所示。最终生成甘特图,如图 3.3.20 所示。

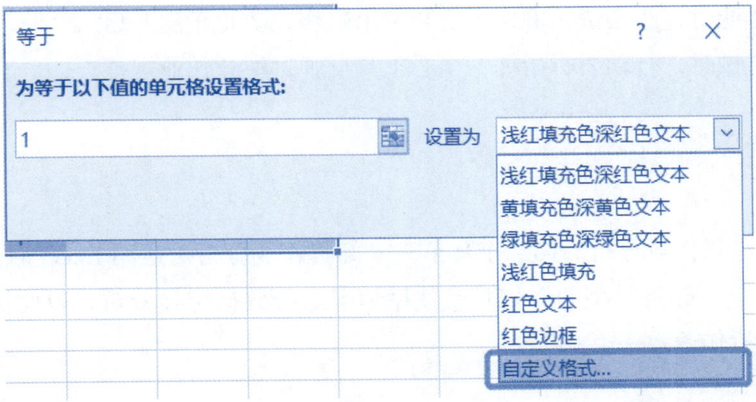

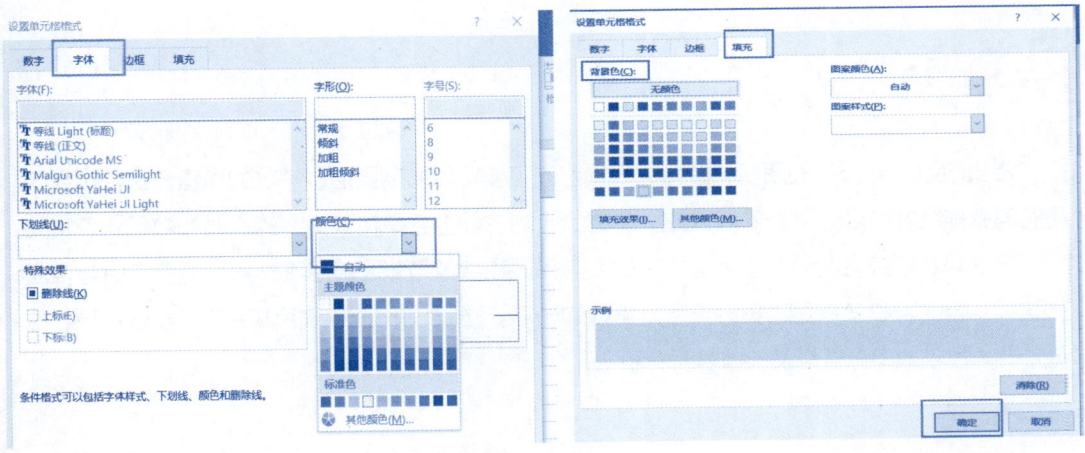

图 3.3.17 选择自定义格式

图 3.3.18 设置字体颜色

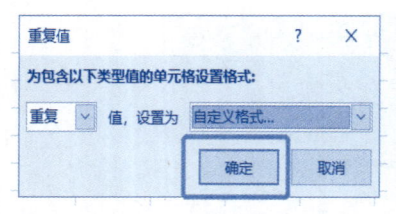

图 3.3.19 设置单元格填充颜色

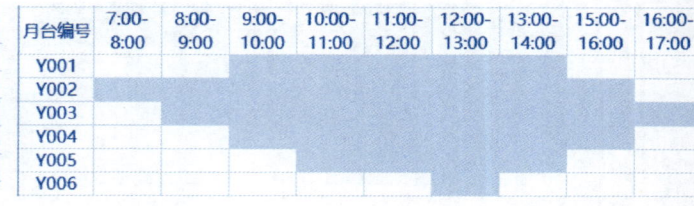

图 3.3.20 生成甘特图

● **知识拓展**

卸货作业中的安全事项

卸货作业中,除了关注作业效率,作业安全也是非常重要的,尤其是卸货人员的人身安全。以下是卸货作业中的几点重要的安全事项:

(1) 车顶行走时,小心脚下打滑,防止高空坠落,注意避开电线。

(2) 车旁作业时,小心货物砸伤,避开突出磕伤,防止车门开启。

(3) 配合机械时,行动要听指挥,当心工具反弹,注意作业规范。

● **任务小结**

本任务是进货作业分析的第二个环节——卸货作业分析。运用 Excel 软件或 SPSS 软件,对卸货总量、卸货效率和卸货月台使用情况进行数据统计分析,以此优化卸货作业流程,提升卸货作业效率。

任务 4 验收分析

● **任务描述**

货物验收是对产品的质量和数量进行检查的工作,货物需要通过特定的检查方法,达到公司的满意程度才能准许进行验收入库。货物验收的主要内容是检验货物的品质和数量,若货物存在质量问题或数量问题,也就是货物的实际品质和数量与账面信息不一致,需要及时与供应商联系,因此验收分析是进货分析十分重要的一环。验收分析主要包括以下三个部分:验收总量分析、验收效率分析以及验收差异分析。

● 任务分析

验收分析主要包括以下三个部分：验收总量分析、验收效率分析以及验收差异分析。验收总量是指规定时间内，完成验收检验（检查货物的质量和数量）的任务总量，验收效率指验收数量与验收时间的关系，而验收差异的分析是指对验收过程中货物存在的差异情况进行统计。通过验收数据明细可以完成验收分析操作，但因数据量大，很难直接计算得出结果，所以需要借助 Excel 数据透视表完成验收分析。

● 相关知识

1. 验收总量分析

验收总量是指规定时间内，完成验收检验（检查货物的质量和数量）的任务总量。

1）分析指标

验收总量分析可以用验收品项数（商品种类数）、验收件数等进行度量。验收总量与卸货总量之间存在一定关系，一般来说，在统一单位的情况下，验收总量应与卸货总量保持一致，若存在差异，需要分析差异的原因。

2）分析工具

在进行验收总量分析时，需要借助验收数据明细表，使用 Excel 函数进行分析。

2. 验收效率分析

1）分析指标

验收效率同卸货效率一样，可以分别从时间和能力两方面来考虑。时间度量的是验收的速度，验收每一托货物的平均时长是多少、验收每批货物的平均时长是多少等；能力是指单位时间内验收货物的能力，每小时能够验收货物的数量为多少、每小时每人能够验收货物的数量是多少等。通过对验收效率的分析，有助于分析验收效率低的原因，以此来优化验收方法。

时间维度上的指标有平均每托货物验收时长和平均每批货物验收时长，其中平均每托货物验收时长指的是验收货物总消耗时长与验收托数的比值，平均每批货物验收时长指的是验收货物总消耗时长与验收批数的比值。计算公式为：

$$\text{平均每托货物验收时长} = \frac{\text{验收货物总消耗时长}}{\text{验收托数}}$$

$$平均每批货物验收时长 = \frac{验收货物总消耗时长}{验收批数}$$

能力维度上的指标有平均每小时验收货物数和平均每小时每人验收货物数，其中平均每小时验收货物数指的是验收货物总数与验收小时数的比值，平均每小时每人验收货物数指的是验收货物总数与每人验收小时总数的比值。计算公式为：

$$平均每小时验收货物数 = \frac{验收货物总数}{验收小时数}$$

$$平均每小时每人验收货物数 = \frac{验收货物总数}{每人验收小时总数}$$

2) 分析工具

在实际操作中，工作人员每日验收数据量较大，人工计算验收效率指标就变得十分困难，可以通过 Excel 的数据透视表功能来实现对验收效率的分析。

3. 验收差异分析

1) 分析指标

货物验收的主要内容是检验货物的品质和数量，若货物存在质量问题或数量问题，也就是货物的实际品质和数量与账面信息不一致，需要及时与供应商联系。

验收差异的分析是指对验收过程中货物存在的差异情况进行统计，通过验收差异的分析，能够帮助企业对验收情况进行监控。验收差异分析的指标有两个：一是货物破损率；二是货物数量差异比率。货物破损率指的是货物破损数量与所运送的货物总量的比例，货物数量差异比率指的是货物数量差异与应到货物总量的比例。

2) 分析工具

在进行验收差异分析时，按定义直接计算，如数据量较大，通过使用 Excel 的数据透视表的功能来实现。

●任务准备

数据透视表是一种交互式的表，可以进行某些计算，如求和与计数等。以 Excel 的官方数据透视表教程为例，可以很好地将数据进行简单的汇总排列。

1. 创建准备

制作好的数据透视表首先要确保数据的良好恰当。因此，在创建前要确保执行以下操作：一是为列命名，二是确保没有重复的行或空单元格。

列就是字段。对数据透视表来说，每一列就是一个字段，在创建数据透视表之前，需要为每个字段命名。我们以图 3.4.1 所示的表格为例，显然字段“金额”所在的列单元格格式为金额（数值型），可以进行加减汇总。“金额”这个字段就称为数据透视表值字段。

在进行数据透视表操作时，除了值字段需要掌握外，还有就是行字段，所谓行字段指的就是需要添加的条件字段，通常行字段是必要的，我们可以通过行字段来对值字段进行划分。这里以 Excel 的官方数据透视表教程为例，如图 3.4.2 所示，通过行字段→“购买者”对值字段→“金额”来进行划分。

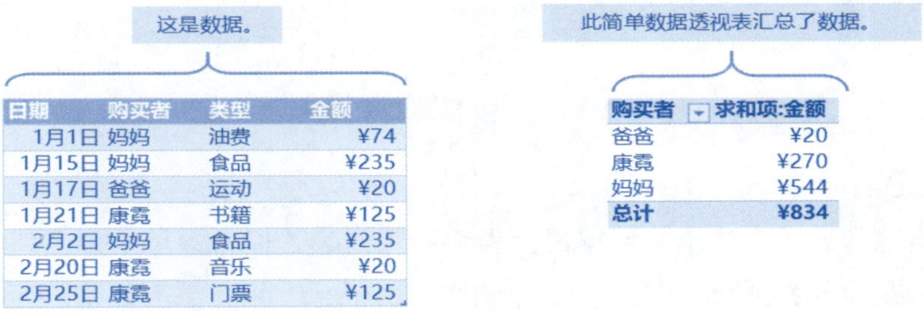

日期	购买者	类型	金额
1月1日	妈妈	油费	¥74
1月15日	妈妈	食品	¥235
1月17日	爸爸	运动	¥20
1月21日	康霓	书籍	¥125
2月2日	妈妈	食品	¥235
2月20日	康霓	音乐	¥20
2月25日	康霓	门票	¥125

购买者	求和项:金额
爸爸	¥20
康霓	¥270
妈妈	¥544
总计	¥834

图 3.4.1　数据透视表 (1)

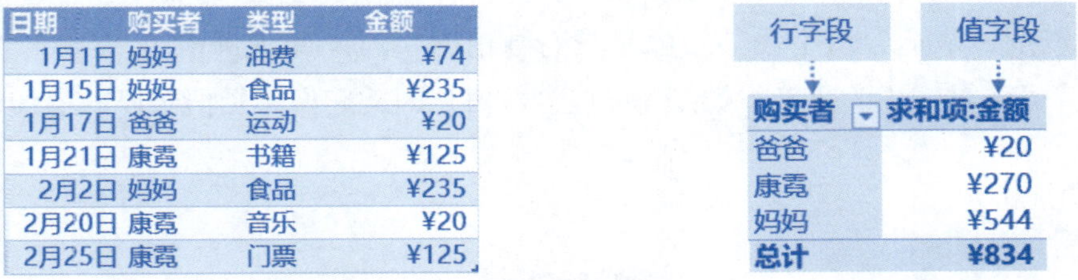

日期	购买者	类型	金额
1月1日	妈妈	油费	¥74
1月15日	妈妈	食品	¥235
1月17日	爸爸	运动	¥20
1月21日	康霓	书籍	¥125
2月2日	妈妈	食品	¥235
2月20日	康霓	音乐	¥20
2月25日	康霓	门票	¥125

购买者	求和项:金额
爸爸	¥20
康霓	¥270
妈妈	¥544
总计	¥834

图 3.4.2　数据透视表 (2)

2. 创建步骤

第一步：插入“数据透视表”。

在“插入”选项卡下最左侧有个“数据透视表”按钮，单击“数据透视表”按钮，会弹出创建数据透视表界面。如图 3.4.3 所示，需要选中数据区域，同时将创建后的数据透视表放置在新的工作表中，一般情况下新工作表是在原数据工作表的左侧。注意：数据透视表和原来的数据可以放在同一个工作表，也可以单设新的工作表，一般来说，由于数据透视表需要占用大量空间，因此最好将它放在新工作表上。

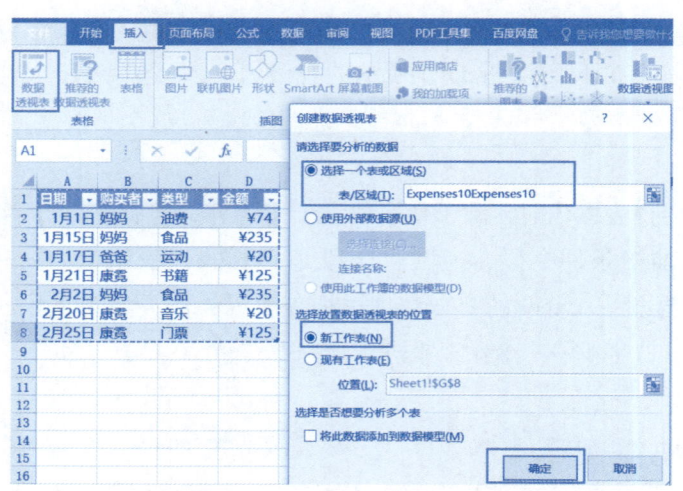

图 3.4.3 插入"数据透视表"

第二步：创建"值字段"。

单击"确定"后，会弹出"数据透视表字段"列表，但它不仅是一个列表，更像是一个面板，将在顶部看到数据中的字段。如图 3.4.4 所示，可以看到数据的所有字段，首先是创建值字段。将"金额"字段拖到"值"区域即可完成，具体操作如图 3.4.5 所示。这里提醒读者注意，新手使用数据透视表，往往不清楚哪个字段为值字段，事实上仔细观察便可发现，最适合值字段的字段是具有数值的字段。此示例中，"金额"为最佳选择。其他字段（日期、购买者、类型）不包含数值，因此它们不是值字段的最佳选择。

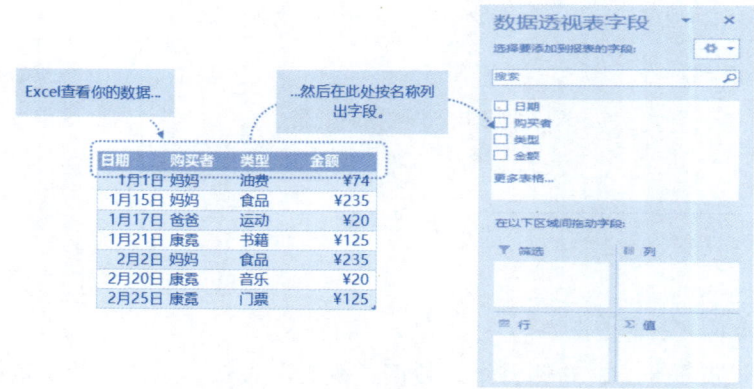

图 3.4.4 设置"数据透视表字段"

第三步：创建"行字段"。

将字段拖到"值"区域后，"求和项：金额"将显示在"数据透视表字段列表"底部。然后，需要一个划分值字段所依据的条件。为此，将任何其他字段向下拖到"行"区域。如图 3.4.6 所示，将"购买者"字段置于行区域，将在数据透视表中看到每个购买者的购买金额。有时基于分析的需要也需要添加列标签，方法类似，直接将需要查看的字段放置于列区域，示例中将"类型"字段置于列区域，如图 3.4.7 所示。

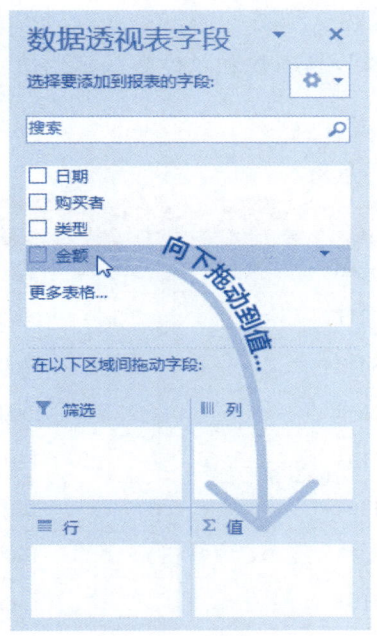
图 3.4.5 创建"值字段"

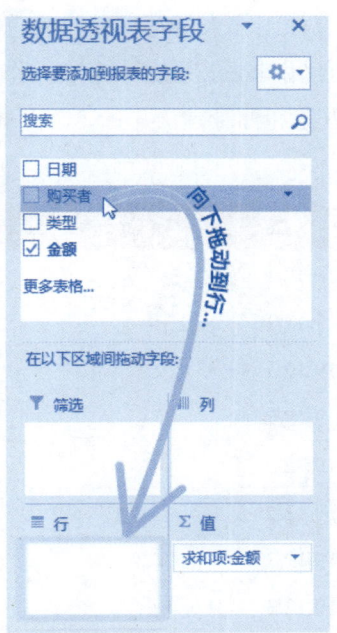
图 3.4.6 创建"行字段"

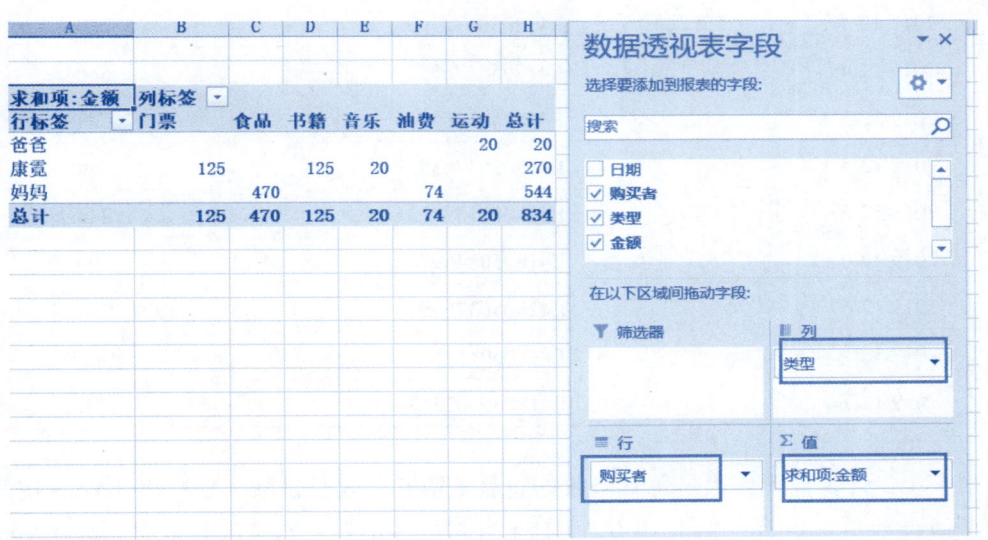
图 3.4.7 创建"列字段"

●任务实施

练习 3.5

根据某工作人员 2019 年 12 月 1 日—2019 年 12 月 7 日的验收数据，如表 3.4.1 所示，分别回答下列问题：

(1) 计算该工作人员每日验收的总品项数和验收总件数。

(2) 请使用 Excel 函数计算该工作人员每日验收品项数和总件数的平均值、最大值、最小值、方差和标准差。

表 3.4.1　验收数据表

日期	商品编号	验收件数
2019/12/1	E418049926266	200
2019/12/1	E418049983211	1440
2019/12/1	E418049983442	1760
2019/12/2	E418050107354	2000
2019/12/2	E418050115103	150
2019/12/2	E418050341364	180
2019/12/2	E418050362213	160
2019/12/3	E418050115103	150
2019/12/3	E418050341364	1260
2019/12/3	E418050810443	1400
2019/12/4	E418050132390	200
2019/12/4	E418050376552	640
2019/12/5	E418050138595	1200
2019/12/5	E418050376552	2240
2019/12/6	E418050187222	240
2019/12/6	E418050846970	200
2019/12/6	E418050376552	960
2019/12/7	E418050115103	1350
2019/12/7	E418050362213	1120

第一步：计算该工作人员每日验收的总品项数和验收总件数。观察表 3.4.1，按照日期将验收件数进行汇总，如 2019 年 12 月 1 日有三条记录，商品编号不同，可知验收商品项数为 3，验收件数为 200+1440+1760=3400。用同样的方法可求得该工作人员每日验收的总品项数和验收总件数，计算结果如表 3.4.2 所示。

表 3.4.2　验收品项数和验收件数汇总表

日期	验收品项数	验收件数
2019/12/1	3	3400
2019/12/2	4	2490
2019/12/3	3	2810

（续表）

日期	验收品项数	验收件数
2019/12/4	2	840
2019/12/5	2	3440
2019/12/6	3	1400
2019/12/7	2	2470

第二步：在 Excel 中表示平均值、最大值、最小值、方差和标准差的函数，在练习 3.2 中已经介绍过，此处以计算该工作人员每日验收品项数和总件数的平均值为例进行说明。平均值函数为 AVERAGE，在"公式"→"插入函数"中选择 AVERAGE 函数即可进入到图 3.4.8 所示的界面，选中需要求均值的数据后，单击"确定"即可求出平均值。操作结果如表 3.4.3 所示。

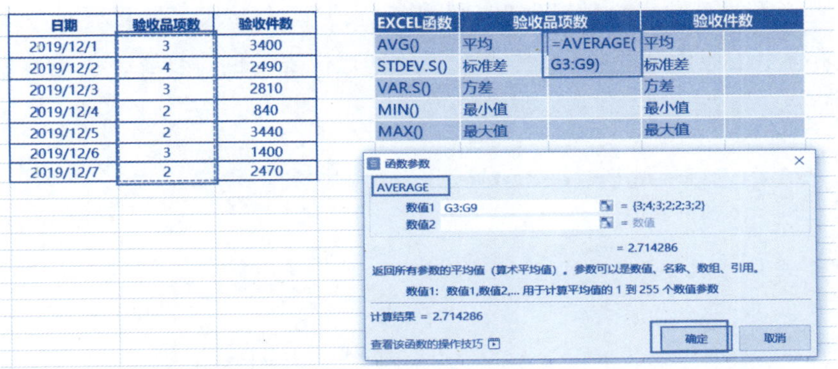

图 3.4.8　用 Excel 函数求平均值

表 3.4.3　Excel 函数运算结果

Excel 函数	验收品项数		验收件数	
AVERAGE	平均值	2.71	平均值	2407.1
STDEV.S	标准差	0.76	标准差	974.33
VAR.S	方差	0.57	方差	949324
MIN	最小值	2	最小值	840
MAX	最大值	4	最大值	3440

练习 3.6

根据一组验收记录数据（约 595 条数据记录，完整数据集 3-1 请扫描封底二维码获取，部分数据参见图 3.4.9），回答下列问题：

(1) 按天计算验收效率（平均每人每小时验收件数），找出该指标的最大值、最小值和平均值。

(2) 根据商品品项统计验收效率(验收每托平均时间),并分析哪种货物的验收效率较低。

	A	B	C	D	E	F
1	托编号	商品编码	验收件数	验收时长(分钟)	验收人员ERP账号	验收日期
2	T01	E398060128385	310	7	ERP5	2019/12/1
3	T02	E398060838166	360	9	ERP5	2019/12/1
4	T03	E398060838166	360	9	ERP2	2019/12/1
5	T04	E398060840177	170	7	ERP1	2019/12/1
6	T05	E418046915324	250	7	ERP5	2019/12/1
7	T06	E418047133889	190	4	ERP5	2019/12/1
593	T592	E418105944484	300	4	ERP2	2019/12/20
594	T593	E418105971328	400	6	ERP1	2019/12/20
595	T594	E418106027877	470	5	ERP4	2019/12/20
596	T595	E418106046458	350	6	ERP4	2019/12/20
597	T596	E418106069428	160	7	ERP3	2019/12/20

图 3.4.9　验收记录数据(部分)

由于本例中数据记录较多,无法通过人工计算,所以采用数据透视表的方法对其进行汇总显示。

在创建数据透视表时,首先考虑值字段,即可以进行汇总合并的字段。在本题中,可以作为值字段的是"验收件数"和"验收时长"两个字段,题目要求按天计算验收效率,显然行字段应为"验收日期",按照数据透视表的创建步骤,创建数据透视表如图 3.4.10 所示。

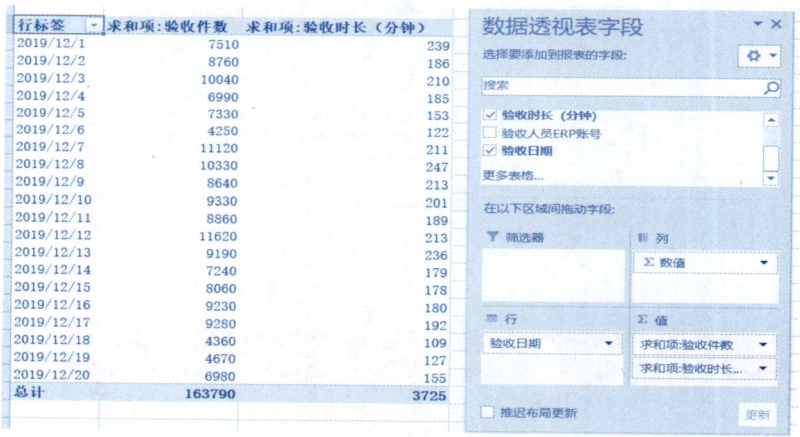

图 3.4.10　创建数据透视表

创建数据透视表后,需要求出平均每人每小时验收件数。首先将验收时间单位换算成小时,然后计算验收件数与验收时长(小时)的比值,即为平均每人每小时验收件数,结果如表 3.4.4 所示。

表 3.4.4　数据透视表结果

日期	验收件数	验收时长(分钟)	验收时长(小时)	平均每人每小时验收件数
2019/12/1	7510	239	4.0	1885.4
2019/12/2	8760	186	3.1	2825.8
2019/12/3	10040	210	3.5	2868.6

（续表）

日期	验收件数	验收时长（分钟）	验收时长（小时）	平均每人每小时验收件数
2019/12/4	6990	185	3.1	2267.0
2019/12/5	7330	153	2.6	2874.5
2019/12/6	4250	122	2.0	2090.2
2019/12/7	11120	211	3.5	3162.1
2019/12/8	10330	247	4.1	2509.3
2019/12/9	8640	213	3.6	2433.8
2019/12/10	9330	201	3.4	2785.1
2019/12/11	8860	189	3.2	2812.7
2019/12/12	11620	213	3.6	3273.2
2019/12/13	9190	236	3.9	2336.4
2019/12/14	7240	179	3.0	2426.8
2019/12/15	8060	178	3.0	2716.9
2019/12/16	9230	180	3.0	3076.7
2019/12/17	9280	192	3.2	2900.0
2019/12/18	4360	109	1.8	2400.0
2019/12/19	4670	127	2.1	2206.3
2019/12/20	6980	155	2.6	2701.9

如表3.4.4所示，平均每人每小时验收件数的平均值为2627.6、最大值为3273.2、最小值为1885.4。

第二个问题应该明确验收效率的评价指标，我们通过验收件数和验收时长分别来考虑，相同时间内验收件数越多验收效率越高，相同验收件数所需验收时间越长验收效率越低。根据商品品项统计，显然验收件数已经固定，此时只需要考虑验收时间，对验收时长（分钟）按照降序排列，取前5条记录，如表3.4.5所示。

表3.4.5 平均验收时长排序结果

商品编码	平均验收时长（分钟）
E418048633043	18
E418048467216	16
E418048053304	15
E398060838166	9
E418099100031	9

根据表 3.4.5 的结果可知，E418048633043、E418048467216、E418048053304 三种商品的验收时长较长，验收效率低。

练习 3.7

根据表 3.4.6 验收差异记录数据，计算每日的货物破损率和货物数量差异比率。

表 3.4.6　验收差异记录数据

日期	货物总数	货物破损数量	货物短缺数量
2020/12/1	7510	0	0
2020/12/2	8760	0	10
2020/12/3	10040	0	0
2020/12/4	6990	0	0
2020/12/5	7330	5	0
2020/12/6	4250	0	0
2020/12/7	11120	0	0
2020/12/8	10330	0	0
2020/12/9	8640	0	5
2020/12/10	9330	0	0
2020/12/11	8860	0	0
2020/12/12	11620	3	0
2020/12/13	9190	0	0
2020/12/14	7240	0	0
2020/12/15	8060	0	2
2020/12/16	9230	0	0
2020/12/17	9280	0	0
2020/12/18	4360	0	0
2020/12/19	4670	0	0
2020/12/20	6980	2	0

每日的货物破损率等于货物破损数量与所运送的货物总量的比例，货物数量差异比率等于货物数量差异与应到货物总量的比例。以 2020 年 12 月 1 日为例，货物破损数量为 0，货物总数为 7510，货物破损率为 0；货物短缺数量为 0，货物总数为 7510，货物数量差异比率为 0。计算结果如表 3.4.7 所示。

表 3.4.7　验收货物破损率和货物数量差异比率

日期	货物破损率	货物数量差异比率
2020/12/1	0.0%	0.0%
2020/12/2	0.0%	0.1%

（续表）

日期	货物破损率	货物数量差异比率
2020/12/3	0.0%	0.0%
2020/12/4	0.0%	0.0%
2020/12/5	0.1%	0.0%
2020/12/6	0.0%	0.0%
2020/12/7	0.0%	0.0%
2020/12/8	0.0%	0.0%
2020/12/9	0.0%	0.1%
2020/12/10	0.0%	0.0%
2020/12/11	0.0%	0.0%
2020/12/12	0.0%	0.0%
2020/12/13	0.0%	0.0%
2020/12/14	0.0%	0.0%
2020/12/15	0.0%	0.0%
2020/12/16	0.0%	0.0%
2020/12/17	0.0%	0.0%
2020/12/18	0.0%	0.0%
2020/12/19	0.0%	0.0%
2020/12/20	0.0%	0.0%

● 知识拓展

解决验收中存在的问题

在物品验收过程中，如果发现物品数量或质量有问题，应该严格按照有关制度进行处理。具体解决方案如下：

(1) 由承运部门造成的货物数量短缺、外观破损等问题，仓库凭接运时索取的货运记录，向承运部门索赔。

(2) 如发生到货与订单、入库通知单或采购合同不相符的问题，仓库应该拒收，或者将货物置于待处理区域，并做相应的标记。

(3) 如发生货物必要证件不齐全的问题，需置于待处理区域，并做相应的标记，待证件到齐后再进行验收。

(4) 数量存在差异时，如在允许的误差以内，仓库可按应收数入账；若超过误差范围，应查对核实，做好验收记录并上报问题，待双方协商处理后才能办理入库手续。

(5) 规格、品质、包装不符合要求或发生错发时，仓库应先将合格品验收，不合格品放置隔离区，错发品置于待处理区域，分别做好标记，通知货主或相关部门，以便尽快处理。

●任务小结

　　本任务是进货作业分析的最后环节——验收分析，包括验收总量分析、验收效率分析和验收差异分析。通过 Excel 软件的数据透视表等功能，完成数据的统计分析，对验收工作的效果进行综合评价。

第 4 单元
入库作业分析

【内容概览】

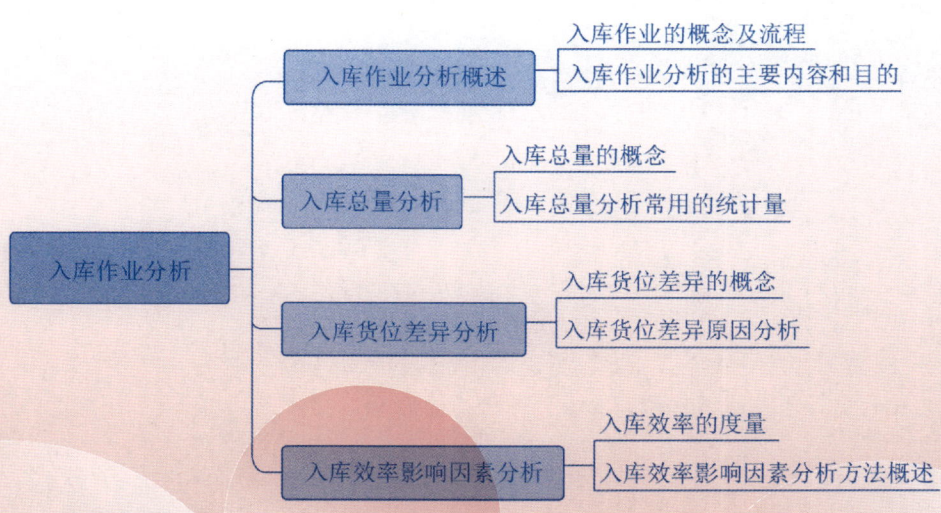

【知识目标】
1. 了解入库作业流程、入库作业分析的主要内容；
2. 理解入库总量分析常用的统计指标含义、季节比率的概念；
3. 了解入库货位差异的原因，理解入库货位差异计算方法；

4．了解皮尔逊相关性分析、一元线性回归分析的基本概念。

【技能目标】

1．掌握与入库总量相关的描述性统计指标的使用场合，掌握折线图绘制方法，能够对入库总量进行描述性统计分析；

2．掌握入库总量及季节性波动分析方法，理解入库总量季节性波动特征；

3．掌握入库货位差异分析方法；

4．掌握利用 Excel 绘制散点图、计算皮尔逊相关系数、拟合一元回归模型的方法，并对模型结果进行解读。

【职业目标】

1．胜任仓库、配送中心、资产管理等部门的入库作业岗位；

2．能够处理与入库、盘点相关的工作与业务；

3．胜任仓储入库相关数据统计、分析岗位；

4．能够熟练使用 Excel 的数据透视表、内置函数开展入库作业数据的分析统计工作；

5．能够科学解读数据分析结果，并指导仓储入库作业，提升入库作业管理水平。

任务 1　入库作业分析概述

● 任务描述

入库作业是仓库作业的起点，是货物保管工作的基础，入库作业的质量直接影响到仓库整体作业的质量。因此，科学分析入库作业相关数据，对提升入库作业质量具有指导价值。本任务简要地说明了入库作业的核心流程以及入库作业分析的主要内容。

● 任务分析

要了解入库作业数据分析的主要内容，需要先熟悉入库作业的作业流程，理解入库作业分析的主要工作内容。

● 相关知识

1. 入库作业的概念及流程

入库作业是指将商品货物放到指定储位的过程，通过入库作业为仓库补充货源，入库会影响出库作业的准确性和效率。

入库作业的核心流程如图 4.1.1 所示。主要包含入库特殊处理、容器检验、货位安排、搬运上架、信息同步 5 个核心步骤。

图 4.1.1　入库作业流程

2. 入库作业分析的主要内容和目的

入库作业分析的主要内容包括入库总量特征描述、入库总量的趋势分析、入库货位差异分析、入库效率的影响因素分析。

入库作业分析目的包含：
(1) 分析入库总量特征，合理安排入库资源；
(2) 分析入库货位差异，及时调整货位；
(3) 分析入库效率影响因素，提升入库效率。

● 任务小结

本任务主要介绍入库作业的概念、入库作业流程、入库作业分析的主要内容和目的。通过学习本任务，学生能够掌握入库作业总体流程，理解入库作业分析的主要工作内容。

任务 2　入库总量分析

● 任务描述

入库总量反映了入库作业总量水平，通过分析入库总量的特征，对于合理安排入库人员及货位有指导意义。本任务根据商品入库明细数据，科学选用入库总量统计指标描述入库总量特征，并对统计分析结果进行解读。

采集某个仓库入库作业的明细数据（完整数据集 4-1 请扫描封底二维码获取），见表 4.2.1，作业时间为 2019 年 12 月 1 日至 2019 年 12 月 31 日，包含入库商品编码、入库件数、入库完成时间，要求采用合适的统计指标对每天入库总量进行描述。

表 4.2.1　商品入库明细数据（部分）

商品编码	入库件数	入库完成时间
E8269616	1	2019-12-01 16:05:35
E1827985	10	2019-12-01 16:12:58
E2182968	6	2019-12-01 16:18:39
E5026815	2	2019-12-01 16:20:08
……	……	……
E8061855	8	2019-12-31 21:57:53
E8125600	24	2019-12-31 22:00:18
E7057218	4	2019-12-31 22:00:31
E2965061	6	2019-12-31 22:13:39

● 任务分析

根据上述的任务描述，首先需要计算入库总量的统计指标，然后对入库总量进行描述性统计分析。

● 相关知识

1. 入库总量的概念

入库总量是指一定时间内，完成入库作业任务的总量。入库总量可用入库件数、入库商品品项数、入库总体积、入库总重量等指标进行度量。

入库总量和出库总量的关系：入库总量和出库总量的总和是仓库的吞吐量，代表了仓库的吞吐能力。一般情况下，仓库每日的出入库总量应是近似相等的。若仓库内的入库总量总是多于出库总量，则容易导致货物积压；若仓库内的出库总量总是多于入库总量，则有可能会出现货物短缺的现象。

2. 入库总量分析常用的统计量

描述性统计包括对数据的位置度量（数据水平的描述）、分散程度度量（数据差异的描述）和分布形状的度量。

1) 位置度量

当数据呈近似正态分布时，选择平均数对数据进行水平描述统计分析；当数据有明显的偏斜时，选择众数、中位数、分位数等对数据进行水平描述统计分析。

2) 分散程度度量

数据之间的差异用统计术语来说，为数据的离散程度。常用的离散程度统计量有极差、四分位差、方差、标准差以及变异系数等，其中变异系数消除了数据的量纲差异，是一种度量相对离散程度的统计量。

3) 分布形状的度量

度量分布形状常用的统计量有偏度系数和峰度系数。数据的分布情况可利用直方图或者茎叶图来观察。对于不对称分布的数据，统计它们不对称的程度，需要借助偏度系数和峰度系数等指标进行度量。

正态分布的检验方法还有柯尔莫诺夫—斯米尔诺夫检验、夏皮洛—威尔克检验等方法。本任务采用偏度系数和峰度系数进行简单综合判断。如果两个系数都等于 0，则认为数据是标准的正态分布；如果两个系数的绝对值大于 0 且小于 1，可认为数据服从近似正态分布；如果两个系数的绝对值大于 1，则认为数据不服从正态分布[①]。

入库总量分析常用的描述统计量如表 4.2.2 所示。

表 4.2.2　入库总量分析常用的描述统计量

类别	统计量	含义	计算公式
位置度量	平均数	平均数是数据的平均值，是度量数据集中趋势水平的常用统计量	$\bar{x} = \dfrac{1}{n}\sum_{i=1}^{n} x_i$
	众数	众数是一组数据中出现频次最多的数据，不受极端数据的影响	—
	中位数	中位数是指将一组数据排序后，位于中间位置的值，中位数不受异常值的影响，具有稳健性	$m_e = \begin{cases} x_{\left(\frac{n+1}{2}\right)} & \text{当 } n \text{ 为奇数时} \\ \dfrac{1}{2}\left[x_{\left(\frac{n}{2}\right)} + x_{\left(\frac{n}{2}+1\right)}\right] & \text{当 } n \text{ 为偶数时} \end{cases}$
	分位数	分位数是中位数的拓展，有四分位数、十分位数和百分位数。它们分别是用 3 个、9 个和 99 个点将数据 4 等分、10 等分和 100 等分后，各分位点上的数值	$m_p = \begin{cases} x_{(\lfloor np \rfloor + 1)} & \text{当 } np \text{ 不是整数时} \\ \dfrac{1}{2}\left[x_{(np)} + x_{(np+1)}\right] & \text{当 } np \text{ 为整数时} \end{cases}$
分散程度	样本方差	方差是描述数据分布分散程度的一个指标。样本的方差是样本相对于平均数的偏差平方和的平均	$s^2 = \dfrac{1}{n-1}\sum_{i=1}^{n}(x_i - \bar{x})^2$
	样本标准差	标准差是样本的方差开方	$s = \sqrt{s^2} = \sqrt{\dfrac{1}{n-1}\sum_{i=1}^{n}(x_i - \bar{x})^2}$
	变异系数	变异系数是标准差与均值的比值，是数据相对分散程度的一种度量指标。变异系数无量纲，可以用于比较来自不同总体的样本数据的变异程度	$CV = \dfrac{s}{\bar{x}}$
分布形状	偏度系数	刻画数据的对称性指标，关于均值对称的数据其偏度系数为 0，右侧更为分散的数据偏度系数为正值，左侧更为分散的数据偏度系数为负值	$g_1 = \dfrac{n}{(n-1)(n-2)s^3}\sum_{i=1}^{n}(x_i - \bar{x})^3$
	峰度系数	当数据的总体分布为正态分布时，峰度系数近似为 0，当分布较正态分布的尾部更分散时，峰度系数为正，否则为负。当峰度系数为正时，两侧的极端数据较多；当峰度系数为负时，两侧的极端数据较少	$g_2 = \dfrac{n(n+1)}{(n-1)(n-2)(n-3)s^4}\sum_{i=1}^{n}(x_i - \bar{x})^4 - 3\dfrac{(n-1)^2}{(n-3)(n-2)}$

[①] 陈军. 数据的正态性检验及 Excel/SPSS/Stata 软件的实操应用. 四川职业技术学院学报，2019，29(3)：157-161.

● 任务准备

准备计算机、Excel、纸、笔等基本工具。

● 任务实施

1. 入库总量描述统计及折线图绘制

1) 数据预处理

采用数据筛选功能检查商品入库明细数据中的商品编码、入库件数、入库完成时间三个字段,查看是否有缺失值、异常值等情况。经过查看,不存在上述问题。

	A	B	C
1		入库数据明细	
2	商品编码	入库件数	入库完成时间
3	E8269616	1	2019/12/01 16:05:35
4	E1827985	10	2019/12/01 16:12:58
5	E2182968	6	2019/12/01 16:18:39
6	E5026815	2	2019/12/01 16:20:08
7	E1102527	8	2019/12/01 16:26:52
8	E2228566	24	2019/12/01 16:40:02
9	E7867269	4	2019/12/01 16:55:34
10	E916768	1	2019/12/01 17:07:42
11	E6617808	2	2019/12/01 17:27:54
12	E8900288	1	2019/12/01 17:42:59
13	E5785829	2	2019/12/01 17:43:02
14	E8202682	3	2019/12/01 17:56:56
15	E2651657	6	2019/12/01 18:56:38

图 4.2.1 Excel 格式的商品入库明细数据

从图 4.2.1 的数据可以看出,入库完成时间是由入库日期和入库具体时间(精确到秒)构成,为了统计出每天的入库总量,需要截取获得入库完成时间中的入库日期部分,操作步骤如下:

(1) 在原始数据后面增加一列,在单元格 D3 输入公式"=INT()",将光标移入括号中,单击选择"C3",按回车键,即可得到第一条数据获得的日期为"2019-12-01 00:00:00"。

(2) 单击"D3",按住"Ctrl+C"对单元格进行复制,鼠标单击到"E4"单元格,按住 Shift 键,拉动滚动条到最后一行数据,按住"Ctrl+V"复制,即可得到入库日期(带有时间格式),如图 4.2.2 所示。

	A	B	C	D
1		入库数据明细		
2	商品编码	入库件数	入库完成时间	入库完成日期
3	E8269616	1	2019/12/01 16:05:35	=INT(C3)
4	E1827985	10	2019/12/01 16:12:58	2019/12/01 00:00:00
5	E2182968	6	2019/12/01 16:18:39	2019/12/01 00:00:00
6	E5026815	2	2019/12/01 16:20:08	2019/12/01 00:00:00
7	E1102527	8	2019/12/01 16:26:52	2019/12/01 00:00:00
8	E2228566	24	2019/12/01 16:40:02	2019/12/01 00:00:00
9	E7867269	4	2019/12/01 16:55:34	2019/12/01 00:00:00
10	E916768	1	2019/12/01 17:07:42	2019/12/01 00:00:00
11	E6617808	2	2019/12/01 17:27:54	2019/12/01 00:00:00
12	E8900288	1	2019/12/01 17:42:59	2019/12/01 00:00:00
13	E5785829	2	2019/12/01 17:43:02	2019/12/01 00:00:00
14	E8202682	3	2019/12/01 17:56:56	2019/12/01 00:00:00
15	E2651657	6	2019/12/01 18:56:38	2019/12/01 00:00:00

图 4.2.2　获取入库完成日期

(3) 设置只显示日期提示。经过上面的 INT 函数处理后，发现入库完成日期均包含有 00:00:00 的时间格式，可通过设置单元格的数据格式显示日期格式。具体操作如图 4.2.3 所示，单击"D 列"，右键"设置单元格格式"，选择"日期"，选择第一个类型即可。

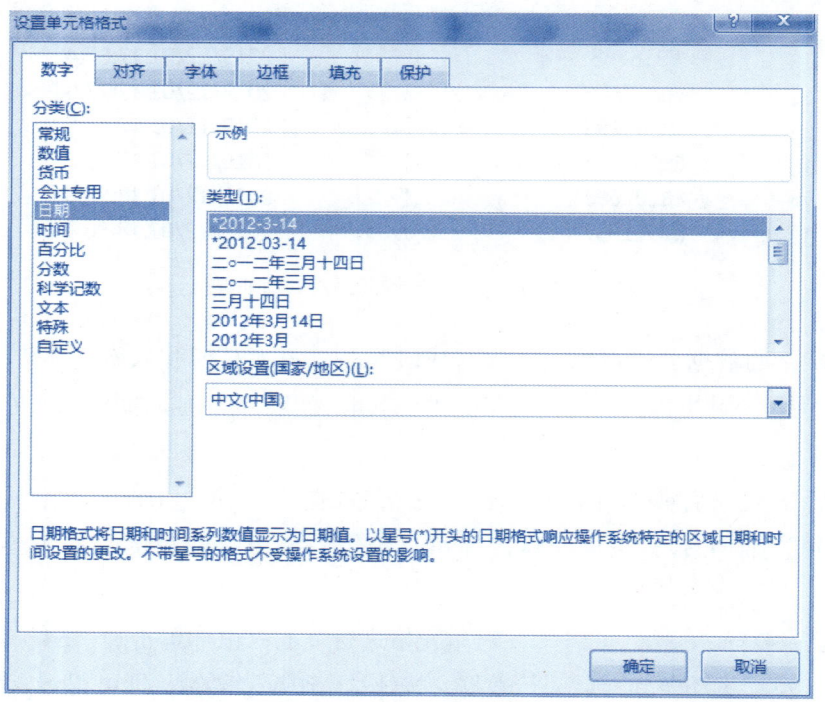

图 4.2.3　日期格式设置

2) 描述性统计

(1) 单击菜单栏的数据透视表，得到如图 4.2.4 的界面，注意要勾选"将此数据添加到数据模型"，其他为默认选项即可。

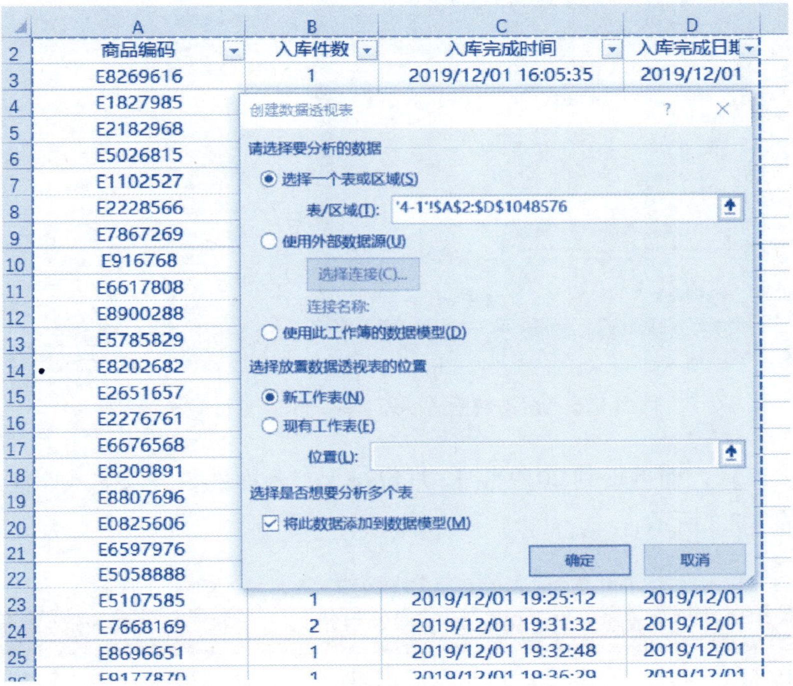

图 4.2.4　创建数据透视表

(2) 把入库完成日期拖动到"行"，"入库件数""商品编码"拖动到"列"。计算入库总量，只需按照默认的"求和"计算类型设置即可。"商品编码"用于统计入库商品品类数，如图 4.2.5 所示。同一天同一种商品可能会出现重复入库多次的现象，但应统计为同一种商品，故值汇总方式应选择"非重复计数"，如图 4.2.6 所示。

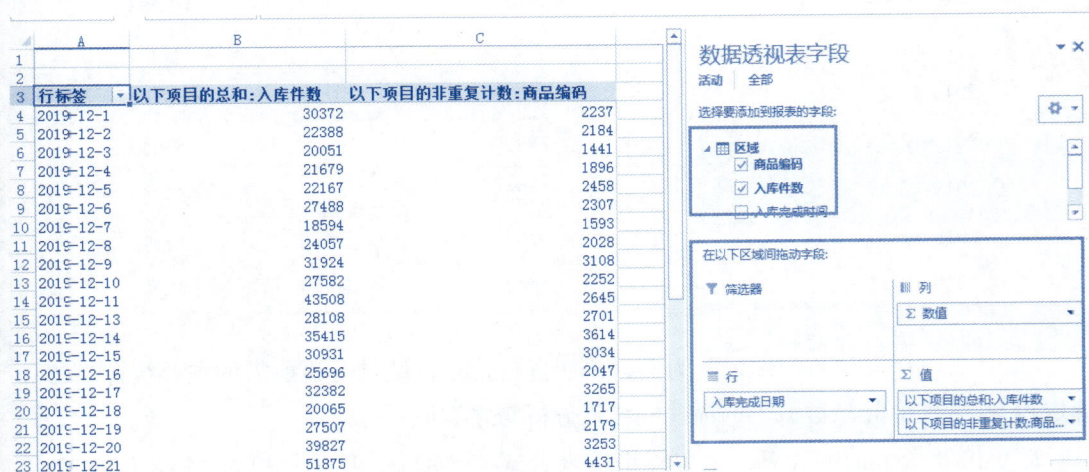

图 4.2.5　设置数据透视表字段

93

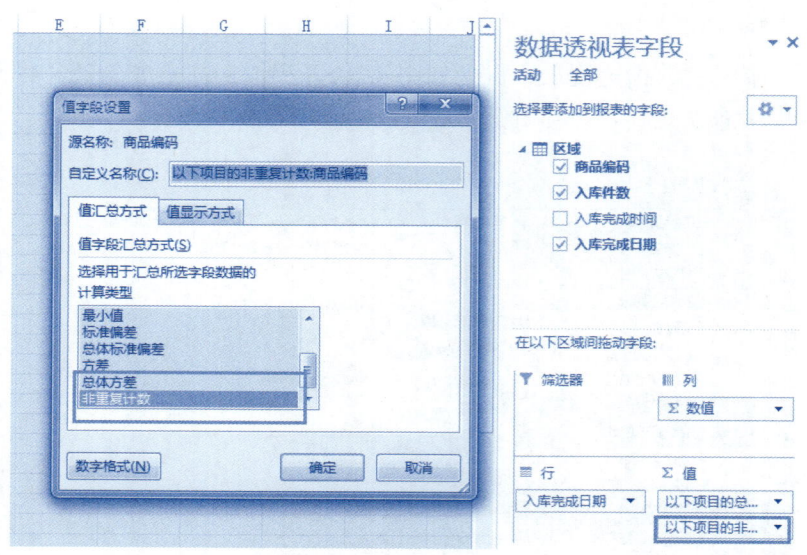

图 4.2.6　设置数据透视表字段的非重复计数选项

通过以上方式，即可得到 2019 年 12 月份每天"入库件数"及"入库商品品类数"，部分数据如表 4.2.3 所示。

表 4.2.3　入库商品品类数及入库件数（部分）

日期	入库商品品类数	入库件数
2019-12-1	2237	30372
2019-12-2	2184	22388
2019-12-3	1441	20051
2019-12-4	1896	21679
2019-12-5	2458	22167
2019-12-6	2307	27488
2019-12-7	1593	18594
……	……	……
2019-12-27	3241	36596
2019-12-28	3832	53677
2019-12-29	3425	54363
2019-12-30	3254	52170
2019-12-31	3304	43281

（3）以下以每天"入库件数"为例，说明进行描述性统计分析所需的主要统计量的计算过程，"入库商品品类数"的描述性统计分析与之类似。

最小值及最大值的计算：在单元格输入公式"=MIN(K3:K32)"和"=MAX(K3:K32)"，即可得到最小值和最大值统计量。

中位数、均值、众数的计算：在对应单元格输入公式"=MEDIAN (K3:K32)"、"=AVERAGE (K3:K32)"和"=MODE(K3:K32)"，即可得到计算结果。

上四分位数和下四分位数的计算：在单元格输入公式"=PERCENTILE (K3:K32, 0.25)"和"=PERCENTILE (K3:K32,0.75)"，即可得到上四分位数和下四分位数。

分别利用 VAR、STDEVP 函数计算样本方差、样本标准差。在单元格输入公式"=VAR (K3:K32)"和"=STDEVP(K3:K32)"，即可得到计算结果。

变异系数的计算：在单元格输入公式"=P11/P6"，其中 P11 为标准差所在的单元格位置，P6 为平均数所在单元格位置。

偏度系数、峰度系数的计算：在单元格输入公式"=SKEW(K3:K32)"和"=KURT (K3:K32)"，即可得到计算结果。

整理得到各个描述统计量如表 4.2.4 所示。特别要说明的是众数的计算结果显示为"#N/A"，这是由于本案例数据中，每日入库品项数、每日入库件数的数值是唯一的，故显示为"#N/A"。

表 4.2.4　每日入库件数及每日入库品项数描述统计

统计量	每日入库品项数	每日入库件数
最小值	1024	8486
上四分位数	2080	22805.25
中位数	2673	30651.5
平均数	2655.13	32268.73
众数	#N/A	#N/A
下四分位数	3253.75	41806.25
最大值	4431	54363
方差	703336.5333	154644343.9264
标准差	838.6516	12435.6079
变异系数	0.3159	0.3854
偏度系数	-0.1008	0.2141
峰度系数	-0.6120	-0.6184

3) 结果解读及应用

以每日入库件数为例，解读描述统计分析结果。每日入库件数的偏度系数为 0.2141，峰度系数为 -0.6184，两个系数的绝对值均小于 1，并且偏离 0 的程度不大，因此可认为每日入库件数的分布近似正态分布。

由于数据近似正态分布，选择平均数对每日入库件数的水平状态进行度量更为合适（否则可选择中位数或者众数）。根据平均数计算结果可知，该仓库入库作业的总体水平量为 32268.73 件/天。

每日入库件数的最小值为 8486，最大值为 54363，且方差、标准差均较大，因此可认为每日入库件数的差异程度大。这也说明了仓库入库业务量存在较大的波动，会出现忙闲不均的现象，需要合理地安排供应商入库计划、人员、入库作业设备，提升入库作业效率。

变异系数消除了数据取值大小和计量单位的影响，可用于比较不同样本数据的离散程度，变异系数越大，说明数据的相对离散程度越大。通过以上分析结果可知，每日入库件数的变异系数为 0.3854，每日入库品项数为 0.3159，可认为每日入库件数比每日入库品项数的离散程度大。进一步拓展，该统计量可用于不同仓库的入库总量离散程度的比较，反映入库业务量的波动程度。

4) 入库总量折线图绘制

折线图是针对时间序列数据的图形展示，绘制时必须包括时间字段（可为天、周、月、季度、年份等）和每日的入库总量数据。

(1) 通过按住 **Ctrl** 键选中两列数据，单击"插入"，选择"折线图"，即可插入折线图，如图 4.2.7 及图 4.2.8 所示。

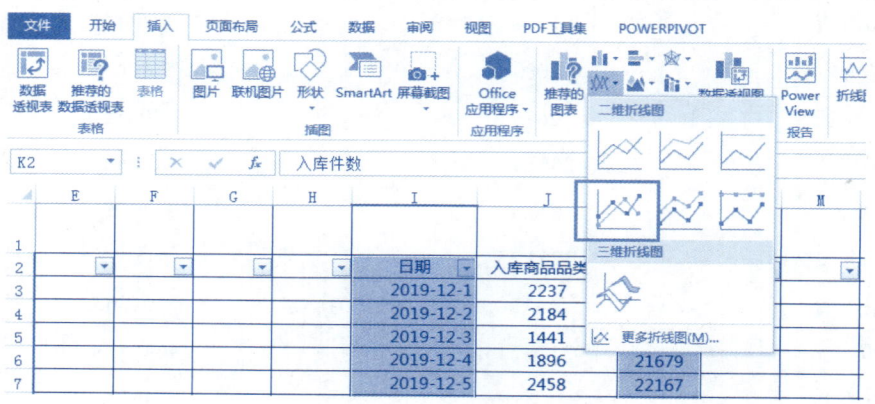

图 4.2.7　插入折线图

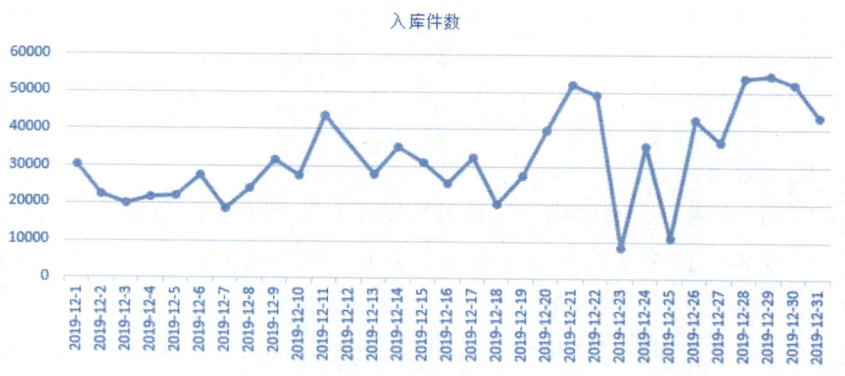

图 4.2.8　入库件数折线图

(2) 图形美化。单击鼠标右键，可对图形进行美化，例如添加数据标签等操作。如果默认日期显示太密集，可通过设置横坐标日期间隔美化图形，如图 4.2.9 所示。

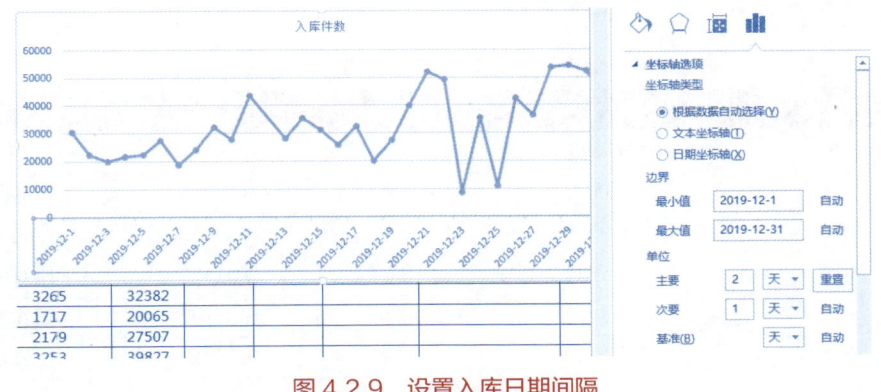

图 4.2.9　设置入库日期间隔

(3) 添加趋势线条。添加趋势线观察每日入库量的变化趋势。例如，单击右键添加"趋势线选项"，选择"线性"，即可在折线图添加一条线性的趋势线，描述入库总量的发展趋势，如图 4.2.10 所示。

图 4.2.10　添加趋势线

(4) 折线图结果分析及应用。通过折线图可直观看到每日入库件数在 10000～55000 之间波动，但 2019 年 12 月 23 日、12 月 25 日这两天的入库量明显偏少。结合趋势线可知，入库量总体呈现上升趋势。该案例分析的是 2019 年 12 月 1 日至 31 日的日度数据，可进一步分析月度数据、季度数据甚至是年度数据。如果入库量仍呈现上升趋势，可利用回归分析等方法，结合企业未来的发展规划，考虑包含加大租赁或自建等方式增加仓储面积以满足业务需求。

2．入库总量的季节性变动分析

1) 数据介绍

季节性变动分析以某个特定时间周期(可以是周、月、季度等)为观察单位，对时间序列数据及其随时间变化而呈现周期性变动的规律进行探索与分析。科学分析入库总量的季节性变动，对于提前安排入库资源具有指导意义。例如，某个周期内的入库量有比较大的波动，就需要提前安排入库人员、入库车辆等资源。表 4.2.5 显示的是某个仓库 2013—2019 年各个季度入库总量数据。

表 4.2.5　某仓库 2013—2019 年各个季度入库总量　　　　　　　　单位：件

年份	第1季度	第2季度	第3季度	第4季度
2013	891198	994539	1039590	1146543
2014	963561	1070607	1117938	1239681
2015	1039233	1151535	1206558	1335195
2016	1115841	1237662	1292577	1431669
2017	1193652	1324074	1381197	1529202
2018	1451334	1617762	1695969	1853133
2019	1552146	1729416	1812138	1978230

2）绘制柱形图

为了直观展现各个季度的入库量情况，可采用柱形图进行展示。

(1) 选中各个季度的数据，在菜单栏选择插入二维柱形图，如图 4.2.11 所示。

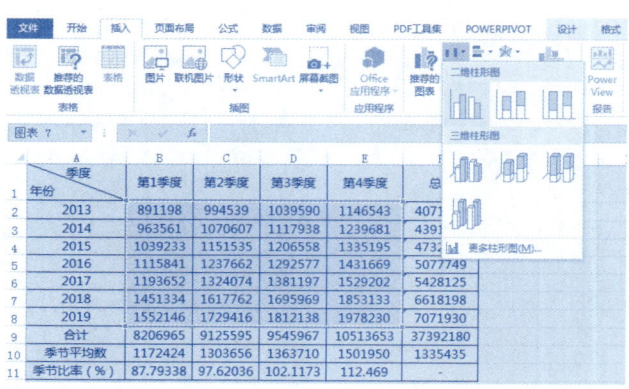

图 4.2.11　插入二维柱形图

得到如图 4.2.12 所示的初步柱形图。

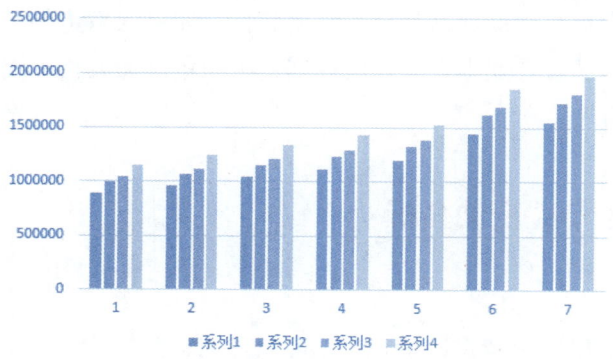

图 4.2.12　初步的柱形图结果

(2)将横坐标的标签修改为年份。单击横坐标值，单击"选择数据源"，进入界面，单击"编辑"，选择年份数据，如图 4.2.13 所示。

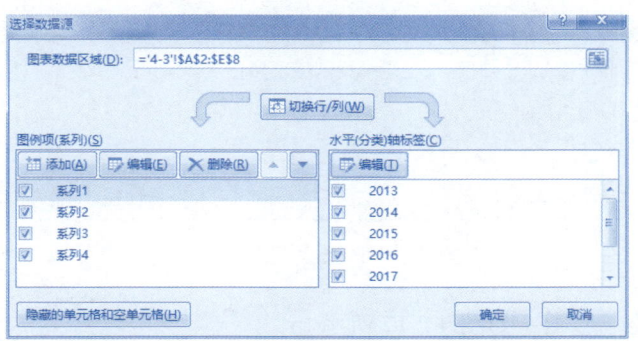

图 4.2.13　设置柱形图的水平轴标签

(3)将图例项修改为季度。单击"图例"，单击"选择数据源"，进入下面的界面，选中序列 1，单击"图例项"的编辑按钮，在 Excel 中选择"第 1 季度"所在单元格，单击"确定"后，即可发现序列 1 的名称被修改成"第 1 季度"，然后对其他序列名称进行类似修改。如图 4.2.14、图 4.2.15、图 4.2.16 所示。

图 4.2.14　设置图例项 (1)

图 4.2.15　设置图例项 (2)

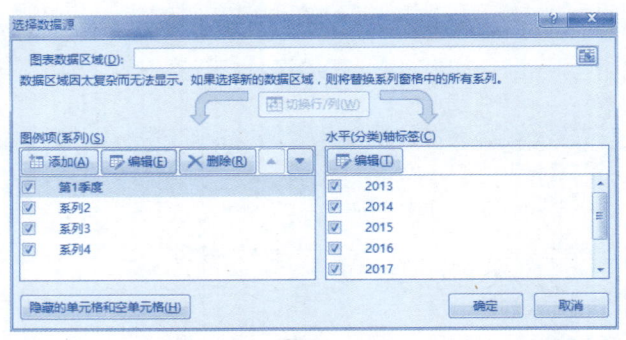

图 4.2.16 设置图例项 (3)

(4) 得到最终的柱形图,如图 4.2.17 所示。

图 4.2.17 最终的图形结果

3) 季节比率计算

季节比率,也称季节指数,用于反映季节变动的一种主要指标,一般用百分数表示。计算公式如下:

$$季节比率 = \frac{同季平均数}{总平均数} \times 100\%$$

季节比率的具体计算步骤如下。

(1) 计算每年相同季度的平均数。以第 1 季度的季节平均数计算为例,如图 4.2.18 所示,在单元格 B10 输入公式 "=AVERAGE( )",选择计算的数据区间为 B2:B8,即可得到第 1 季度的平均数为 1172424,同理可计算得到其他季度的平均数。

	A	B	C	D	E	F
1	季度 / 年份	第1季度	第2季度	第3季度	第4季度	总计
2	2013	891198	994539	1039590	1146543	
3	2014	963561	1070607	1117938	1239681	
4	2015	1039233	1151535	1206558	1335195	
5	2016	1115841	1237662	1292577	1431669	
6	2017	1193652	1324074	1381797	1529202	
7	2018	1451334	1617762	1695969	1853133	
8	2019	1552146	1729416	1812138	1978230	
9	合计	8206965	9125595	9545967	10513653	
10	季节平均数	1172424	1303656	1363710	1501950	1335435
11	季节比率(%)	87.7934	97.6204	102.1173	112.4690	

图 4.2.18 计算第 1 季度的平均数

(2) 计算每年季节总平均数。类似地，在单元格 F10 计算出所有年份所有季度的平均数为 1335435。

(3) 求各季度季节比率。在单元格 B11 输入公式"=B10/$F$10*100"，即可得到第 1 季度季节比率，采用填充柄的方式，往右拉动单元格即可计算出所有季度的季节比率，统一设置小数位即可。

4) 结果解读及应用

(1) 从年度的角度看，2013 年至 2019 年的入库总量呈现逐年增加的趋势。

(2) 从季节比率的角度看，第 1 至第 4 季度的比率分别为 87.7934%、97.6204%、102.1173%、112.4690%，这意味着入库总量存在很强的季节性波动，并且每个季度的比重逐步增加；第 1、2 季度季节指数小于 100%，这意味着第 1、2 季度是入库量相对较少的季节；第 3、4 季度季节指数大于 100%，这意味着第 3、4 季度是入库量相对较多的季节。

(3) 入库资源的配置（入库作业人员、入库设备）可参考第 2、3 季度（季节比率在 100% 附近）的资源份额进行配置，第 1 季度的入库资源配置可减少，而第 4 季度的入库资源需要加大配置，可考虑通过将仓储作业其他操作人员临时性调整为入库人员，或者通过第三方人力资源公司临时增加入库人员等措施实现。

●问题管理

本任务需要重点关注以下问题。

(1) 入库商品品类数统计：统计入库商品品类数时，在数据透视表设置中，值汇总方式应选择"非重复计数"。

(2) 水平描述统计量的选择：如果数据是近似正态分布，建议选择平均数作为统计量描述数据的水平状态，否则选择中位数或者众数为统计量描述数据的水平状态。

(3) 季节比率的计算：采用填充柄计算其他季度的季节比率，注意总平均件数数据的绝对引用。

●知识拓展

1. 采用 SPSS 的直方图查看数据是否符合正态分布

利用 SPSS 工具绘制每日入库件数的直方图，如图 4.2.19 所示，结合图形可判断，每日入库件数数据近似正态分布。

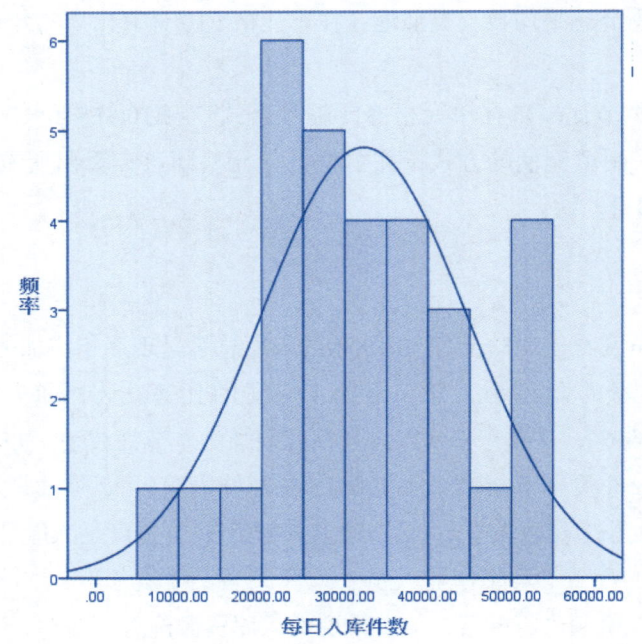

图 4.2.19 利用 SPSS 工具绘制的直方图

2. 采用 Excel 绘制直方图，查看数据是否符合正态分布

（1）增加分割点。如图 4.2.20 所示，由于每日入库件数的最小值是 8486，最大值是 54363，因此分割点的最小值可设置为 10000，最大值设置为 60000。

	F	G	H	I
1				
2	日期	每日入库品项数	每日入库件数	分割点
3	2019-12-1	2237	30372	10000
4	2019-12-2	2184	22388	20000
5	2019-12-3	1441	20051	30000
6	2019-12-4	1896	21679	40000
7	2019-12-5	2458	22167	50000
8	2019-12-6	2307	27488	60000
9	2019-12-7	1593	18594	
10	2019-12-8	2028	24057	
11	2019-12-9	3108	31924	
12	2019-12-10	2252	27582	
13	2019-12-11	2645	43508	
14	2019-12-13	2701	28108	
15	2019-12-14	3614	35415	

图 4.2.20 设置分割点

（2）单击"数据分析"菜单栏，在右侧找到"数据分析"（如果该功能未找到，可参考"添加数据分析选项"内容），选择"直方图"，如图 4.2.21 所示。

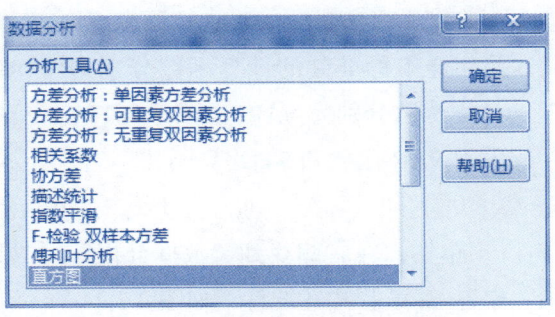

图 4.2.21 选择直方图

(3) 配置直方图选项。"输入区域"选择每日"入库件数"数据所在的单元格位置,"接收区域"选择"分割点"所在单元格位置,同时勾选"图表输出",如图 4.2.22 所示。

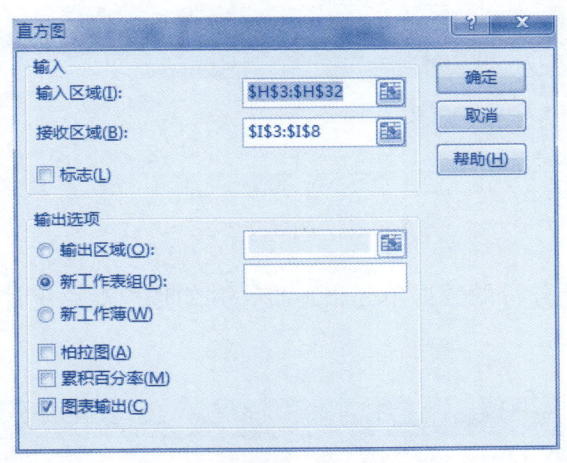

图 4.2.22 配置直方图

通过上述操作,即可得到直方图。可对直方图进行必要的美化,如图 4.2.23 所示。从直方图也可直观看出数据近似正态分布。

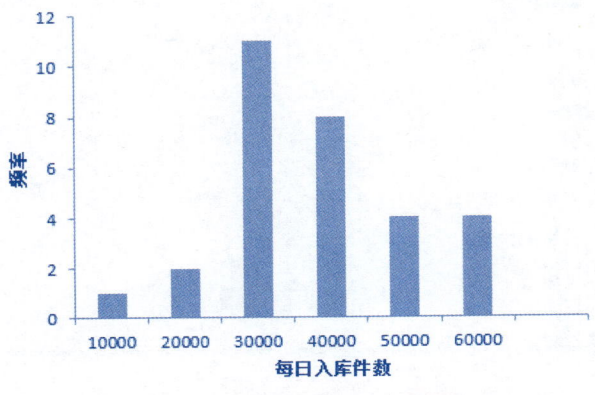

图 4.2.23 Excel 绘制的直方图结果

3. 样本方差、样本标准差公式的选用

在 Excel 中，样本方差、样本标准差的计算函数分别为 VAR 函数和 STDEV 函数，总体方差、总体标准差的计算函数分别为 VARP 函数和 STDEVP 函数。本案例是计算样本方差、样本标准差，故采用 VAR 函数和 STDEV 函数。

4. 利用 Excel 数据分析的描述统计功能，进行描述统计分析

(1) 单击"数据分析"菜单栏，在右侧找到"数据分析"（如果该功能未找到，可参考"添加数据分析选项"内容），选择描述统计，如图 4.2.24 所示。

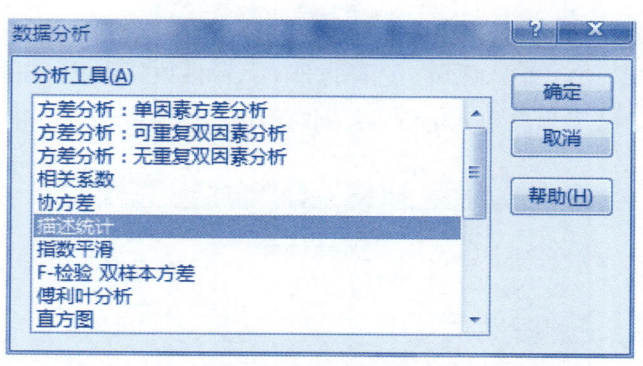

图 4.2.24　选择描述统计功能

(2) 设置描述统计分析的数据单元格地址，并勾选"汇总统计"选项，如图 4.2.25 所示。

图 4.2.25　选择描述统计界面

通过上述操作,即可得到大部分的描述统计量,如表 4.2.6 所示。

表 4.2.6　入库总量描述统计结果

统计量	值
平均数	32268.73333
标准误差	2270.420988
中位数	30651.5
众数	#N/A
标准差	12435.6079
方差	154644343.9
峰度	-0.618427908
偏度	0.214087656
区域	45877
最小值	8486
最大值	54363
求和	968062
观测数	30

● 任务小结

本任务结合入库明细数据介绍了入库总量数据的描述性统计分析、折线图绘制、季节性变动分析,并解读数据分析结果,简要阐述数据分析结果的应用方向。通过学习本任务,学生能够掌握合适的描述统计量分析入库作业数据,并熟练绘制直方图、折线图,理解入库总量分析结果,并将数据分析结论应用于入库作业管理优化。

任务 3　入库货位差异分析

● 任务描述

表 4.3.1 是一段时间内商品入库货位数据,包含入库时间、商品编码、推荐货位、实际入库货位信息(完整数据集 4-2 请扫描封底二维码获取)。如果推荐货位和实际入库货位不一致,则说明入库人员存在错误操作(信息更新不准确或者货物码放出错),对商品的入库管理存在很大隐患。本任务将找到经常发生入库差异的货位,并统计入库货位差异的频次,辅助库存管理人员分析此类货位容易出现差异的原因。

表 4.3.1　商品入库货位数据（部分）

入库时间	商品编码	推荐货位	实际入库货位
2019-12-01 16:05:35	E0196621	4AK121	4AK121
2019-12-01 16:12:58	E0198668	4AO202	4AO202
2019-12-01 16:18:39	E0287117	4AP212	4A5153
2019-12-01 16:20:08	E0562785	3BS394	3BS394
2019-12-01 16:26:52	E0825606	3BS133	3BS133
……	……	……	……
2019-12-01 21:53:51	E900868	4AE131	4AE131
2019-12-01 21:58:53	E910058	4AJ041	4AP141
2019-12-01 22:01:31	E916768	3BS051	3BS052
2019-12-01 22:02:59	E916881	3BS091	3BS091
2019-12-01 22:05:46	E929671	4AK161	4AK161

● 任务分析

在入库作业环节，入库员根据入库商品清单，按照仓储管理系统推荐货位将入库商品存放在推荐货位上。理想状态下，推荐货位和实际入库货位是一一对应的，但是由于某些特殊的原因导致推荐货位和实际入库货位不一致，本任务需统计出推荐货位编号与实际入库货位编号不一致的数据。

● 相关知识

1. 入库货位差异的概念

入库货位差异指的是推荐货位和实际入库货位不一致的现象。

2. 入库货位差异原因分析

(1) 作业人员操作失误。入库作业人员未按照推荐货位放置商品，导致推荐货位和实际入库货位不一致。

(2) 仓储作业设备、仓储系统的错误。入库商品扫描 PDA 识别商品信息错误，或者仓储系统出现程序缺陷，导致仓储系统推荐货位存在差异，而入库人员又根据经验知识临时摆放到某入库货位，导致货位差异。

(3) 临时性调整货位，信息未及时更新。

● **任务准备**

准备计算机、Excel、纸、笔等基本工具。

● **任务实施**

1. 入库差异分析

(1) 找出推荐货位与实际入库货位是否一致。以第一条记录为例,在单元格 E2 输入公式"=IF(C2=D2,0,1)",按回车键,即可返回值为 0。该公式的含义为:如果推荐货位等于实际入库货位则返回值为 0,否则为 1。拉动填充柄,即可得到"是否存在货位差异"的值,如图 4.3.1 所示。

	B	C	D	E	F
1	入库时间	商品编码	推荐货位	实际入库货位	是否存在货位差异
2	2019/12/01 16:05:35	E0196621	4AK121	4AK121	0
3	2019/12/01 16:12:58	E0198668	4AO202	4AO202	0
4	2019/12/01 16:18:39	E0287117	4AP212	4A5153	1
5	2019/12/01 16:20:08	E0562785	3BS394	3BS394	0
6	2019/12/01 16:26:52	E0825606	3BS133	3BS133	0
7	2019/12/01 16:40:02	E0892685	4AJ121	4AJ121	0
8	2019/12/01 16:55:34	E0991518	4AN081	4AN081	0
9	2019/12/01 17:07:42	E1066226	3BS073	3BS073	0
10	2019/12/01 17:27:54	E1587929	4AN131	4AN131	0
11	2019/12/01 17:42:59	E1618688	4AP212	4AP212	0
12	2019/12/01 17:43:02	E1681890	3BS072	3BS072	0
13	2019/12/01 17:56:56	E1769768	4AK151	4AK151	0
14	2019/12/01 18:56:38	E1827985	3BS012	3BS012	0
15	2019/12/01 18:58:04	E1862079	4AN091	4AN091	0

图 4.3.1 获取"是否存在货位差异"的标志值

(2) 插入透视表(相关操作参考任务 2 的"入库总量分析"部分),在行区域拖入"推荐货位"字段,在值区域拖入"是否存在货位差异"字段,在筛选器区域拖入"是否存在入库差异"字段。单击"是否存在货位差异"所在行的数据筛选按钮(如图 4.3.2 中 B 列右边的筛选按钮),即可跳出数据筛选界面,在选项中选择 1,即可得到统计结果。

(3) 整理统计结果。按照货位差异频次从大到小进行统计,得到表 4.3.2 的结果。

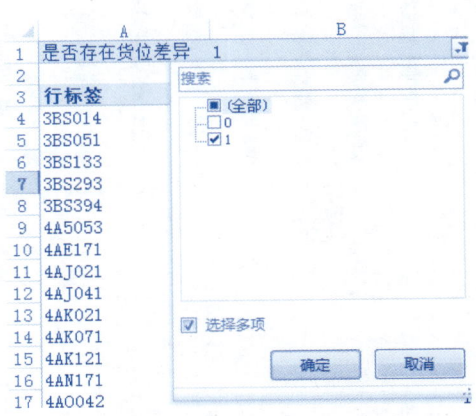

图 4.3.2 筛选统计结果

表 4.3.2　货位差异频次统计结果

推荐货位	差异频次	推荐货位	差异频次
4AJ021	4	4AP011	1
4AE171	4	4AP214	1
4A5053	4	4AO042	1
4AJ041	4	3BS014	1
3BS133	3	4AO204	1
3BS293	3	4AP212	1
3BS394	3	3BS051	1
4AO063	1	4AK121	1
4AN171	1	-	-

（4）绘制差异频次的柱形图。具体绘制步骤请参考任务 2 中有关柱形图的绘制操作。默认的柱形图纵坐标的间隔以 0.5 为单位，而差异频次的最小间隔单位是 1，可对其进行优化。具体操作为：单击纵坐标的数值，右击"设置坐标轴格式"，在"单位"→"主要"中填 1，如图 4.3.3 所示。

右键单击柱形条，添加数据标签，可在柱形条上方显示差异频次，最终可得到差异频次的柱形图，如图 4.3.4 所示。

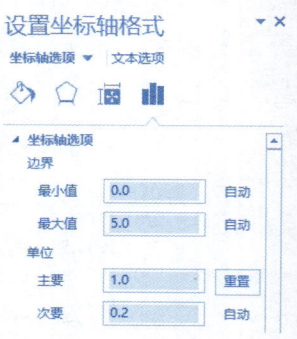

图 4.3.3　设置单位间隔

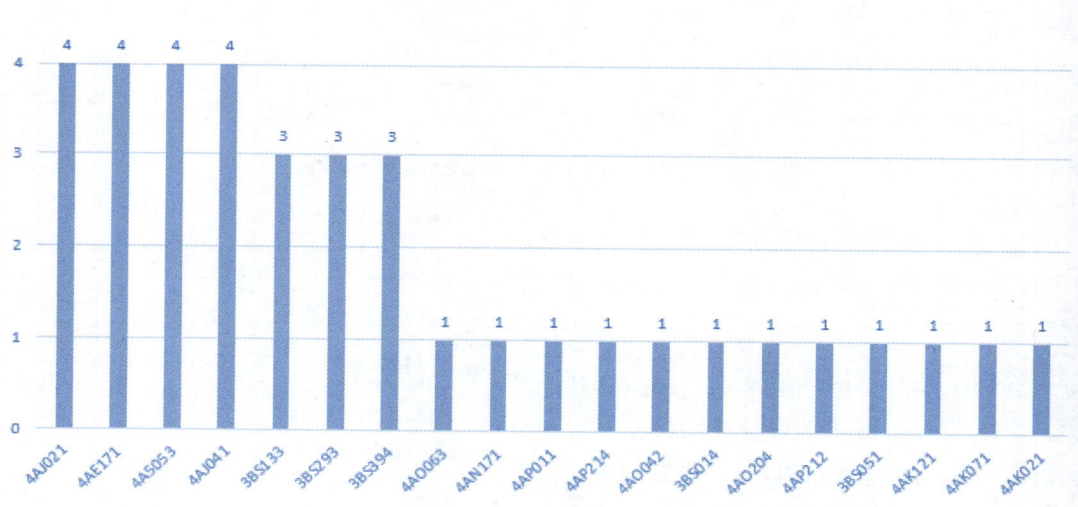

图 4.3.4　差异频次的柱形图

2. 结果分析及应用

从推荐货位的角度来看，4AJ021、4AE171、4A5053、4AJ041、3BS133、3BS293、3BS394 这几个推荐货位的累积错误次数达到 3 次或者 4 次，商品容易被放置错误。

作为复查人员、盘点人员，应该重点查看上述 7 个推荐货位的商品位置是否存放正确。另一方面，分析容易导致上述推荐货位存在差异的原因，可通过摆放警示牌、提升货位识别度等方式降低错误发生的概率。

● 问题管理

为方便筛选有差异的入库货位，注意需要将新增的"是否存在货位差异"字段选择到筛选器区域。

● 知识拓展

利用以上入库数据，可统计入库作业的库位匹配准确率。本任务中一共有 228 条入库货位匹配记录，存在货位差异的记录数有 37 个，因此库位匹配准确率为：1-37/228 ≈ 83.77%。在该案例中，货位匹配准确率小于 95%，有较大的改进空间。同时，可比较不同时间维度(月度)、不同仓库、不同作业人员的入库作业货位匹配准确率，进而精细化落实仓储作业的绩效考核制度。

● 任务小结

本任务以实例说明了入库货位差异分析的过程，并解读入库货位差异分析结果，简要阐述数据分析结果的应用方向。通过学习本任务，学生能够理解入库货位差异原因，掌握入库货位差异计算过程，灵活应用入库货位差异的分析结果，提出优化措施，提升货位匹配准确率。

任务 4　入库效率影响因素分析

● 任务描述

影响入库效率的因素较多，如入库货物属性、管理策略、仓储布局水平等。本任务简化研究的问题，以每小时入库件数指标度量入库效率，以每天入库货品平均体积作为影响因素。根据表 4.4.1 某个仓库 2019 年 10 月 1 日至 31 日每天入库货品平均体积、每小时入库件数的数据，分析入库货品平均体积对每小时入库件数的影响程度(完整数据集 4-3 请扫描封底二维码获取)。

表 4.4.1　某仓库 2019 年 10 月每天入库货品数据（部分）

时间	入库货品平均体积	每小时入库件数
2019-10-01	739	362
2019-10-02	682	412
2019-10-03	618	638
2019-10-04	633	583
……	……	……
2019-10-27	332	1672
2019-10-28	568	869
2019-10-29	619	694
2019-10-30	610	727
2019-10-31	561	835

● 任务分析

本任务研究入库效率的影响因素，因此要先明确入库效率的度量指标、影响因素的度量指标。结合以上的任务描述可知，"每小时入库件数"是入库效率的度量指标，每天"入库货品平均体积"是影响入库效率的一个因素。本任务可先结合图形分析变量之间的关系，再分析影响方向及影响程度。

● 相关知识

1. 入库效率的度量

常见的入库效率度量指标有每小时入库件数、每人每小时入库件数。

(1) 每小时入库量：

$$每小时入库件数 = \frac{入库件数}{入库小时数}$$

该数值大，表明总体入库效率高。

(2) 每人每小时入库量：

$$每人每小时入库件数 = \frac{入库件数}{入库人员数 \times 入库小时数}$$

该数值大，表明工作人员的入库效率高。

2. 入库效率影响因素分析方法概述

变量之间的关系可分为线性关系和非线性关系,很多非线性关系可通过数学变换为线性关系,因此拟合变量之间的线性模型是一种常用的统计分析方法。考虑到线性模型具有良好解释性和操作简便的优势,这里不妨假设入库效率影响因素和入库效率之间存在线性关系。本任务采用线性模型研究变量之间相互作用关系的影响方向及影响程度。

1) 变量相关关系的分析方法

(1) 散点图:散点图是描述变量之间相关关系的常用工具。对于两个变量 x 和 y,散点图是在二维坐标中绘制出 n 对数据点,并通过 n 个点的分布、形状判断两个变量大体的关系以及大体的关系强度。几种常见的不同形态的散点图如图 4.4.1 所示。

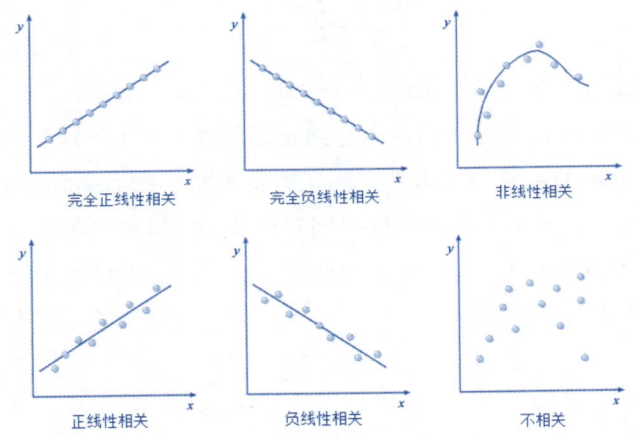

图 4.4.1 不同形态的散点图

(2) 皮尔逊相关系数:利用散点图虽然可以直观判断两个变量之间的总体关系,但是难以准确刻画两个变量的关系强度,因此需要计算相关系数。皮尔逊相关系数可用于度量具有线性关系的两个变量之间相关关系的密切程度及方向,计算公式如下:

$$r = \frac{\sum_{i=1}^{n}(x_i - \bar{x})(y_i - \bar{y})}{\sqrt{\sum_{i=1}^{n}(x_i - \bar{x})^2 (y_i - \bar{y})^2}}$$

皮尔逊相关系数具有如下的性质[①]。

性质 1:r 的取值范围是 [-1,1];

性质 2:r 具有对称性,即 x 与 y 之间的相关系数和 y 与 x 之间的相关系数相等,$r_{xy} = r_{yx}$;

---

① 贾俊平. 统计学——基于 SPSS[M]. 第 3 版. 北京:中国人民大学出版社,2019:192-193.

性质3：r数值大小与x和y原点及尺度无关，即改变x和y的数据原点及计量尺度，并不改变r数值的大小；

性质4：仅仅是x与y之间线性关系的一个度量，它不能用于描述非线性关系，这意味着$r=0$只表示两个变量之间不存在线性相关关系，并不说明变量之间没有任何关系；

性质5：r虽然是两个变量之间线性关系的一个度量，却不一定意味着x与y一定有因果关系。

相关系数的经验解释：$|r| \geq 0.8$时，可视为两个变量之间高度相关；$0.5 \leq |r| < 0.8$时，可视为中度相关；$0.3 \leq |r| < 0.5$时，可视为低度相关；$|r| < 0.3$时，说明两个变量之间的相关程度极弱，可视为不相关。上述解释必须建立在对相关系数的显著性进行检验的基础之上。

相关系数显著性检验采用R.A.Fisher提出的t检验，检验的统计量为：

$$t = \frac{r\sqrt{n-2}}{\sqrt{1-r^2}} \sim t(n-2)$$

其中，n为样本个数，$t(n-2)$表示自由度为$n-2$的t分布。

通过上述公式计算检验统计量值，再与给定显著性水平（一般默认为0.05）的临界值进行比较，进而分析相关系数的显著性。为了方便分析，推荐采用P值决策方法，由检验统计量t可计算对应的P值（统计软件可同时计算出t值和P值），如果P小于给定显著性水平α（一般默认为0.05），则拒绝原始假设（两个变量的线性关系不显著），即表明变量之间存在显著性线性相关关系。否则，认为变量之间不存在显著性线性相关关系。

2) 回归分析理论

回归分析是指通过提供变量之间的数学表达式来定量描述变量间相关关系的数学过程。线性回归假设因变量与自变量之间为线性关系，用一定的线性回归模型来拟合因变量和自变量的数据，并通过确定模型参数来得到回归方程。根据自变量的多少，线性回归可有不同的划分。当自变量只有一个时，称为一元线性回归，当自变量有多个时，称为多元线性回归。本任务重点介绍一元线性回归分析方法。

一元线性回归模型可表示为：

$$y = \beta_0 + \beta_1 x + \varepsilon$$

其中，β_0和β_1称为模型的参数，y是x的线性函数（部分）加上误差项，线性部分反映了由于x的变化而引起的y的变化，误差项ε是随机变量，反映了除x和y之间的线性关系之外的随机因素对y的影响，是不能由x和y之间的线性关系所解释的变异。

参数的最小二乘估计，是指因变量的观察值与估计值之间的误差平方和达到最小求得参数方法。根据最小二乘法，有

$$\min \sum_{i=1}^{n}(y_i - \hat{y})^2 = \min \sum_{i=1}^{n}(y_i - \hat{\beta}_0 - \hat{\beta}_1 x_i)^2$$

对上式求偏导数，

$$\begin{cases} \dfrac{\partial Q}{\partial \beta_0}\bigg|_{\beta_0=\hat{\beta}_0} = -2\sum_{i=1}^{n}(y_i-\hat{\beta}_0-\hat{\beta}_1 x_i)=0 \\ \dfrac{\partial Q}{\partial \beta_1}\bigg|_{\beta_1=\hat{\beta}_1} = -2\sum_{i=1}^{n}x_i(y_i-\hat{\beta}_0-\hat{\beta}_1 x_i)=0 \end{cases}$$

可得求解 $\hat{\beta}_0$ 和 $\hat{\beta}_1$ 的公式如下：

$$\hat{\beta}_1 = \dfrac{n\sum_{i=1}^{n}x_i y_i - \left(\sum_{i=1}^{n}x_i\right)\left(\sum_{i=1}^{n}y_i\right)}{n\sum_{i=1}^{n}x_i^2 - \left(\sum_{i=1}^{n}x_i\right)^2} \qquad \hat{\beta}_0 = \bar{y} - \hat{\beta}_1 \bar{x}$$

关于线性回归方程参数的估计，可用 SPSS、Eviews、Python 等软件实现，本单元重点介绍采用 Excel 求解上述参数的步骤。

一元线性回归还涉及拟合优度检验、F 检验、t 检验。为解释上述几个检验统计量，先介绍 SST、SSR、SSE 的含义。

SST(总平方和) 反映因变量的 n 个观察值与其均值的总误差。

SSR(可解释的平方和) 反映自变量 x 的变化对因变量 y 取值变化的影响，即由于 x 与 y 之间的线性关系引起的 y 的取值变化，也称为可解释的平方和。

SSE(残差平方和) 反映了除 x 以外的其他因素对 y 取值的影响，也称为不可解释的平方和或剩余平方和。

(1) 拟合优度检验：

定义拟合优度 R^2 的计算公式如下：

$$R^2 = \dfrac{SSR}{SST} = \dfrac{\sum_{i=1}^{n}(\hat{y}_i-\bar{y})^2}{\sum_{i=1}^{n}(y_i-\bar{y})^2}$$

从以上公式可知，拟合优度 R^2 取值范围在 [0,1] 之间，R^2 越接近 1，说明回归方程拟合度越好；R^2 越接近 0，说明回归方程拟合度越差。

(2) F 检验：

F 检验用于分析自变量与因变量之间的线性关系是否显著。F 统计量的计算公式如下，对于一元线性回归模型，k 取值为 1。

$$F = \dfrac{SSR/k}{SSE/(n-k-1)} = \dfrac{MSR}{MSE} \sim F(k, n-k-1)$$

确定显著性水平 α(默认取值 0.05)，并根据分子自由度和分母自由度求统计量的 P 值，若 $P<\alpha$，拒绝原始假设(变量之间的线性关系不显著)，表明两个变量之间的线性关系显著。

(3) t 检验：

t 检验用于分析 x 与 y 之间是否具有线性关系，即检验自变量 x 对因变量 y 的影响是否显著。t 检验的统计量如下：

$$t = \frac{\hat{\beta}_1}{S_{\hat{\beta}_1}} \sim t(n-2)$$

确定显著性水平 α(默认取值 0.05)，计算出统计量的 P 值，若 P<α，拒绝原始假设（自变量对因变量无显著影响），表明自变量是影响因变量的一个显著因素。

●任务准备

准备计算机、Excel、纸、笔等基本工具。

●任务实施

1. 散点图的绘制

以每小时入库件数为 y 轴，入库货品平均体积为 x 轴绘制散点图，如图 4.4.2 所示，随着入库货品平均体积的增加，每小时入库件数下降，两者之间呈现较强的负线性关系。

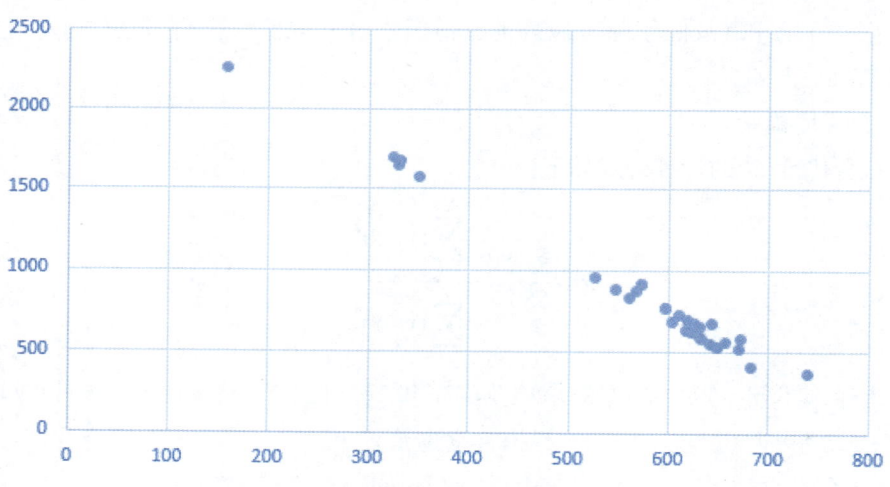

图 4.4.2　入库货品平均体积与每小时入库件数的散点图

2. 皮尔逊相关系数计算

散点图初步描述了入库货品平均体积与每小时入库件数之间的大致关系，但是两者关系程度大小的精确度量需要采用皮尔逊相关系数指标。采用 CORREL 可计算两个变量之间的相关系数，在某个空白的单元格输入公式"=CORREL(B2:B32,C2:C32)"，即可计算得到相关系数值，如图 4.4.3 所示。

根据皮尔逊相关系数显著性检验公式，在单元格输入公式"=D5*SQRT(31-2)/SQRT(1-D5^2)"，其中 D5 是皮尔逊相关系数计算结果所在的单元格，31 代表所计算的样本数量为 31，即可得到 t 值为 -52.8988。在单元格输入公式"=TDIST(ABS(D8),29,2)"，其中 D8 是 t 值计算结果所在的单元格，ABS 是求 t 值的绝对值，29 代表自由度(样本数量 -2)，2 代表双侧检验。可得到 P 值的结果为 2.1331E-30，即为 2.1331×10^{-30}。

A	B	C	D
时间	每入库货品体积	每小时入库件数	
2019-10-01	739	362	
2019-10-02	682	412	
2019-10-03	618	638	皮尔逊相关系数
2019-10-04	633	583	-0.9949
2019-10-05	642	552	
2019-10-06	671	517	t 值
2019-10-07	623	620	-52.8988
2019-10-08	643	677	
2019-10-09	648	532	显著性值
2019-10-10	596	772	2.1331E-30
2019-10-11	631	592	
2019-10-12	626	673	

图 4.4.3　计算皮尔逊相关系数

通过计算可发现，每小时入库件数与入库货品平均体积的相关性系数值为 -0.9949，该数值小于 0，绝对值大于 0.9，且显著性值小于 0.05，即可认为每小时入库件数与入库货品平均体积存在很强的负线性相关关系。

3. 一元线性回归方程的估计

综合上面的分析可知，每小时入库件数与入库货品平均体积存在很强的负线性相关关系，结合物流知识可知，入库货品体积越大，搬运及入库的劳动量越大，影响每小时入车件数。因此，以入库货品体积为自变量，以每小时入库件数为因变量，可建立一元线性回归方程研究入库货品体积对每小时入库件数的影响程度。

$$y = \beta_0 + \beta_1 x + \varepsilon$$

其中，y 表示每小时入库件数，x 表示入库货品体积。β_0 为常数项，ε 为残差项。采用 Excel 进行参数估计，具体操作步骤如下。

(1) 添加数据分析选项。单击 Excel 菜单栏的"文件"，单击"选项"，跳出图 4.4.4 界面，选择加载项中的"分析工具库"，选择"Excel 加载项"。

单击"转到"，进入加载宏界面，在该界面勾选"分析工具库"，如图 4.4.5 所示，单击"确定"，即可发现在数据菜单标签页的右侧多了数据分析功能。如果该选项已经使用过，该步骤可省略。

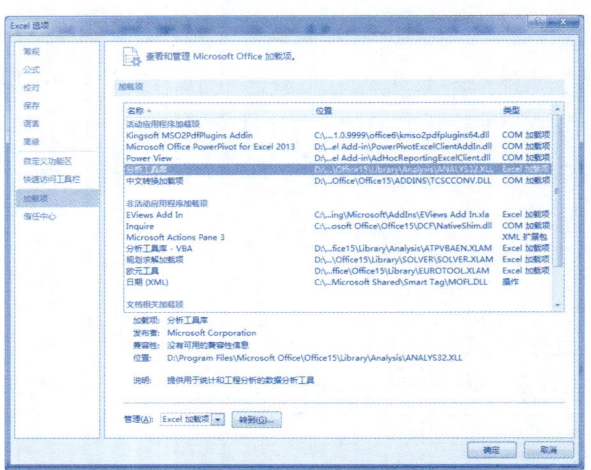

图 4.4.4 配置数据分析工具库　　　　图 4.4.5 加载数据分析工具库

(2) 单击"数据分析",选择"回归",如图 4.4.6 所示。

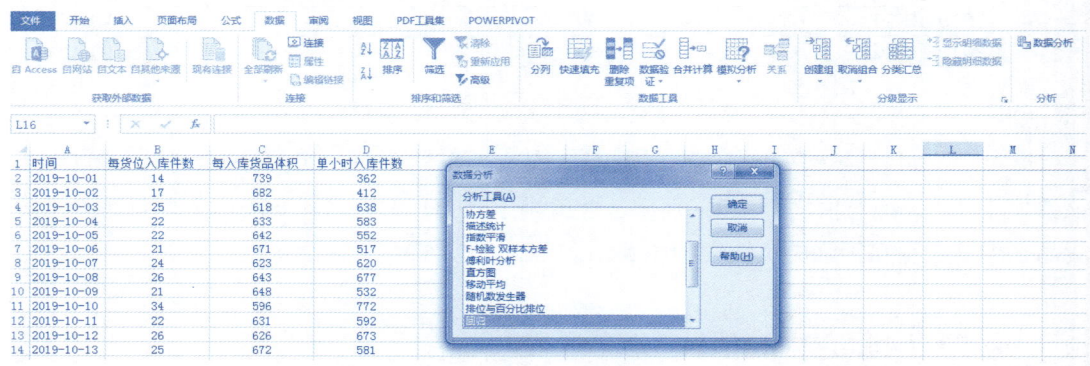

图 4.4.6 回归分析

(3) 在"Y 值输入区域"选择变量"每小时入库件数"所在的区域,在"X 值输入区域"选择变量"入库货品体积"所在的区域,单击"确定",如图 4.4.7 所示。

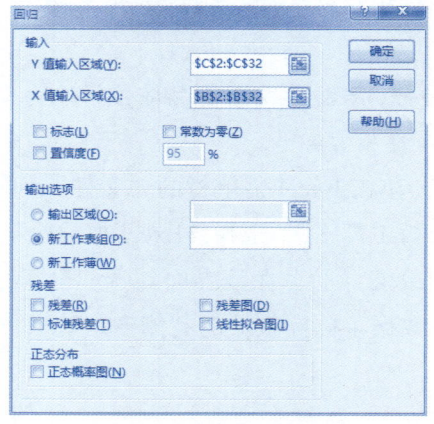

图 4.4.7 设置因变量和自变量

通过上述操作，即可在新的工作簿得到回归分析结果，如图4.4.8所示。

SUMMARY OUTPUT									
回归统计									
Multiple R	0.994858179								
R Square	0.989742797								
Adjusted R Square	0.989389101								
标准误差	45.89698836								
观测值	31								
方差分析									
	df	SS	MS	F	Significance F				
回归分析	1	5894673.882	5894673.882	2798.281522	2.1331E-30				
残差	29	61089.47268	2106.533541						
总计	30	5955763.355							
	Coefficients	标准误差	t Stat	P-value	Lower 95%	Upper 95%	下限 95.0%	上限 95.0%	
Intercept	2779.107026	37.38082305	74.3457955	1.18425E-34	2702.654658	2855.559393	2702.654658	2855.559393	
X Variable 1	-3.390819361	0.064100136	-52.89878564	2.1331E-30	-3.52191886	-3.259719863	-3.52191886	-3.259719863	

图4.4.8　回归分析模型估计结果

通过回归分析可以看出，模型的拟合优度值（R^2值）为0.9897，意味着每小时入库件数的变动有98.97%可以由每小时入库件数与入库货品体积之间的线性关系解释，说明模型拟合程度良好。

F值为2798.2815，其显著性概率值小于0.05，说明入库货品体积是影响每小时入库件数的一个显著因素。

自变量（入库货品体积）的回归系数为-3.3908，t值为-52.8988，对应的P值小于0.05，具有统计学意义，说明入库货品体积会对每小时入库件数产生负向影响作用，并且入库货品体积每增加一个单位，每小时入库件数减少3.3908个单位。最终建立的回归方程为：

$$y=2779.1070-3.3908x+\varepsilon$$

4. 结果解读及应用

通过上述分析可知，入库货品体积是一个对每小时入库件数有显著影响作用的因素，并且入库货品体积每增加一个单位，每小时入库件数减少3.3908个单位。基于估计的回归方程，将入库货品体积代入回归方程，可计算出期望的每小时入库件数，这对于评价作业效率是有意义的。

例如，某天入库货品体积为500，代入到上述回归方程得到期望的每小时入库件数为1083.707，但是经过统计发现当天的入库效率为每小时1100件，则当天的入库效率高于期望值，为绩效考核提供了数据支持；反之，则说明入库效率偏低，需要寻找优化环节。

●问题管理

本任务需要重点关注以下问题。

(1) 注意皮尔逊相关系数的显著性检验：采用皮尔逊相关系数分析变量之间的线性相关关系，要注意进行显著性检验，只有通过显著性检验，才能说明变量之间存在线性相关关系。

(2) 注意回归分析结果的显著性检验：回归方程的科学解读要注意方程的 F 检验，否则回归方程是没有实用价值的。回归系数的解释要注意系数的 t 检验，只有回归系数通过 t 检验，才能说明该自变量对因变量具有显著线性影响关系。

●知识拓展

1. 关于显著性水平的理解

传统的显著性水平，如 1%、5%、10% 等，已经被人们普遍接受为"拒绝原假设足够证据"的标准。可以这么认为：10% 代表有"一些证据"不利于原假设；5% 代表有"适度证据"不利于原假设；1% 代表有"很强证据"不利于原假设。

2. 了解多元线性回归分析模型

本任务只研究入库货品体积这一单因素对入库效率(每小时入库件数)的影响，但是入库效率(每小时入库件数)的影响因素众多。可收集更多因素的相关数据，建立多元回归分析模型，进而找到其他显著的影响因素，并通过控制这些影响因素提升入库效率。

●任务小结

本任务介绍了皮尔逊相关系数和一元线性回归的方法，并详细讲解了如何利用 Excel 进行相关系数计算及一元线性回归分析，对回归分析结果进行了解读，阐述数据分析结果应用方向。通过学习本任务，学生能够利用 Excel 工具采用相关性分析方法、线性回归研究入库效率的影响因素，并通过控制显著的影响因素，提升入库作业效率。

第 5 单元
存储作业分析

【内容概览】

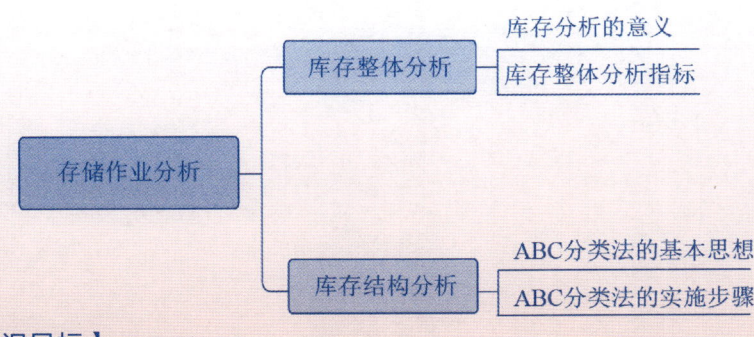

【知识目标】

1. 了解存储作业分析的意义和应用场景；

2. 掌握库存整体分析指标的含义，能够根据现有数据计算出反映库存状态的基础指标；

3. 掌握 ABC 分类法，了解如何基于 ABC 分类法进行商品分区。

【技能目标】

1. 掌握 Excel 数据整理和分析的方法；

2. 掌握透视图的绘制方法。

【职业目标】

1. 能胜任仓库管理岗位;

2. 能胜任仓储数据统计、分析与大数据处理岗位;

3. 能胜任与仓库数据处理相关的工作与业务;

4. 养成细致、认真的数据分析与处理习惯。

任务 1　库存整体分析

● **任务描述**

> 了解库存分析的意义，掌握库存整体分析的各项指标，能通过库存整体分析指标的计算了解库存现状。通过库存数据，计算平均每存储单元存储品数、件数、平均库存深度、利用率、库容率、库存周转天数等。

● **任务分析**

> 库存各项指标较多，各项指标计算需用到相应的计算公式。

● **相关知识**

1. 库存分析的意义

1) 库存的概念和分类

库存指为满足未来需求而暂时处于闲置状态的资源。

按照不同的分类标准，库存可以分为以下几类。

(1) 按库存的功能不同可分为：为满足日常需求建立的周转库存；防止意外发生大量订货等不确定需求建立的安全库存；处于运输过程中的在途库存；为满足季节性需求变化建立的季节性库存；为从价格上涨中获利而大量购入形成的投机性库存。

(2) 按库存的需求特性可分为：由外部需求决定的独立需求库存和内部相关性决定的相关需求库存。

(3) 按库存在生产和配送过程中所处的状态可分为：未进行加工的原材料或零部件形成的原材料库存，正在加工过程中的在制品库存和完成加工并验收入库的产成品库存。

2) 库存的作用与弊端

(1) 库存的作用：应付市场需求的不确定性，防止缺货的发生，从而维持销售商品的稳定性；生产需要采购原材料，采购物品时需要一定的提前期，从而需要一定的库存来维持生产的稳定；在企业的采购、供应、生产和销售各物流环节中，库存起平衡企业物流的作用；原材料、在制品和产成品占用企业大量资金，对库存量的控制可以平衡企业流动资金的占用。

(2) 库存的弊端：据统计，库存占企业总资产的比重可达 20%～60%，占用企业大量资金；库存里的原材料等占用的资金及对库存的管理会增加企业的商品成本与管理成本；大量库存会使企业一些问题不能及时暴露，从而掩盖了企业众多管理问题。

2. 库存整体分析指标

库存过剩会导致库存成本过高，商品贬值、毁损等问题；库存过小则会引发断货、降低客户满意度等问题，因此，库存总量需要维持在合适的水平。

库存结构也会直接或间接影响仓储作业其他环节的效率。库存分区的不合理会导致仓库利用率低、管理成本上升等后果。

库存分析，即采用适宜的工具、方法，对库存总量和结构进行分析权衡，有助于了解库存现状，发现可能存在的问题，并针对库存总量、库存分区和商品布局提出相应策略，保证库存总量合理，优化库存成本和出库效率。

库存整体分析指标可以综合评价库存状态，包括总量、结构、利用率和周转速度 4 部分。

(1) 总量通过整体库存品数（件数）来衡量，反映仓库存储 SKU 种类和数量的规模。
(2) 库存结构关注平均每个存储料箱存储的 SKU 种类数和件数。
(3) 利用率指标反映对仓库容量的利用情况，即实际存量占规划存量的比例。
(4) 库存周转天数是指从取得存货或产品入库开始，至消耗、销售为止所经历的天数。

库存整体指标的定义和统计注意事项如表 5.1.1 所示。

表 5.1.1 库存整体指标的名称和定义

指标类型	指标名称	定义
总量	整体库存品数(件数)	仓库全部库存的SKU种类数(件数)
结构	平均每存储单元存储品数(件数)	仓库全部库存的SKU种类数(件数)/存储单元数
	库存深度	平均每种SKU的库存件数
利用率	平均每存储单元利用率	商品体积和/(存储料箱理论体积 × 有效系数)
	储位占用率	已占用储位数/全部储位数
	库容率	储位占用率 × 平均每存储料箱利用率
周转速度	库存周转天数	平均库存/日均销量

注：由于库存一直处在动态变化中，上述库存指标，除周转天数外，均属于"状态指标"，只能反映某个时刻库存的状态，如某天上午10点统计的库存总件数和库容率与当天下午3点统计的数值相比就会发生变化，因此需要标注清楚具体统计时间。

如果想要表示一段时间的库存状态，可以取这段时间内等间隔的状态值，再求平均值。比如，想知道一个月的平均库容率，可以取每天上午10点的库容率并求平均值。

● 任务准备

准备计算机、Excel、计算器、纸、笔等基本工具。

● 任务实施

1. 指标统计和计算

练习 5.1 现有如表 5.1.2 所示库存数据 (包含字段 SKU 编号、容器编号和件数)，计算平均每存储单元存储品数、件数和平均库存深度。

表 5.1.2　库存数据

SKU编号	容器编号	件数
a	001	1
b	002	15
b	003	30
c	003	12
c	001	2

解答

(1) 分别按照容器编号和 SKU 编号进行统计，如表 5.1.3 与表 5.1.4 所示。

表 5.1.3　按容器编号进行统计

容器编号	品数	件数
001	2	3
002	1	15
003	2	42

表 5.1.4　按 SKU 编号进行统计

SKU编号	件数
a	1
b	45
c	14

(2) 计算结构指标，如表 5.1.5 所示。

表 5.1.5　结构性指标计算

指标	单位	数值
平均每存储单元存储品数	品/存储单元	(2+1+2)/3 =1.7

(续表)

指标	单位	数值
平均每存储单元存储件数	件/存储单元	(3+15+42)/3=20
平均库存深度	件/品	(1+45+14)/3=20

2. 利用率指标和计算

利用率指标包含三部分：平均每存储单元利用率反映每个容器的体积利用率；储位占用率为已占用储位占全部储位的比例；库容率反映仓库整体的库存体积利用率。

仓库利用情况也可以用热力图直观展现，如图5.1.1所示。

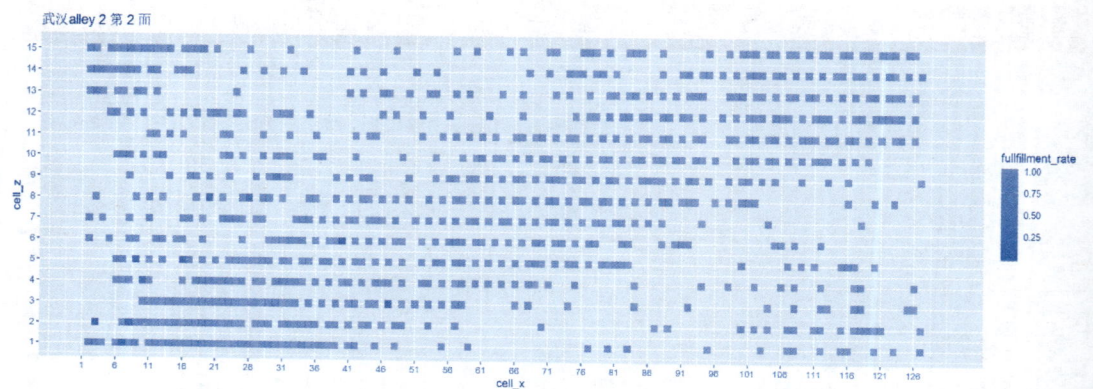

图 5.1.1　热力图

练习 5.2　现有 A 料箱中库存明细数据如表 5.1.6 所示，包含 SKU 编码、件数以及单件体积，已知存储料箱尺寸为 600mm×400mm×280mm，有效系数为 0.65，计算：

(1) A 料箱利用率；

(2) 假设仓库平均存储单元利用率等于 A 料箱利用率，已占用储位 1000 个，全部储位 1500 个，求库容率。

表 5.1.6　库存明细数据

SKU编号	单件体积(m^3)	件数
a	0.0006	1
b	0.0005	15
c	0.001	12

解答

(1) A 料箱利用率 = 商品体积和 /(存储料箱理论体积 × 有效系数)

=(0.0006×1+0.0005×15+0.001×12)/(0.6×0.4×0.28×0.65)

=0.0201/(0.0672×0.65) = 46%

(2) 平均每存储单元利用率 = 46%

储位占用率 = 已占用储位数 / 全部储位数 =1000/1500 = 66.7%

库容率 = 储位占用率 × 平均每存储料箱利用率 = 46% × 66.7% = 30.7%

3. 库存周转天数计算

库存周转天数是指从取得存货或产品入库开始，至消耗、销售为止所经历的天数。周转天数越少，说明库存变现的速度越快。

$$库存周转天数 = 平均库存 / 日均销量$$

练习 5.3 2020 年 1 月，商品 A 的日均库存为 320 件，月销量为 200 件；商品 B 日均库存 150 件，月销量 1800 件，分别求商品 A 和商品 B 的 1 月库存周转天数。

解答

(1) 库存周转天数 = 平均库存 / 日均销量 = 320/(200/31) =49.6 天

(2) 库存周转天数 = 平均库存 / 日均销量 = 150/(1800/31) = 2.6 天

对比两种商品，A 的库存需要近 50 天才能售出变现，过度占用仓储资源，造成浪费，建议采销人员采取退回上游、促销等手段进行调整。

商品 B 的周转天数为 2.6 天，可以根据实际情况适当增加库存水平，避免缺货情况出现。

4. 库存整体分析指标计算

练习 5.4 根据表 5.1.7 库存数据（包含字段存储单元编号、SKU 编号、件数），利用 Excel 的数据透视表计算平均每存储单元存储品数、件数和平均库存深度。

表 5.1.7 库存数据

SKU 编号	存储单元编号	件数
4060934	980026000104	1
2292832	980026000111	15
209077	980026000114	30
7261990	980026000115	12
822303	980026000118	2
310839	980026000125	116
1345797	980026000127	4
100000806473	980026000135	13
100000132721	980026000140	12

（续表）

SKU编号	存储单元编号	件数
1800283	980026000160	8
6581672	980026000169	1

第一步，选中全部数据区域，单击"插入"，选择"数据透视表"，在字段列表中分别选中"SKU编号"和"件数"，得到按SKU编号统计的数据，如图5.1.2所示。

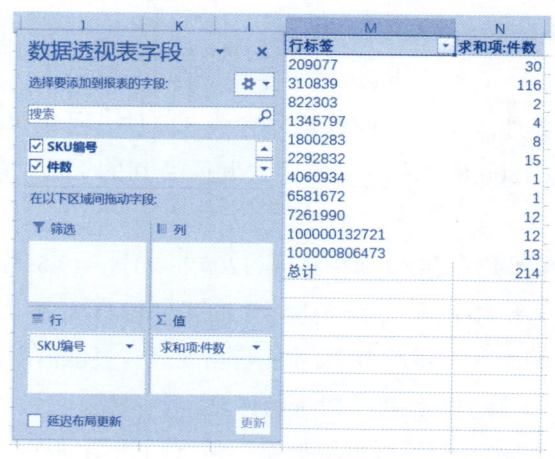

图5.1.2　按SKU编号统计数据

第二步，按同样的方法在字段列表中分别选中"存储单元编号"和"件数"，得到按存储单元编号的统计数据，如图5.1.3所示。

存储单元编号	件数
980026000104	1
980026000111	15
980026000114	30
980026000115	12
980026000118	2
980026000125	116
980026000127	4
980026000135	13
980026000140	12
980026000160	8
980026000169	1
总计	214

图5.1.3　按存储单元编号统计数据

第三步，运用结构指标公式进行计算，如图5.1.4所示。
总件数为214，总品数为11，存储单元数为11。
平均每存储单元存储件数：214/11=19.45
平均每存储单元存储品数：11/11=1

平均库存深度：214/11=19.45

	单位	数值
平均每存储单元存储品数	品/存储单元	19.45
平均每存储单元存储件数	件/存储单元	1.00
平均库存深度	件/品	19.45

图 5.1.4　结构指标公式计算

为更加清晰地看清数据的分布状况，可以通过绘制柱形图（如图 5.1.5 所示）的形式对数据进行分析。

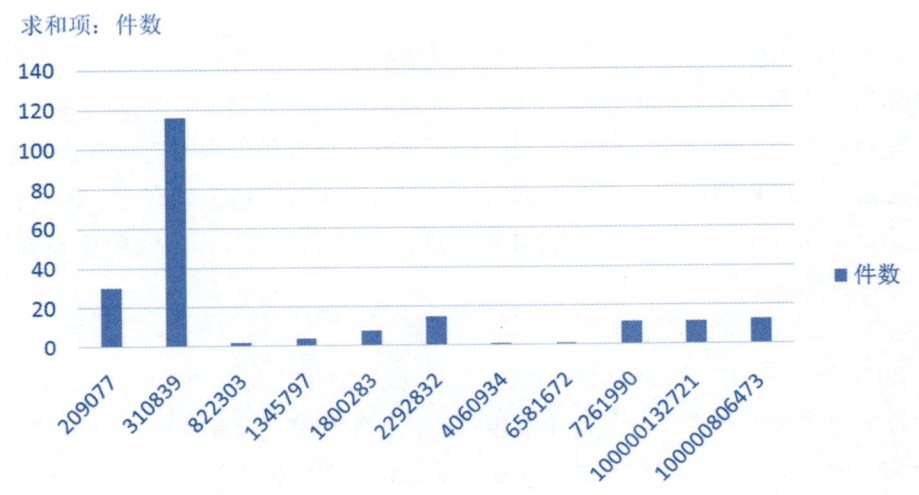

图 5.1.5　数据柱形图分析

● **问题管理**

需正确运用各公式进行数据运算，运用 Excel 进行数据筛选，运算时需谨慎认真，在完成数据整理后可通过计算部分数据的准确性来进行验证。

● **知识拓展**

电子商务企业订单库存分析的必要性

1. 长尾商品发展迅速

由于电子商务产品呈现出海量 SKU 的特性，即品规众多，而顾客选中某一种类单品的概率较小，但所有非畅销品的总和却很大，因而呈现出长尾特性。所谓长尾理论，是指当商品存储、流通、展示的渠道足够广，其生产成本急剧下降以至于个人都可生产，且商品的销售成本急剧降低时，以前看似需求极低的产品，也会有人买。这些需求和销量本不高的产品所共同占据的市场份额，已经能与主流产品的市场份额相比，甚至更大。

因此，电商产业的发展不仅仅在于传统需求曲线上代表"畅销商品"的头部，还有代表"冷门商品"常被人遗忘的长尾。例如，大型书店通常可摆放图书10万册，而亚马逊网销图书销售额中，却有1/4出自排名10万以后的书籍。所谓"冷门"书籍销售比例正高速增长，预计未来可能还会占整个书市的一半甚至更多。这表明消费者在面对无限的选择时，真正想要的东西和取得渠道都出现了重大变化。

由于长尾商品种类众多而每一SKU数量较小，为了能够在现有的条件下满足客户体验，比如既定的存储空间、有限的资金支持、有限的人工等制约条件，就需要对客户订单需求进行科学合理的分析和预测，实现最佳库存控制。

2. 牛鞭效应依然存在

传统供应模式中，由于信息的不对称性以及技术手段的落后等因素，整个供应链条上的企业均会受到牛鞭效应的影响，导致需求预测出现较大偏差，且偏差逐层放大，最终造成库存的浪费。通过电子商务实现信息共享后可以减弱牛鞭效应，但是由于供应链各环节运输、生产提前期等不确定性因素的存在使得牛鞭效应依然存在。因此，电子商务环境下，依然需要对客户订单进行分析，进行需求预测，从而最大限度地降低库存，节省资金，实现效益最大化。

3. 网购促销常态化需要精准需求预测做保障

自2011年"双11"大促销引起巨大轰动以来，"双11""双12""618"、周年庆、年终庆等各个促销时点被各大电商企业争相效仿，每年都有多个集中大促销的时点不断掀起一个又一个消费热潮，网购促销已经逐渐常态化。而促销季的销售数据往往会成倍增长，要保证促销季客户的满意度，除了高效的物流外，无疑足量的库存才是强有力的后盾，然而足量库存并不意味着要储备超大容量的库存，适量才是最佳。因此，网购促销常态化需要精准的订单需求预测做保障。

资料来源：耿莹莹，张若凌.基于R软件的电子商务订单—库存分析[J].中国市场，2016(19):111-113+118.

● 任务小结

本任务介绍了存储作业分析的方法和注意事项，分别对库存整体分析、库存结构分析进行了详细的讲解。学生需了解存储作业分析的意义和应用场景，掌握库存整体分析指标的含义，能够根据现有数据计算出反映库存状态的基础指标。

任务 2　库存结构分析

●任务描述

某公司去年的物料需求如表 5.2.1 所示。请运用 ABC 分类法，对该公司的库存物料进行分类。

表 5.2.1　物料需求信息表

物料编号	年需求量	价格/元	物料编号	年需求量	价格/元
W001	6	200	W011	20	8
W002	65	20	W012	30	60
W003	3	3040	W013	90	120
W004	2500	6	W014	250	960
W005	720	90	W015	60	90
W006	1	18000	W016	1600	150
W007	280	15	W017	140	15
W008	15000	5	W018	20	50
W009	500	30	W019	360	30
W010	600	20	W020	70	80

●任务分析

了解 ABC 分类法的基本思想，掌握 ABC 分类管理法的实施步骤及 ABC 分类管理的措施。通过 Excel 表格实现对数据的分类和分析，按照 ABC 分类管理步骤进行分类。

●相关知识

1. ABC 分类法的基本原理

二八原则是意大利经济学家维尔弗雷多·帕累托提出的，他指出 20% 的人拥有社会 80% 的财富。这种"关键的少数、次要的多数"的现象在经济学中被称为"帕累托法则"。

ABC 分类法又称物资的重点管理法，是"帕累托法则"在物流中的应用，核心思想为"抓住重点、分清主次"。通过数理统计的方法按物资重要程度、消耗数量、价值大小等情况进行排序，对重要的物资进行重点管理，一般物资进行次要管理。按物资所占资金的大小分类排队，划分为 A、B、C 三大类，具体如下。

(1) A 类物资：品种数占总品种数目的 10% 左右，资金额占总库存资金额的 70% 左右。品种数占比小，但库存资金额占比大，是关键的少数，需要重点管理。

(2) B 类物资：品种数占总品种数目的 20% 左右，资金额占总库存资金额的 20% 左右。品种比例和占用资金额比例基本持平，进行常规管理。

(3) C 类物资：品种数占总品种数目的 70% 左右，资金额占总库存资金额的 10% 左右。此类物品数量多，库存资金占用额少，只需一般管理。

ABC 分类法曲线示意图如图 5.2.1 所示。

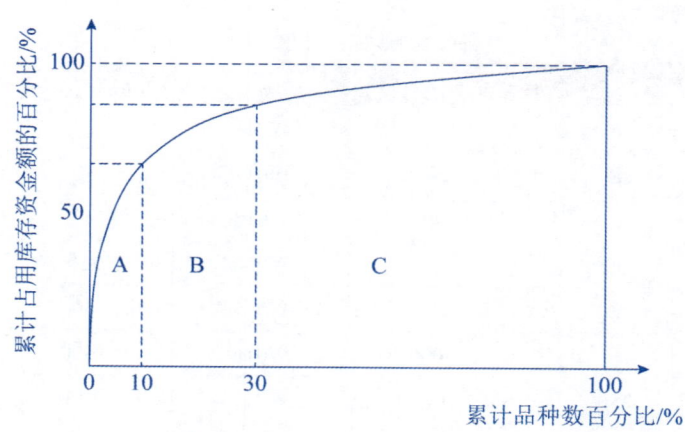

图 5.2.1 ABC 分类法曲线示意图

2. ABC 分类法实施的步骤

根据销售额占比情况，进行 ABC 分类法的步骤如下：

(1) 通过对物资年需求量、单价的统计，计算物资占用资金额，将商品按占用资金额从大到小进行排序。

(2) 计算各种物资销售额占总销售额的百分比，并进行物资销售额百分比的累计；计算各种物资品项数占总品项数的百分比，并进行品项数百分比的累计。

(3) 按照分类标准，进行物资的 ABC 分类。

●任务准备

准备计算机、Excel、计算器、纸、笔等基本工具。

●任务实施

第一步，通过 Excel 对库存物料按占用库存资金额进行计算，并按照资金额由大到小进行排列，如图 5.2.2 所示。

	A	B	C	D
1	物料编号	年需求量	单位（价格/元）	占用库存资金/元
2	W014	250	960	240000
3	W016	1600	150	240000
4	W008	15000	5	75000
5	W005	720	90	64800
6	W006	1	18000	18000
7	W004	2500	6	15000
8	W009	500	30	15000
9	W010	600	20	12000
10	W013	90	120	10800
11	W019	360	30	10800
12	W003	3	3040	9120
13	W020	70	80	5600
14	W015	60	90	5400
15	W007	280	15	4200
16	W017	140	15	2100
17	W012	30	60	1800
18	W002	65	20	1300
19	W001	6	200	1200
20	W018	20	50	1000
21	W011	20	8	160

图 5.2.2　物料需求信息表排序

第二步，计算各种商品销售额占总销售额的百分比，并进行累计；计算各种物资品项数占总品项数的百分比，并进行累计，如图 5.2.3 所示。

	A	B	C	D	E	F	G	H	I	J	K
1	物料编号	年需求量	单位（价格/元）	占用库存资金/元	占用库存资金额的百分比	累计占用库存资金额/元	累计占用库存资金额的百分比	物料品种数	物料品种数百分比	累计物料品种数	累计物料品种数百分比
2	W014	250	960	240000	32.73%	240000	32.73%	1	5	1	5.00%
3	W016	1600	150	240000	32.73%	480000	65.46%	1	5	2	10.00%
4	W008	15000	5	75000	10.23%	555000	75.69%	1	5	3	15.00%
5	W005	720	90	64800	8.84%	619800	84.52%	1	5	4	20.00%
6	W006	1	18000	18000	2.45%	637800	86.98%	1	5	5	25.00%
7	W004	2500	6	15000	2.05%	652800	89.02%	1	5	6	30.00%
8	W009	500	30	15000	2.05%	667800	91.07%	1	5	7	35.00%
9	W010	600	20	12000	1.64%	679800	92.71%	1	5	8	40.00%
10	W013	90	120	10800	1.47%	690600	94.18%	1	5	9	45.00%
11	W019	360	30	10800	1.47%	701400	95.65%	1	5	10	50.00%
12	W003	3	3040	9120	1.24%	710520	96.90%	1	5	11	55.00%
13	W020	70	80	5600	0.76%	716120	97.66%	1	5	12	60.00%
14	W015	60	90	5400	0.74%	721520	98.40%	1	5	13	65.00%
15	W007	280	15	4200	0.57%	725720	98.97%	1	5	14	70.00%
16	W017	140	15	2100	0.29%	727820	99.26%	1	5	15	75.00%
17	W012	30	60	1800	0.25%	729620	99.50%	1	5	16	80.00%
18	W002	65	20	1300	0.18%	730920	99.68%	1	5	17	85.00%
19	W001	6	200	1200	0.16%	732120	99.84%	1	5	18	90.00%
20	W018	20	50	1000	0.14%	733120	99.98%	1	5	19	95.00%
21	W011	20	8	160	0.02%	733280	100.00%	1	5	20	100.00%

图 5.2.3　计算各商品销售占比

第三步，按照分类标准，确定 A、B、C 各类物资，并进行分析，如图 5.2.4 所示。

	A	B	C	D	E	F	G	H
1	类别	占用库存资金额分类标准	品种数	品种数百分比/%	累计品种数百分比/%	占用库存资金额/元	占用库存资金额的百分比/%	累计占用库存资金额百分比/%
2	A	24000元以上	2	10	10.00	480000	65.19	65.46
3	B	15000~24000	5	25	35.00	771000	25.62	91.07
4	C	15000元以下	13	65	100.00	65480	8.93	100

图 5.2.4 ABC 分类表

●问题管理

运用 Excel 进行数据筛选和计算时，选择数据区域和计算公式的应用容易出错，在完成数据整理后可通过计算部分数据的准确性来进行验证。

●知识拓展

ABC 分类法在库存管理中的应用

1. 企业库存管理现状

(1) 库存控制比较简单：企业对库存基本上都是采用统一的管理方法，没有采取针对性的管理措施，不仅增加了库存管理的难度，且不能有效地反映出供需之间的关系。

(2) 库存浪费较大：企业持有库存，造成了一部分的流动资金被库存占用，再加上一些在途库存，更是增加了库存管理的成本。

(3) 库存物品处理不当：企业保持一定的库存以备不时之需，造成存储成本的上升和保管费用的升高。另外，加上盲目采购，造成大量的库存积压。

(4) 库存管理信息化水平低：许多企业的库存管理仍然采用传统的管理方式：对于库存物品资源信息收集和使用效率低下，并且对于许多信息化资源的开发与使用效率非常低，缺乏信息化的管理工具。

2. 库存管理出现问题的原因分析

(1) 缺乏有效的科学管理。当前许多企业不能建立一个适合自己真实情况的库存管理系统，很难对物品进行详细的分类。管理中缺乏高效的存储、查找、出库运行机制，对各种库存物品缺乏科学的管理。

(2) 缺乏有效的信息化管理体系。在整个供应链过程中，应当做到各个环节之间有效的连接，并且能够准确地预测出对各种库存材料的需求。管理过程当中，多种数据相互交织，并且都分布在不同的环节当中，想要对库存物品做到及时掌控，就必须要保证库存信息的及时传递。

(3) 仓储作业流程较为复杂。由于在库存管理的过程当中涉及多种物资，不同物资的需求导致了库存商品的出入仓库、存放、盘点、移动、增补等业务都非常频繁，过程较为复杂。但是个别企业还在通过手工处理，造成了大量人力、物力、财力的消耗。

3. ABC 管理方法的优化措施

在库存管理当中，使用 ABC 库存管理方法可以节约大量的人力、物力，并且方法较为简单，能够节约大量的库存资金和管理成本。在具体的存储管理过程当中，应当根据物品的重要程度以及获得的难易程度，把物品分为 4 类：一般物料；重要物料；战略物料；瓶颈物料。一般性物料由于获得难度较低，并且本身的价值并不高，对于这类物资可以进行批量性采购，以降低成本。但是对于重要物料、战略物料、瓶颈物料，就不能使用普通的管理方法，应当进行严格的库存管理，并且与供应商建立战略合作伙伴的关系，保证库存安全。

资料来源：赖世红.ABC 分类法在物流库存管理中的应用[J].邮电设计技术，2006(03):59-62.

●任务小结

通过本任务的学习，学生需掌握 ABC 分类法，了解如何基于 ABC 分类进行商品分区，从而实现对仓库物资更好的管理。

第 6 单元
盘点作业分析

【内容概览】

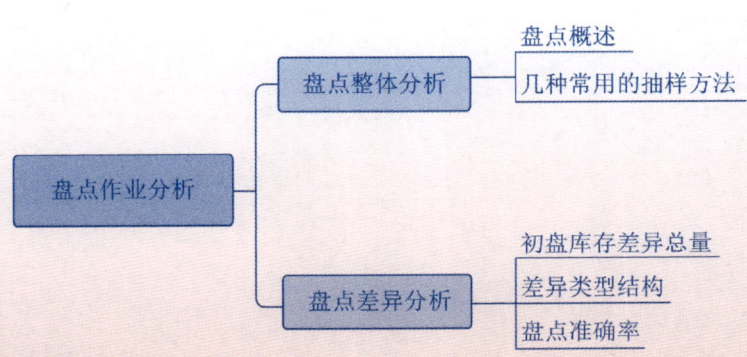

【知识目标】

1. 了解盘点作业分析的概念和流程；
2. 掌握常见的盘点方式；
3. 理解几种常用的概率抽样和非概率抽样方法；
4. 掌握盘点差异总量的度量指标及含义；
5. 掌握盘点差异类型结构的度量指标及含义；
6. 掌握盘点准确率的度量指标及含义。

【技能目标】

1. 能够执行盘点作业三个阶段的主要内容；

2. 能根据实际情况，选择一种合适的抽样方法；

3. 能针对不同的盘点类型进行盘点任务分配，并用 Excel 实现简单随机抽样；

4. 能计算盘点差异总量、差异类型结构和盘点准确率。

【职业目标】

1. 养成细致、认真的抽样调查与数据处理习惯；

2. 能胜任入库、存储、盘点等相关工作与业务；

3. 能胜任仓储数据统计、分析与大数据处理等岗位。

任务 1　盘点整体分析

●任务描述

京东物流集团金华物流中心收到某一供应商盘点通知，要求 2021 年 11 月 18 日前提交 10 月份库存的盘点报表。供应商对盘点提出以下要求：图 6.1.1 所提供的数据有两个字段，分别是序号、商品 SKU 编码，要求对 10% 的商品样本运用 Excel 进行简单随机抽样方法的盘点（完整数据集 6-1 包括 5970 件商品数据，请扫描封底二维码获取）。

	A	B	C
1	序号	商品编码	
2	1	1606317	
3	2	1606321	
4	3	631173	
5	4	4383834	
6	5	1606322	
7	6	859937	
8	7	1606318	
9	8	4928696	
10	9	845025	
11	10	1606323	
12	11	2873850	
13	12	1236715	
14	13	1606243	
15	14	1120244	
16	15	2273940	
17	5970	100006470786	

图 6.1.1　商品原始数据（部分）

●任务分析

要得出盘点的抽样商品编码结果，需要先选择合适的抽样方法，然后通过软件 Excel、SPSS 等实现抽盘作业。

●相关知识

1. 盘点概述

盘点是商品在库管理的一项重要作业。商品在仓库存储的过程中，由于外界条件、存储方法等原因，可能会造成数量或者是质量的变化，盘点可以及时发现商品实际信息与系统中信息的差异以及商品在存储过程中存在的问题，及时做出调整，减少仓库损失，保证库存准确率。

1) 盘点的定义

盘点是指对货物的存储状况，包括数量、质量和存储状态进行清查、核对，并将核查商品基本信息过程中发现的差异商品归还到源库位上，从而保证商品的实际信息与系统中的商品信息一致。盘点对整个仓配中心的运营绩效以及运营水平有着重要影响，因库存差异造成客户订单不能在规定时间内发送，将会使得仓配中心蒙受巨大的经济损失，严重降低仓配中心的运营绩效。盘点管理的内容主要包括以下两个方面。

(1) 核查商品基本信息。盘点的一个重要作用就是保证"账实相符"，核查商品的实际信息，其核查的内容包括检查质量、数量、保管条件等。其中，质量检查主要是检查商品是否发生霉变、鼠咬、虫蛀等，同时还要检查商品是否在保质期内、包装是否破损、有无损坏变质等情况；数量检查主要是检查商品的实际数量与系统数量是否相符，同时检查不同规格的货物有无混放，核查数量时核查的是某一种类商品的数量，发现混放情况要及时进行处理；存储状态检查主要是检查商品的存放状态，库位盒是否干净整洁、商品有无被污染等情况。

(2) 盘点还货。盘点管理除核查商品基本信息外，还需将盘点过程中发现的差异商品及时归还到源库位，及时纠正仓库内商品数量信息的偏差，保证订单商品在规定时间内出库配送，这一过程称为盘点还货。在企业的日常运营过程中，仓库内部分库位上的商品可能会因滑落、拣货人员将错拣商品随意丢弃等原因，造成系统中显示该库位上商品数量为 n，而实际数量却为 $n-1$（此处假设商品滑落、拣货人员错拣商品的数量为1），还货作业则是一项纠正该类偏差的作业。

2) 盘点作业流程

通常情况下，一次完整的盘点需要经历以下三个阶段：盘点准备、盘点实施和盘点评估。

(1) 盘点准备，盘点作业的准备工作是否充分，直接关系到盘点能否顺利进行，甚至关系着盘点是否成功。准备工作主要包括以下几个方面：首先，成立盘点小组，确定盘点参与人员；其次，确定盘点时间；再次，决定盘点方法；最后，培训盘点人员。

(2) 盘点实施，盘点作业的实施过程主要包括初盘作业、复盘作业以及抽盘作业。

初盘作业：主要包括将仓库分区，将盘点人员分组，各组盘点人员按照划定区域清点货物数量，在清点数量的同时填写初盘单，盘点表单上的内容一般包括商品名称、规格、初盘数量、存放区域、盘点时间、盘点人等信息。

复盘作业：复盘人员要认真核对初盘单上的商品信息，清点商品数量。复盘人员若发现初盘差异，要在盘点单上进行标记，稍后共同进行再次清点，以确定最终数量。

抽盘作业：指随机选取仓库中的某一商品，登记商品信息，清点商品数量，并核对初盘单以及复盘单。通常情况下，要求抽盘比例不应低于30%。

(3) 盘点评估，盘点评估主要包括盘点后资料整理以及盘点差异处理两个部分。

盘点后资料整理是根据企业KPI中的相关指标梳理整个盘点作业，深刻分析其中存在的问题，查找差异原因，提出优化改进策略，进一步完善评价指标。

盘点差异处理是盘点中的一个重要环节，盘点还货是一项处理盘点差异的作业。盘点还货是指对差异商品进行核查，对于有数量差异的库位则将存放于漂移筐中的差异商品归还到源库位，若库位上商品数量无差异，则将差异商品选择恰当库位盘盈。

整个盘点作业流程如图6.1.2所示。

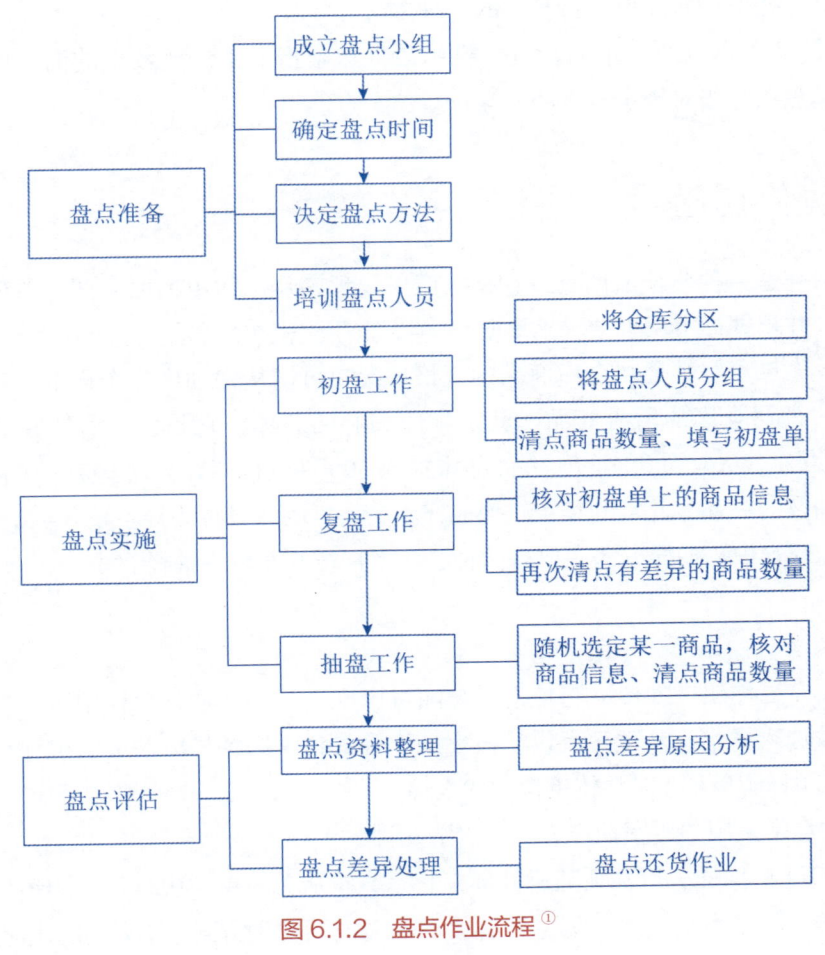

图6.1.2　盘点作业流程①

3) 盘点的方式

盘点方式按照不同的分类标准，得到的分类结果也不尽相同。当前使用较为广泛的盘点方式主要有循环盘点、动碰盘点、低库存盘点、畅销品以及滞销品盘点等。具体作业内容如下。

---

① 李梦丽. 大型电商仓配中心盘点优化研究——以Q公司为例[D]. 马鞍山：安徽工业大学，2019.

(1) 循环盘点。这种盘点方法是指对仓库内的所有通道的每个库位进行盘点。循环盘点又分为初盘、复盘、终盘。通常情况下，初盘由盘点作业员完成；复盘则是针对初盘中存在差异的库位由库存盘点组相关管理者完成；终盘则针对复盘中存在的差异由仓储经理完成。

(2) 动碰盘点。这种盘点主要是针对发生过动碰的库位，动碰包括上架人员上架、拣货人员拣货等作业行为，库位一旦发生过动碰，商品信息就有可能发生改变，对该类库位进行盘点，可以及时发现误差，及时调整。

(3) 低库存盘点。低库存盘点是指从仓储管理系统中筛选出库位上商品数量少于某一数值的商品，并对这些库位进行盘点的一种方式。

(4) 畅销品盘点以及滞销品盘点。畅销品盘点是指对销量比较大的商品所进行的盘点，滞销品盘点是指对销量较少的商品进行的盘点。

2. 几种常用的抽样方法

抽样调查是一种非全面调查，它是按照一定程序从总体中抽取一部分单位作为样本进行调查，并根据样本调查结果来推断总体特征的数据调查方法。

例如，你想了解某公司仓库商品的规格情况，可以从中抽出一个样本，获得样本数据。这里"公司仓库的所有商品"就是你所关心的总体，它是包含所研究的全部个体（数据）的集合。从公司仓库的所有商品中抽取 300 件进行调查，这就是一个样本。它是从总体中抽取的一部分元素的集合。构成样本的元素的数目称为样本量。

在实际调查中，抽样方法主要有两种：概率抽样和非概率抽样。

1) 概率抽样

概率抽样也称随机抽样，它是指遵循随机原则进行的抽样，总体中每个单位都有一定的机会被选入样本。从理论上讲，概率抽样是最科学的抽样方法，它能保证抽取出来的部分单位（样本单位）对总体单位的代表性。

实践中经常采用的概率抽样方式有以下几种：

(1) 简单随机抽样，也称纯随机抽样，它是直接从总体单位中抽选样本单位，每个个体被选入样本的概率都相等，可分为有放回和无放回两种方式。有放回抽样也称为重复抽样，在一个单位被选入样本后，记录其编号，然后又将其放回总体中继续参与随后的抽样过程；无放回抽样也称不重复抽样，在一个单位被选入样本后，不再放回总体参与随后的抽样过程。

(2) 分层抽样，也称类型抽样，它是首先将抽样单位按某种特征或某种规则划分为不同的层（组），然后按照等比例或最优比例的方式从每一层（组）中独立、随机地抽取样本，最后将各层的样本结合起来对总体目标量进行估计。

(3) 整群抽样，首先将总体分为 r 个群（即次级单位或子总体），每个群包含若干总体单位；然后按某种方式从中随机抽取 r 个群，再对抽中的群中所有单位都进行调查的一种抽样方式。

(4) 系统抽样，也称等距抽样，它是将总体 n 个单位按某种顺序排列，按规则确定一个随机起点，再每隔一定间隔逐个抽取样本单位的抽样方法。典型的系统抽样是先从数字 1～k 之间随机抽取一个数字 r 作为初始单位，以后依次取 r+k，r+2k，……。

2) 非概率抽样

不满足概率抽样要求的抽样都被归为非概率抽样。虽然从理论上讲，非概率抽样不能保证抽出来的部分单位（样本单位）对总体单位的代表性，不能够由样本的特征准确地推断总体的特征，但是由于该种方法简单、经济，所以也是人们常用的方法。常用的非概率抽样方式有以下 4 种。

(1) 方便抽样，也称便利抽样、偶遇抽样。它是纯粹以方便为着眼点的抽样方法，事先并不预定样本，调查过程中由调查员依据方便的原则自行确定入抽样本的单位，碰到即问或被调查者主动回答问题。

(2) 判断抽样，调查者根据主观经验和判断从总体中选取有代表性的单位构成样本的一种非概率抽样方法，它不能获得估计值的精度，其精度取决于抽样者的经验，适用于总体单位极不相同而样本容量又很小的情况。

(3) 配额抽样，类似于概率抽样中的分层抽样，是非概率抽样方法中最常用的一种抽样方法，其操作比较简单，而且可以保证总体中不同类别的单位都能包括在所抽的样本中，使得样本的结构和总体的结构类似。

(4) 雪球抽样，也称为滚雪球抽样，其原理是先找到最初的样本单位，然后根据他们提供的信息去获得新的样本单位。这种过程不断继续，直到完成规定的样本容量为止。

●任务准备

准备计算机、Excel 软件、纸、笔等基本工具。

●任务实施

根据任务中的题干可知，10% 的样本量为 597，只需在总体商品中随机抽取 597 件并开展盘点作业。我们使用辅助列实现随机抽样，这是一种比较简单快捷的方法。

第一步：新建一列作为辅助列，填充公式 =RAND()；

第二步：在空白处输入公式 =INDEX(B:B,MATCH(LARGE(C:C,ROW(A1)),C:C,))；

第三步：填充至所需样本规模（样本量为 597）相应的区域即可得到抽样结果，如图 6.1.3 所示。

序号	商品编码	随机数	抽样结果
1	1606317	0.488901	2759107
2	1606321	0.764881	1122249
3	631173	0.284274	4558338
4	4383834	0.694459	4338290
5	1606322	0.190121	100001681395
6	859937	0.557141	100000160407
7	1606318	0.742207	100003373047
8	4928696	0.237372	5120978
9	845025	0.069063	8127501
10	1606323	0.948374	7507582
11	2873850	0.375467	5154710
12	1236715	0.867714	1553150
13	1606243	0.851451	4899216
14	1120244	0.09368	6495141
15	2273940	0.453489	5535798
16	1606313	0.227455	2165930
17	4648470	0.245633	7057287
18	1606297	0.075979	1578768
19	207199	0.650309	7824617
20	4411321	0.344496	4432701

图 6.1.3　简单随机抽样

● 知识拓展

使用 Excel 的数据分析工具也可产生随机数。比如，在 1～100 之间均匀分布的两个变量各产生 15 个随机数，如图 6.1.4 所示。

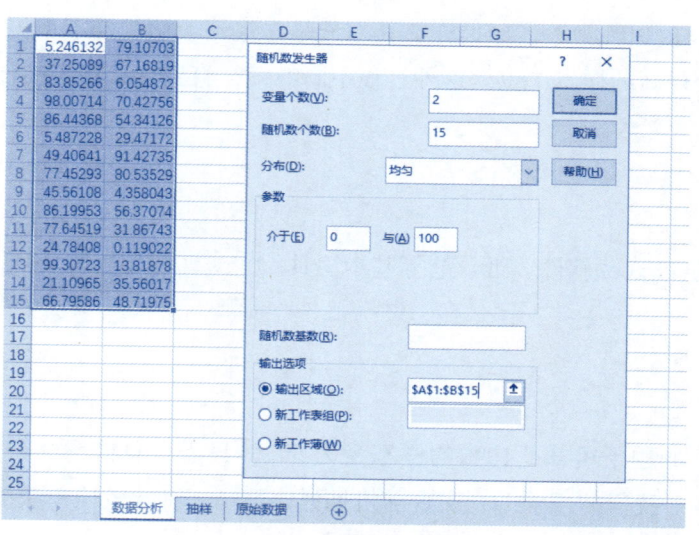

图 6.1.4　随机数发生器产生的随机数

公式说明：RAND 函数生成大于等于 0、小于 1 的随机数。LARGE(C:C,ROW(A1))，随着公式向下填充，可以依次从随机数列里提取最大的数值，再使用 INDEX+MATCH 的查询得出结果。

●任务小结

本任务根据盘点作业和抽样方法的要求，通过 Excel 软件随机选择抽盘作业的商品编码结果。

任务 2　盘点差异分析

●任务描述

京东物流集团金华物流中心根据表 6.2.1 所提供的初盘和复盘记录，计算如下盘点差异分析的问题：

(1) 初盘库存差异总量、初盘库存差异率和账物相符率指标；

(2) 绘制盘点差异类型结构图；

(3) 盘点错误总量及盘点准确率。

表 6.2.1　初盘和复盘记录

任务序号	商品编码	盘点类型	初盘差异类型	初盘差异数量	复盘差异类型	复盘差异数量	库存数量
1	2304747	随机盘点					272
2	390259	随机盘点					432
3	1040133	随机盘点					431
4	1757705	随机盘点					350
5	386192	循环盘点	盘盈	10	盘盈	10	440
6	325796	循环盘点					318
7	1432352	随机盘点	破损	3	破损	2	95
8	385952	循环盘点					99
9	4295055	循环盘点					227
10	429593	循环盘点					113
11	6859355	随机盘点	盘盈	1	盘亏	1	177
12	4874886	随机盘点					82
13	5257686	随机盘点					131
14	2284779	循环盘点					105
15	100000468432	循环盘点	盘亏	6	盘亏	7	70
16	1281970	循环盘点					279
总计				20		20	3621

● 任务分析

要进行盘点差异分析，首先需要计算初盘差异总量，然后通过 Excel 软件绘制盘点差异类型结构，最后根据复盘记录计算盘点准确率。

● 相关知识

盘点的目的是确认库存品的品质、数量是否与账面 (如 WMS) 相符，是一种事后处理方法，通过发现问题，纠正错误。因此，最重要的是通过盘点，找出产生库存差错的原因，改善和健全库存管理制度，减少误差出现的频次。常用的盘点差异分析指标有三个。

1. 初盘库存差异总量

初盘库存差异总量分为差异行数和差异件数。差异行数是指出现质量、数量、保管条件等差异问题的商品编码数量。差异件数是指出现质量、数量、保管条件等差异问题的商品库存数量。

$$初盘库存差异率 = \frac{初盘差异总量}{库存总量}$$

初盘账物相符率 = 1 − 初盘库存差异率

2. 差异类型结构

盘点差异类型包括商品的质量、数量、保管条件等。其中，质量主要是指商品是否发生霉变、鼠咬、虫蛀等，同时还包括商品是否在保质期内、包装是否破损、有无损坏变质等；数量主要是指商品的实际数量与系统数量是否相符（盘盈或盘亏），同时包括不同规格的货物有无混放；保管条件主要是指商品的存放状态，库位盒是否干净整洁、商品有无被污染等。

在前文的数据分布图中，我们系统介绍了条形图、饼图、直方图、茎叶图、箱形图等，将数据运用图形展示出来，也就是数据的可视化。在盘点差异类型结构分析中，一张好的统计图表往往胜过冗长的文字表述。盘点差异类型的数据属于类别数据，适用的图形主要有条形图、饼图等。如果有两个或两个以上样本的分类相同且问题可比，还可以绘制环形图。

3. 盘点准确率

复盘是对初盘差异的任务进行再次盘点，盘点错误总量分为错误行数和错误件数。

错误行数是初盘和复盘的差异类型或差异数量出现前后不一致的商品编码数量。错误件数是初盘和复盘的差异类型或差异数量出现前后不一致的商品库存数量。

盘点准确率用来衡量盘点工作的准确率，其计算公式如下：

$$盘点准确率 = \frac{盘点正确商品编码数}{初盘商品编码总数}$$

●任务准备

准备计算机、Excel 软件、纸、笔等基本工具。

●任务实施

(1) 初盘库存差异总量分为差异行数和差异件数。

差异行数 = 4(行)

差异件数 = 20(件)

初盘库存差异率 = 差异件数 / 库存总数 = 20/3621= 0.55%

账物相符率 = 1-0.55%= 99.45%

(2) 初盘和复盘的分类相同且问题可比，所以绘制环形图来呈现盘点差异类型结构。

第一步：新建 Excel 表，在空白单元格中输入表 6.2.1 中的初盘和复盘差异类型数据；

第二步：选中"单元格数据"，单击顶部的"插入"，在图表选项中，单击饼图的下拉图标，选择"环形图插入"；

第三步：在环形图右侧单击"+"图标，勾选"数据"标签即可，结果如图 6.2.1 所示。

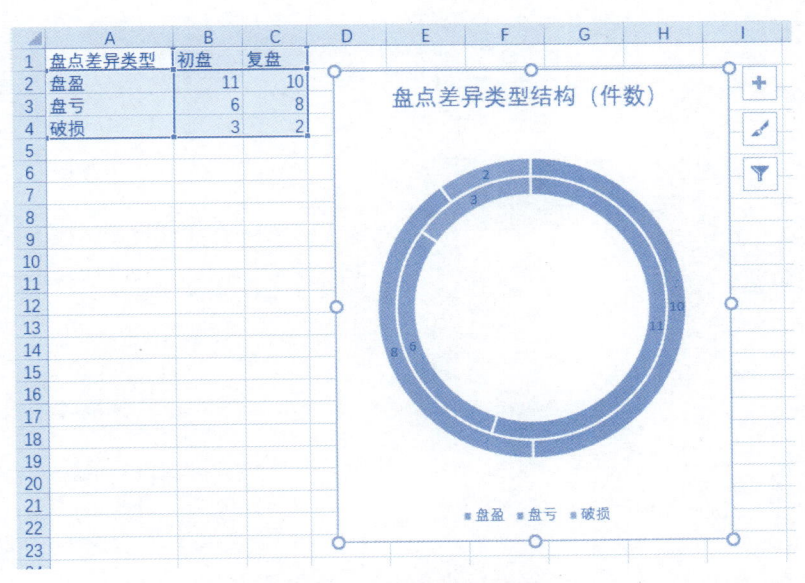

图 6.2.1 盘点差异类型结构

(3) 盘点错误总量分为错误行数和错误件数。

盘点错误行数 = 3(行)

盘点错误件数 = 1+2+1=4(件)

盘点准确率 = 盘点正确任务数 / 初盘总任务数 = (16-3)/16 = 81.25%

● 知识拓展

饼图只能显示一个样本各类别频数所占的比例。比如，把 5 个分仓的盘点差异类型分别按盘盈、盘亏、破损分成三个部分，要比较 5 个分仓不同差异类型的构成，则需要绘制 5 个饼图，这种做法既不经济也不便于比较。能否用一个图形比较 5 个分仓的盘点差异类型构成呢？把饼图叠在一起，挖去中间的部分就可以了，这就是环形图。

环形图与饼图类似，但又有区别。环形图中间有一个"空洞"，每个样本用一个环来表示，样本中每一类别的频数构成用环中的一段表示。因此，环形图可显示多个样本各类别频数占其相应总频数的比例，有利于进行比较研究。

● 任务小结

本任务根据盘点差异分析指标，计算初盘差异总量和盘点准确率，并结合第 2 单元的内容，通过 Excel 软件绘制盘点差异类型结构。

第 7 单元
拣货作业分析

【内容概览】

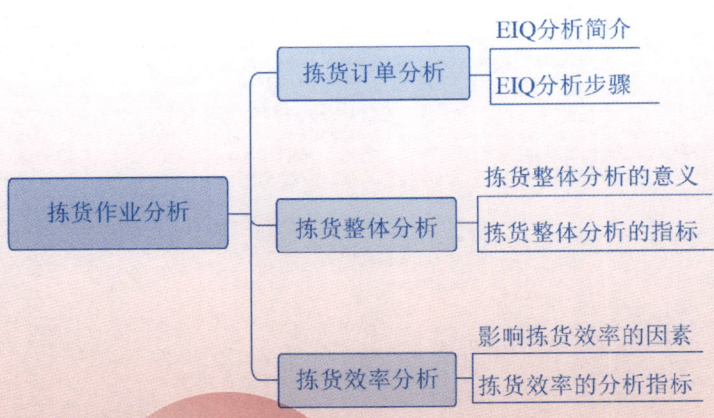

【知识目标】

1. 掌握拣货订单分析的概念和方法，包含 EIQ 分析、时间序列预测，理解订单分析的应用场景和范围；

2. 掌握拣货整体分析的指标含义和计算方法；

3. 理解拣货效率的度量方式，掌握拣货效率的计算方法；

4. 掌握并分析拣货效率的影响因素。

【技能目标】

1. 会整理原始数据，能根据原始数据进行拣货的订单、整体、效率分析；

2. 能够使用一元线性回归方法分析拣货效率的影响因素。

【职业目标】

1. 培养完成拣货作业分析的方法、能力；

2. 树立效率意识、成本意识、责任意识。

任务 1　拣货订单分析

● **任务描述**

在综合物流中心，拣货作业系统由拣货单位、拣货方式、拣货策略、拣货信息、拣货设备等多种元素组成，各种不同的方法可组合成各种不同的拣货作业模式。拣选货品的体积、重量、订单品项和数量、AGV 的搬运效率、工作站的开启数量、工作站拣取速度等，都会影响拣货系统的运行，具体而言，就是影响拣选效率、订单完成率等。本任务的内容是以自动化拣选系统为背景，从客户订单的订货件数 E(entry)、货品种类 I(item)、数量 Q(quantity) 三个物流关键因素出发，进行物流特征的定量分析。

● **任务分析**

利用订货件数 E(entry)、货品种类 I(item)、数量 Q(quantity) 三个物流关键因素，从客户订单的品类、数量与订购次数等数据出发，进行物流特征的定量分析。

● **相关知识**

所谓拣货，是依据顾客的订货要求或配送中心的作业计划，将商品从其储位或其他区域拣取出来的作业过程。

1. EIQ 分析简介

EIQ 分析是利用订货件数、货品种类、数量三个物流关键因素，从客户订单的品类、数量与订购次数等数据出发，进行物流特征的定量分析。

EIQ 分析对物流中心系统规划和改善有重要意义，有助于掌握物流业务特征、确定资源配置需求、系统工艺流程和设备能力评估等。

对于拣货作业来说，通过 EIQ 分析，我们可以了解每种商品出库分布情况，作为确定商品存储、拣货、分类方式的参考。在自动化仓库运营分析中，EIQ 特征是影响出库拣选效率的重要因素之一。

2. EIQ 分析步骤

1) 资料收集、取样

进行分析之前需先取得 EIQ 历史数据，如表 7.1.1 所示，以一日、一月或一年的 EIQ 资料进行分析。

2) 资料分解、整理

从原始资料获取以后，应对资料做进一步的分解、整理，以作为规划设计之参考依据。同时，注意考虑 EIQ 资料时间的范围与单位。

表 7.1.1 以某一工作日为单位的主要订单出货资料分解格式

出(订)货订单(E)	出(订)货品项(I)						订单货数(Q)	出(订)货品项数(N)
	1	2	3	4	5	…		
E_1	Q_{11}	Q_{12}	Q_{13}	Q_{14}	Q_{15}	…	Q_1	N_1
E_2	Q_{21}	Q_{22}	Q_{23}	Q_{24}	Q_{25}	…	Q_2	N_2
E_3	Q_{31}	Q_{32}	Q_{33}	Q_{34}	Q_{35}	…	Q_3	N_3
…								
…								
单品出(订)货量	Q_1	Q_2	Q_3	Q_4	Q_5	…	Q	N
单品出(订)货次数	K_1	K_2	K_3	K_4	K_5	…	—	K

3) 进行统计分析并制作分析图表

将步骤一取样得到的 EIQ 资料经第二步分类统计整理后，则可利用统计方法进行 EQ、EN、IQ、IK 等分析。EQ、EN、IQ、IK 4 个类别的分析含义如表 7.1.2 所示。

表 7.1.2 EQ、EN、IQ、IK 4 个类别的分析含义

分析项目	说明	目的
订单量(EQ)分析	单张订单出货数量的分析	研究订单对货物搬运作业能力的要求
订货品项数(EN)分析	单张订单出货品项数的分析	研究订单对拣选设备及作业能力的要求
品项数量(IQ)分析	每单一品项(SKU)出货总数量的分析	研究出货的拆零比例
品项受订次数(IK)分析	每单一品项(SKU)出货次数的分析	对拣选作业频率的统计，主要决定拣选作业方式和拣选作业区的规划

通过 EIQ 分析，可以得到许多有用的信息，对物流配送中心的规划和改善具有重要意义。

练习 7.1

假设有如表 7.1.3 所示的订单数据,对其进行分解并整理。

表 7.1.3 订单数据

订单编码	SKU 编码	件数
E₁	A	4
E₂	A	1
E₂	B	2
E₃	C	3

分解并整理表 7.1.3 的订单数据,得到如表 7.1.4 所示的结果。

表 7.1.4 分析结果

订单(E)	品项(I)			订单出货数量(Q)	订单出货品项数(N)
	A	B	C		
E1	4			4	1
E2	1	2		3	2
E3			3	3	1
品项出货量	5	2	3	10	4
品项出货次数	2	1	1	-	4

● **问题管理**

同一个订单,可能有多个品项,注意避免遗漏部分品项的 SKU 编码和件数。

● **知识拓展**

拣选作业是配送中心根据客户提出的订货单或配送计划所规定的商品品名、数量和储位地址,将商品从货垛或货架上取出,搬运到理货场所,以备配货送货。

拣选作业的目的在于正确而迅速地集合客户所订购的货物。要达到这一目的,必须根据订单,选择合适的拣选设备。按拣选作业过程的实际情况运用一定的方法策略组合,采取切实可行且高效的拣选方式,提高拣选效率,将各项作业时间缩短,提升作业速度与能力。同时,尽量避免错误,降低成本。

● **任务小结**

EIQ 分析步骤:

(1) 资料收集、取样；

(2) 资料分解、整理；

(3) 计算 EN、EQ、IQ、IK 并绘制图表；

(4) 根据数据和图表进行 EIQ 分析。

任务 2　拣货整体分析

● 任务描述

基于历史订单数据统计每日出库总量和履约率，利用折线图呈现出每日的拣货总量和履约率的变化趋势。即根据订单接收日期、订单接收时间、打包完成时间、打包日期、销售订单编号、商品 SKU 编号、接收件数、是否打包完成等信息，统计出库总量和履约率。

● 任务分析

自动化仓库的拣货效率由搬运效率和拣选效率两部分组成。拣货分析包括整体分析和效率分析，整体分析是拣货作业分析的基础，效率分析是拣货作业分析的核心。

整体分析包括出库总量、履约率两部分，拣货总量用平均每天拣货单量和件数来衡量，履约率即生产完成单量/全部待完成任务单量。

● 相关知识

1. 拣货整体分析的意义

受季节、产品生命周期、消费者等因素的影响，物流中心订单量也会有较大波动。物流中心规划的拣选配送能力，未必能满足高峰期的配送拣选要求，部分订单可能无法按照订单要求按时拣选出库。订单履约率越高，消费者满意度越高，但是，一味追求高的履约率意味着物流中心需要加大对拣选配送的投资，引起成本增加。因此，必须根据出库总量、履约率等情况，对拣选配送系统进行科学统筹规划。

2. 拣货整体分析的指标

反映拣货整体分析的指标包含出库总量和履约率，其具体指标如表 7.2.1 所示。

表 7.2.1　拣货整体分析指标的含义

拣货整体分析指标	指标名称和含义
出车总量	平均每天拣货总单量
	平均每天拣货总件数
履约率	规定时间完成拣选的订单占全部订单的比例

● 任务实施

练习 7.2

基础数据如表 7.2.2 所示，每个订单行包括接收时间、打包时间（生产完成时间）、订单号、SKU 编号、接收件数。如果打包日期与接收日期相同，则认为完成履约，打包完成为 1，否则认为没有完成履约，打包完成为 0。

表 7.2.2　订单基础数据

接收日期	接收时间	打包完成时间	打包日期	销售订单编号	商品SKU编号	接收件数	是否打包完成
2019/7/3	2019/7/3 8:22	2019/7/3 10:22	2019/7/3	81021111	100000004493	1	1
2019/7/1	2019/7/1 5:43	2019/7/1 6:33	2019/7/1	51233824	100000004493	1	1
2019/7/1	2019/7/1 7:10	2019/7/1 7:53	2019/7/1	53834954	100000004493	1	1
2019/7/10	2019/7/10 8:13	2019/7/10 9:58	2019/7/10	70995289	100000004493	2	1
2019/7/5	2019/7/5 10:08	2019/7/5 10:29	2019/7/5	57295640	100000004493	1	1
2019/7/8	2019/7/8 8:31	2019/7/8 8:58	2019/7/8	21002022	100000004493	1	1
2019/7/8	2019/7/8 6:56	2019/7/8 8:30	2019/7/8	83980128	100000004493	3	1
2019/7/2	2019/7/2 1:18	2019/7/2 2:48	2019/7/2	01404040	100000004493	1	1
2019/7/11	2019/7/11 2:07	2019/7/11 3:53	2019/7/11	72464406	100000004493	1	1
2019/7/11	2019/7/11 9:21	2019/7/11 9:59	2019/7/11	48604103	100000004493	2	1
2019/7/11	2019/7/11 10:42	2019/7/11 11:03	2019/7/11	98991724	100000004493	2	1

使用数据透视表统计每天拣货订单量，包括单量和件数，并统计没有完成履约的单量，计算履约率，如图 7.2.1 所示。注意此处统计订单量需要去重统计，新建数据透视表时勾选"将此数据添加到数据模型"。在订单量值字段设置选择"非重复计数"即可，如图 7.2.2 所示。

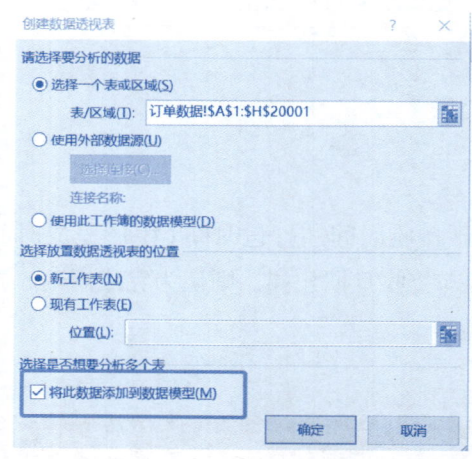

图 7.2.1　创建数据透视表

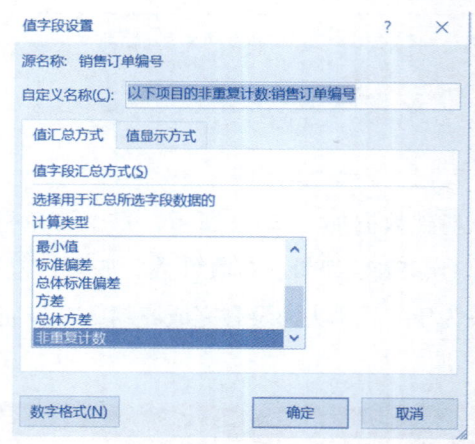

图 7.2.2　值字段设置

结果如表 7.2.3 所示：

表 7.2.3　履约率统计结果

日期	接收订单量	拣选订单量	拣选件数	履约率
2019/7/1	1596	1596	1969	100.00%
2019/7/2	1596	1582	1835	99.12%
2019/7/3	1536	1535	1853	99.93%
2019/7/4	1574	1573	1837	99.94%
2019/7/5	1541	1540	1797	99.94%
2019/7/6	1650	1650	1876	100.00%
2019/7/7	1576	1574	1809	99.87%
2019/7/8	1841	1840	2540	99.95%
2019/7/9	1780	1780	2187	100.00%
2019/7/10	1681	1681	2447	100.00%
2019/7/11	1711	1711	2356	100.00%
2019/7/12	1517	1517	1989	100.00%
总计	19599	19579	24495	99.90%

取日期和拣选订单量两列绘制折线图 7.2.3。

图 7.2.3 拣选订单折线图

根据数据分析结果和折线图可知，该仓库在 2019 年 7 月 1 日至 12 日期间，订单量保持稳定，平均每天 1632 单，平均履约率达到 99.9%。

● 问题管理

使用数据透视表统计订单量时，需要删除重复项，新建数据透视表时勾选"将此数据添加到数据模型"。

● 知识拓展

数据透视表可以将庞大的数据源通过关键字段的筛选和排列，瞬间提取出你想要的数据，并对数据进行汇总、计算等各种操作。

● 任务小结

本任务需要使用较多 Excel 表格应用技能，例如数据透视表使用、值字段设置、折线图绘制等。

任务 3　拣货效率分析

● 任务描述

自动化仓库的拣货效率由搬运效率和拣选效率两部分组成。反映搬运效率和拣选效率的指标有哪些？如何计算拣货搬运效率和拣选效率？

●任务分析

搬运效率反映仓储系统搬运拣选容器的能力,每小时搬运容器数越多,搬运时间越短,则搬运效率越高。图 7.3.1 为搬运系统承担搬运容器的连续输送设备,图 7.3.2 为拣选工作站台负责拣选货物的播种墙。

图 7.3.1 搬运系统承担搬运容器的连续输送设备

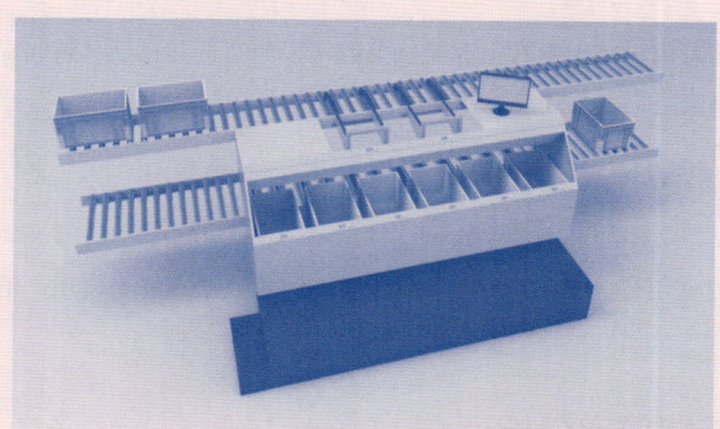

图 7.3.2 拣选工作站台负责拣选货物的播种墙

拣选效率跟平均每出库一个容器所拣选的 SKU 种类数和件数、拣选一个容器所需要的时间等有关,拣选时间越短,拣选 SKU 种类数和件数越多,则拣选效率越高。

每小时搬运容器数和每容器拣选件数是反映搬运效率的两个关键指标,两个指标数值的乘积为搬运效率。每小时拣选件数 = 每小时搬运容器数 × 每容器拣选件数。

●相关知识

1. 影响拣货效率的因素

搬运效率受多方面影响,例如存储位与拣选位之间的距离、搬运线路的规划、机器人的数量和稳定性、工作站开启数量、机器人的行驶速度、转弯速度、顶举速度等。存储位与拣选位之间的距离越短,搬运线路的规划合理,机器人的数量多,机器人运行稳定少故障,工作站开启数量越多,机器人的行驶速度、转弯速度、顶举速度等较快,搬运效率就会越高。反之,则搬运效率越低。

拣选效率的影响因素也很多,如单件货品平均体积、重量,单件SKU拣选时间,平均每订单的品项和出库数,拣选设备的运行等。单件货品平均体积越小、重量越轻,单件SKU拣选时间越短,拣选设备运行稳定,则拣选效率越高。反之,则拣选效率越低。

2. 拣货效率的分析指标

反映搬运效率和拣选效率的指标名称、含义及注意事项,如表7.3.1所示。

表7.3.1 搬运效率和拣选效率的指标含义

指标类型	指标名称和含义	注意事项
搬运效率	每小时出库容器数	容器包含货架、料箱和托盘等;仅统计有效工作时间
	每工作站每小时出库容器数	
	平均每容器搬运时间	容器从存储位到达拣选位视为搬运任务结束,拣选任务开始
拣选效率	平均每出库一容器拣选SKU种类数	
	平均每出库一容器拣选件数	
	平均每容器拣选时间	容器离开视为拣选任务结束
	平均每工作站每小时拣货件数	

●任务实施

1. 拣货效率计算

练习7.3

(1) 根据仓库的原始拣货数据(数据集7-1请扫描封底二维码获取),通过Excel数据透视表分别计算每个仓库的拣货效率指标;

(2) 对比不同仓库的拣货效率,思考并讨论拣货效率产生区别的原因。

根据例题中的原始数据，得出两个仓库的拣货效率如表 7.3.2 所示。

表 7.3.2　仓库的拣货效率数据

指标	5号仓库	7号仓库
每小时拣选容器数	61	42
每工作站每小时拣选容器数	40	37
每容器拣选品类数	13	9
每容器拣选件数	30	13
每工作站每小时拣选件数	1188	493

对比上述数据结果可以看出，在搬运效率方面，5 号仓库和 7 号仓库每小时拣选容器数差别不大，5 号仓库之所以每小时拣选容器数多出 50%，是因为工作站开启数量多于 7 号仓库。

在拣选效率方面，5 号仓库的每容器拣选品类数和件数均显著高于 7 号仓库，因此 5 号仓库的拣选效率高于 7 号仓库。

事实上，5 号仓库的品类为数码 3C，商品件型较小，且单均件数较多；7 号仓库品类为个护产品，单件的体积和重量较大，且单均件数少，因此可以推测，库存商品的件型和单均件数是影响拣选效率的重要因素，也是导致两个仓库拣货效率差距较大的主要原因。

2. 拣选效率分析

练习 7.4

（1）请根据表 7.3.3 中的某地狼仓出库相关数据，指出该仓库本期搬运效率和拣选效率的指标值。

（2）请分析本期出库效率（即平均每工作站每小时拣选件数）增长的原因。

表 7.3.3　某地狼仓出库相关数据

运营指标	单位	上期	本期	环比增长(%)
日均出库SKU件数	件	16051	18340	14.3
日均订单单量	单	8022	9231	15.1
平均每个出库货架面拣选SKU件数	件	2.29	2.58	12.6
平均每个出库货架面拣选SKU品类数	种	1.49	1.53	2.5
每工作站每小时AGV车次-均值	次	98	105	6.8
每工作站每小时AGV车次-峰值	次	207	244	17.7
平均AGV拣选位停留时长	秒	9.3	9.1	-1.3
平均拣选每件SKU的时长	秒	4.7	4.6	-1.3

(续表)

运营指标	单位	上期	本期	环比增长(%)
平均每小时拣选件数	件	730	869	18.9
平均每工作站每小时拣选件数	件	214	230	7.6
平均每工作站每小时拣选件数-峰值	件	532	588	10.4

本期搬运效率如下。

每工作站每小时 AGV 车次-均值：105

每工作站每小时 AGV 车次-峰值：244

本期拣选效率如下。

平均每个出库货架面拣选 SKU 品类数：1.53

平均每个出库货架面拣选 SKU 件数：2.58

平均 AGV 拣选位停留时长(秒)：9.1

平均拣选每件 SKU 时长(秒)：4.6

平均每工作站每小时拣选件数：230

出库总量增加，平均每个出库货架面拣选 SKU 件数变多，每工作站每小时 AGV 车次变多，平均拣选每件 SKU 时长减少，任务单拣选时长变短。

●问题管理

影响拣选效率的因素较多，拣选效率因素分析较为复杂。如何建立一元线性回归模型分析拣货效率影响因素是本任务难点，需要特别加强。

●知识拓展

提高仓储拣选效率的策略很多，除了通过改善本任务列举的影响因素，还可以从其他方面着手。

(1) 完善订单与仓库管理及控制；

(2) 增效减错的实时物流解决方案；

(3) 压缩拣选面与加快行走速度，减少时间浪费；

(4) 采用智能化区位管理输送系统，使订单主动找拣选员，从而提高效率；

(5) 实现多订单同时拣选，提高拣选效率；

(6) 采用智能软件实现"一石二鸟"的拣选效率；

(7) 采用缓存与排序技术避免行走，有助于货到人拣选发挥更大优势；

(8) 采用货到人拆零拣选解决方案，实现货物与订单流动替代人行走；

(9) 采用货到人整箱码盘解决方案加快码垛速度,并提高其安全性;

(10) 采用全自动化拣选与码盘解决方案,提高作业效率。

●任务小结

本任务主要介绍了拣货作业效率分析的方法和注意事项,包括拣货效率分析和拣货效率影响因素分析的方法。要求学生理解拣货效率的度量方式,掌握拣货效率计算方法;能够使用一元线性回归分析拣货效率影响因素。

第 8 单元
分货作业分析

【内容概览】

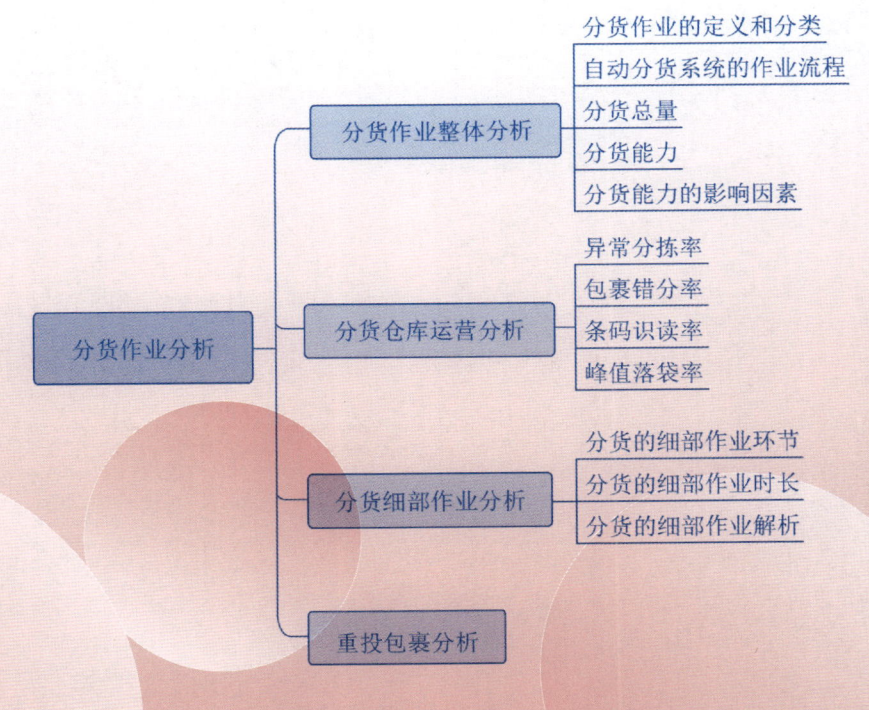

【知识目标】

1. 了解分货作业流程和常见的分货设备;

2. 掌握分货作业分析的基本指标、计算方法及实际意义。

【技能目标】

1. 会根据分货基础数据进行分析,进而调整优化分货系统;

2. 掌握 Excel 的常用函数和筛选功能。

【职业目标】

1. 培养完成分货作业分析的方法、能力;

2. 树立效率意识、成本意识、责任意识。

任务 1　分货作业整体分析

● 任务描述

　　主要通过统计某分拣仓库每天分拣包裹量，描述仓库每天分货量的分布特征和趋势特征，展示仓库单位时间分拣包裹量的分布情况，并判断仓库分货能力能否满足既定需求，为仓库进一步规划提供依据。

● 任务分析

　　可根据分拣仓库某时间段内分货总量的基础数据，利用 Excel 函数的筛选、数据透视表等功能找出其最小值、下四分位数、中位数、均值、最大值，通过其分布特征，描述性统计粗略展示仓库单位时间分拣包裹量的分布情况。

　　找出单位小时仓库分货量的峰值或每天仓库分货量的峰值，便能判断该仓库分货能力能否满足既定需求。

● 相关知识

1. 分货作业的定义和分类

　　分货是把拣货完毕的货品，按用户或者配送路线进行分类的过程。目前仓库中的分货作业可分为人工分货和自动分货两类。

　　人工分货是指分货过程全部由人工完成，适用于包装形式复杂、量小的场景。

　　自动分货是利用自动化设备完成分货的一种方式，适用于包装形式规整、量大且稳定的场景。

2. 自动分货系统的作业流程

　　自动分货方式有多种，目前在企业使用较多的主要有两种：一是分拣 AGV 系统分货；二是交叉带分拣机分货。

　　分拣 AGV 系统分货作业主流程如图 8.1.1 所示。

　　交叉带分拣机分货作业主流程如图 8.1.2 所示。

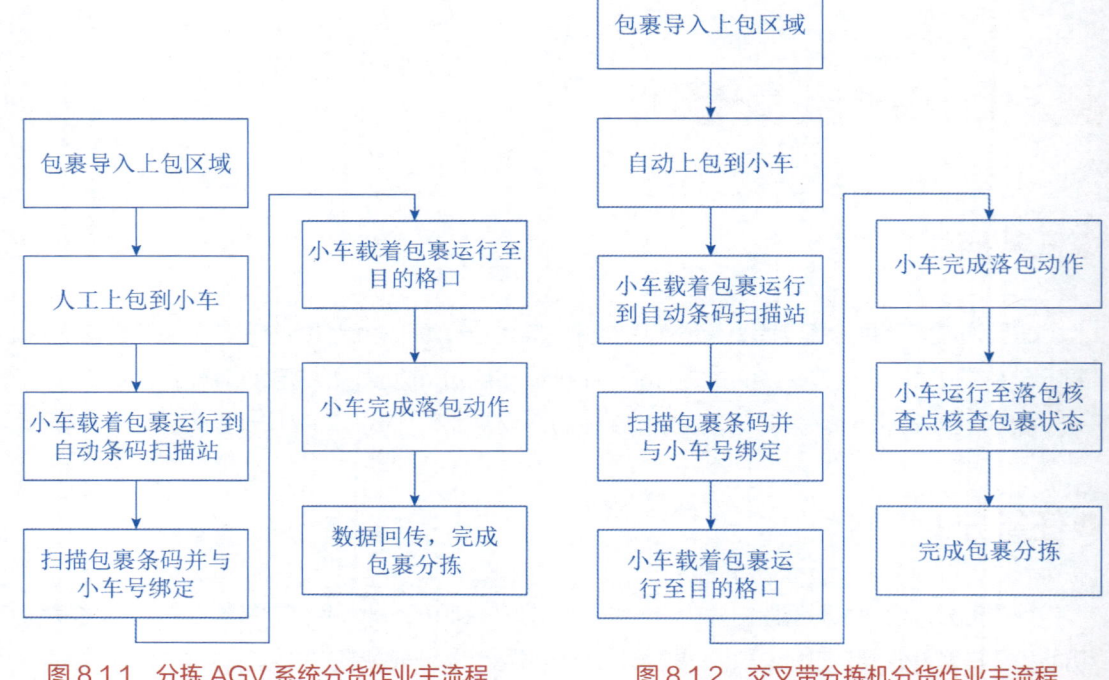

图 8.1.1　分拣 AGV 系统分货作业主流程　　图 8.1.2　交叉带分拣机分货作业主流程

3. 分货总量

分货总量是指单位时间（一般以天为单位）内仓库分拣包裹的总数量。

可以通过分货总量趋势图展示仓库在长时间跨度中分拣量的变化特征，分析分货总量趋势可以辅助仓库管理者合理制订生产计划，安排生产资源。

4. 分货能力

分货能力是单位时间内仓库完成分货量的峰值，准确掌握仓库分货能力对合理安排仓库分货作业具有重要意义。

分货能力有两种表示方法，单位小时仓库分货量的峰值和每天仓库分货量的峰值。

目前业内常见自动化分货系统的分货能力如表 8.1.1 所示。

表 8.1.1　常见自动化分货系统的分货能力

	钢平台分拣	桌面分拣	环形交叉带	直线交叉带	Mini交叉带
分货能力（件/小时）	8000～15000	2000～4000	8000～20000	4000～8000	8000～12000

5. 分货能力的影响因素

不同的分拣系统和分拣设备，分货能力各不相同，其影响因素也各不相同。

影响分拣 AGV 系统分货能力的因素有：供包台的数量、上线 AGV 的数量、开启格口的数量、分拣 AGV 的速度、人员供包的速度、集包及时率、异常车辆等。

影响交叉带分拣机分货能力的因素有：供件整理效率、集包及时率、异常包裹数量、最大再循环次数、格口复用数量、小车满载率、分拣机自身能力等。

● 任务准备

多功能机房，安装办公应用软件，纸、笔、计算器等。

● 任务实施

练习 8.1

某分拣仓库 2019 年 5 月每天分拣包裹量数据如表 8.1.2 所示。依据给定数据，计算并描述仓库每天分货量的分布特征和趋势特征。

表 8.1.2 某分拣仓库每天分拣包裹量

日期	分拣包裹量	日期	分拣包裹量
2019/05/01	2029	2019/05/17	3694
2019/05/02	2360	2019/05/18	3574
2019/05/03	2144	2019/05/19	3539
2019/05/04	2416	2019/05/20	3465
2019/05/05	3471	2019/05/21	3923
2019/05/06	3764	2019/05/22	3893
2019/05/07	3819	2019/05/23	4748
2019/05/08	4047	2019/05/24	4380
2019/05/09	4161	2019/05/25	4046
2019/05/10	3819	2019/05/26	3980
2019/05/11	3558	2019/05/27	3993
2019/05/12	3047	2019/05/28	4583
2019/05/13	2867	2019/05/29	4165
2019/05/14	3594	2019/05/30	4088
2019/05/15	4108	2019/05/31	2960
2019/05/16	4613		
总计			112848

解答

利用 Excel 中各种函数，求得该分拣仓库 2019 年 5 月分货总量的分布特征如表 8.1.3 所示。

表 8.1.3 该分拣仓库 2019 年 5 月分货总量的分布特征

统计量	值
最小值	2029
下四分位数	3468
中位数	3819
均值	3640
上四分位数	4068
最大值	4748

图 8.1.3 为该仓库每天分货量的趋势特征，通过描述性统计，粗略展示仓库单位时间分拣包裹量的分布情况。

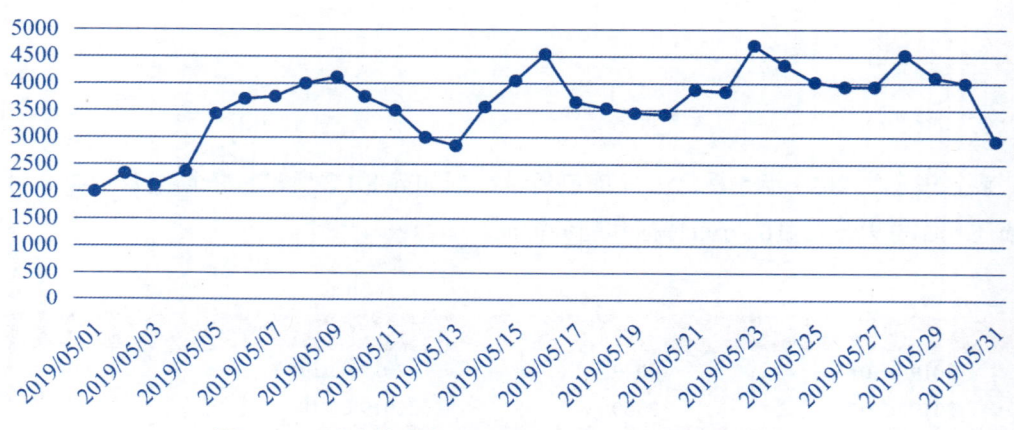

图 8.1.3 该分拣仓库 2019 年 5 月分货总量的趋势特征

练习 8.2

某自动化分拣仓库已正常运营一年，已统计出该分拣仓库过去一年内每天的分拣包裹量。表 8.1.4 为该仓库每日分货能力的部分数据。

(1) 依据给定数据集，计算该仓库的分货能力。

(2) 已知仓库将在 6 月 18 日面临 40 万件包裹的分拣任务，若你是该仓库的负责人，该如何应对？

(3) 分货能力的影响因素有哪些？

表 8.1.4 该仓库每日分货能力的部分数据

日期	分货能力	日期	分货能力
2018/1/1	142152	2018/1/16	256622
2018/1/2	122060	2018/1/17	247903
2018/1/3	158987	2018/1/18	234440
2018/1/4	170231	2018/1/19	179332

(续表)

日期	分货能力	日期	分货能力
2018/1/5	146511	2018/1/20	252271
2018/1/6	215748	2018/1/21	113489
2018/1/7	195512	2018/1/22	147212
2018/1/8	239012	2018/1/23	259138
2018/1/9	116969	2018/1/24	176945
2018/1/10	110141	2018/1/25	101759
2018/1/11	170466	2018/1/26	248912
2018/1/12	93690	2018/1/27	157746
2018/1/13	131446	2018/1/28	174981
2018/1/14	102648	2018/1/29	193217
2018/1/15	228166		

解答

(1) 利用 Excel 函数筛选功能，找出该仓库在该年度日分货能力最大值为 259138 件。

(2) 仓库的日分货能力不足 26 万件，面对 6 月 18 日 40 万件包裹的分货任务，仓库现有分货能力不够，需引入额外的分货能力，如加入柔性较高的人工分拣机制。

(3) 影响分拣 AGV 系统分货能力的因素有：供包台的数量、上线 AGV 的数量、开启格口的数量、分拣 AGV 的速度、人员供包的速度、集包及时率、异常车辆等。

● 问题管理

对于 Excel 作图、Excel 函数、Excel 数据透视表等不熟悉，需要加强应用练习。

● 知识拓展

AGV 是"automated guided vehicle"的缩写，意即"自动导引运输车"。AGV 是装备有电磁或光学等自动导引装置，能够沿规定的导引路径行驶，具有安全保护以及各种移载功能的运输车。AGV 有如下优点。

(1) 自动化程度高。AGV 由计算机、电控设备、激光反射板等控制。当车间某一环节需要辅料时，由工作人员向计算机终端输入相关信息，计算机终端再将信息发送到中央控制室，由专业的技术人员向计算机发出指令，在电控设备的合作下，这一指令最终被 AGV 接受并执行，并将辅料送至相应地点。

(2) 充电自动化。当 AGV 小车的电量即将耗尽时，它会向系统发出请求指令，请求充电（一般技术人员会事先设置好一个值），在系统允许后自动到充电的地方"排队"充电。另外，AGV 小车的电池寿命和采用电池的类型与技术有关。使用锂电池，其充放电次数到达 500 次时仍然可以保持 80% 的电能存储。

(3) 外形美观。使用 AGV 可以提高观赏度，从而提高企业的形象。

(4) 使用方便。使用 AGV 能减少占地面积；生产车间的 AGV 小车可以在各个车间穿梭往返。

● **任务小结**

本任务主要了解了两种自动分货系统的分货作业流程、常见的分货设备、分货作业分析的基本指标、计算方法及实际意义。

任务 2　分货仓库运营分析

● **任务描述**

> 本任务要求根据仓库某时间段内分拣情况，通过仓库的异常分拣率、包裹错分率、条码识读率、峰值落袋率等，分析仓库运营情况。

● **任务分析**

> 根据任务所给基础数据，逐个计算其异常分拣率、包裹错分率、条码识读率、峰值落袋率等。

● **相关知识**

反映仓库运营分析的指标有异常分拣率、包裹错分率、条码识读率、峰值落袋率等。

1. 异常分拣率

异常分拣率为仓库内分拣异常的包裹数量与仓库内分拣包裹总数量的比值。分拣异常的包裹是指自动化设备无法正常完成分拣，需要人工进行处理的包裹。

异常分拣率衡量了自动化仓库接收的待分拣包裹的品质，如面单完好度、件形适宜度等。较低的异常分拣率可以保障自动化分货设备高效运行，进而提升仓库整体的分货能力。较高的异常分拣率则反映较多包裹需要人工处理，严重影响自动化分货设备运行，需要对自动化设备进行排查，或对上游包裹流转过程进行追溯管理，以减少需要人工分货的异常包裹。

$$包裹分拣率 = \frac{分拣异常的包裹数量}{分拣包裹总数量} \times 100\%$$

2. 包裹错分率

包裹错分率为仓库内被错分的包裹数量与仓库内分拣包裹总数量的比值。被错分的包裹是指落袋站点和实际站点不一致的包裹。

包裹错分率衡量了自动化分货设备的分货错误率，是反映自动化设备性能的一项重要指标。错分包裹与其他包裹混合在一起，在到达下级分拣中心进行分拣时才会被发现，造成物流资源的浪费。包裹错分往往影响订单履约，造成客户服务水平的下降，并引发客户投诉等一系列问题。因此，在仓库运营中，仓库管理者必须十分关心并严格保持低水平的包裹错分率。

$$包裹错分率 = \frac{被错分的包裹数量}{分拣包裹总数量} \times 100\%$$

3. 条码识读率

条码识读率为条码识读设备未识读的次数与总扫描次数的比值。未识读包裹在系统中记录为空条码，引起空条码的原因一般包括：包裹未朝上、无标签未识读、有标签未识读、识读异常等。条码识读是自动化设备进行包裹分拣的关键步骤。高效运行的自动化分货系统，需要保证条码识读设备的条码识读率在 99.99% 以上。条码识读率过低，会占用自动化设备的分拣资源，引起设备分拣能力的下降。

$$条码识读率 = 1 - \frac{未识读的次数}{总扫描次数} \times 100\%$$

4. 峰值落袋率

峰值落袋率为在仓库供包量到达峰值的小时里，仓库的落袋包裹量与仓库的供包量的比值。峰值小时供包量体现了自动化分拣设备的能力，落袋量反映了现场运营的效果。峰值落袋率反映了现场运营与设备能力的匹配程度。峰值落袋率不高，表明现场运营能力欠缺，对异常状况处理不及时，导致包裹滞留主线。

$$峰值落袋率 = \frac{峰值小时落袋包裹量}{峰值小时供包量} \times 100\%$$

●任务准备

多功能机房,安装办公应用软件,纸、笔、计算器等。

●任务实施

练习8.3

表 8.2.1 记录了某自动化仓库一周的分拣包裹量和分拣异常包裹量,求该仓库的异常分拣率。

表 8.2.1 某自动化仓库一周的分拣包裹量和分拣异常包裹量

时间	周一	周二	周三	周四	周五	周六	周日
总包裹量	35636	26667	33318	35371	40819	41475	40252
分拣正常包裹量	33839	25721	31563	33639	38647	39240	38053
分拣异常包裹量	1797	946	1755	1732	2172	2235	2199

解答

(1) 计算仓库每天的异常分拣率:

周一异常分拣率 $= \dfrac{1797}{35636} \times 100\% = 5.04\%$

周二异常分拣率 $= \dfrac{946}{26667} \times 100\% = 3.55\%$

周三异常分拣率 $= \dfrac{1755}{33318} \times 100\% = 5.27\%$

周四异常分拣率 $= \dfrac{1732}{35371} \times 100\% = 4.9\%$

周五异常分拣率 $= \dfrac{2172}{40819} \times 100\% = 5.32\%$

周六异常分拣率 $= \dfrac{2235}{41475} \times 100\% = 5.39\%$

周日异常分拣率 $= \dfrac{2199}{40252} \times 100\% = 5.46\%$

(2) 计算仓库平均每天异常分拣率:

$$\dfrac{(5.04\% + 3.55\% + 5.27\% + 4.9\% + 5.32\% + 5.39\% + 5.46\%)}{7} = 4.99\%$$

练习 8.4

表 8.2.2 记录了某自动化仓库一周的分拣包裹量和错分包裹量，求该仓库的包裹错分率。

表 8.2.2　某自动化仓库一周的分拣包裹量和错分包裹量

时间	周一	周二	周三	周四	周五	周六	周日
总包裹量	35636	26667	33318	35371	40819	41475	40252
错分包裹量	97	46	55	73	72	35	99

解答

(1) 计算仓库每天的包裹错分率：

周一包裹错分率 = $\dfrac{97}{35636} \times 100\%$ = 0.27%

周二包裹错分率 = $\dfrac{46}{26667} \times 100\%$ = 0.17%

周三包裹错分率 = $\dfrac{55}{33318} \times 100\%$ = 0.17%

周四包裹错分率 = $\dfrac{73}{35371} \times 100\%$ = 0.21%

周五包裹错分率 = $\dfrac{72}{40819} \times 100\%$ = 0.18%

周六包裹错分率 = $\dfrac{35}{41475} \times 100\%$ = 0.08%

周日包裹错分率 = $\dfrac{99}{40252} \times 100\%$ = 0.25%

(2) 计算仓库平均每天包裹错分率：

$$\dfrac{(0.27\%+0.17\%+0.17\%+0.21\%+0.18\%+0.08\%+0.25\%)}{7} = 0.19\%$$

练习 8.5

表 8.2.3 记录了某自动化仓库一周的扫描次数和未识读的次数，求该仓库的条码识读率。

表 8.2.3　某自动化仓库一周的扫描包裹量和未识读包裹量

时间	周一	周二	周三	周四	周五	周六	周日
总扫描数	35636	26667	33318	35371	40819	41475	40252
未识读次数	90	40	83	79	84	76	88

解答

(1) 计算仓库每天的条码识读率：

周一条码识读率 $= 1 - \dfrac{90}{35636} \times 100\% = 99.75\%$

周二条码识读率 $= 1 - \dfrac{40}{26667} \times 100\% = 99.85\%$

周三条码识读率 $= 1 - \dfrac{83}{33318} \times 100\% = 99.75\%$

周四条码识读率 $= 1 - \dfrac{79}{35371} \times 100\% = 99.78\%$

周五条码识读率 $= 1 - \dfrac{84}{40819} \times 100\% = 99.79\%$

周六条码识读率 $= 1 - \dfrac{76}{41475} \times 100\% = 99.82\%$

周日条码识读率 $= 1 - \dfrac{88}{40252} \times 100\% = 99.78\%$

(2) 计算仓库平均每天条码识读率：

$$\dfrac{(99.75\% + 99.85\% + 99.75\% + 99.78\% + 99.79\% + 99.82\% + 99.78\%)}{7} = 99.79\%$$

练习 8.6

表 8.2.4 记录了某自动化仓库一周的峰值小时供包量和峰值小时落袋量，求该仓库的峰值落袋率。

表 8.2.4　某自动化仓库一周的峰值小时供包量与峰值小时落袋量

时间	周一	周二	周三	周四	周五	周六	周日
峰值小时供包量	4421	3858	3596	3529	4256	3637	3252
峰值小时落袋量	4306	3788	3425	3397	4102	3511	3142

解答

(1) 计算仓库每天的峰值落袋率：

周一峰值落袋率 $= \dfrac{4306}{4421} \times 100\% = 97.4\%$

周二峰值落袋率 $= \dfrac{3788}{3858} \times 100\% = 98.19\%$

周三峰值落袋率 $= \dfrac{3425}{3596} \times 100\% = 95.24\%$

周四峰值落袋率 $= \dfrac{3397}{3529} \times 100\% = 96.26\%$

周五峰值落袋率 = $\dfrac{4102}{4256} \times 100\% = 96.38\%$

周六峰值落袋率 = $\dfrac{3511}{3637} \times 100\% = 96.54\%$

周日峰值落袋率 = $\dfrac{3142}{3252} \times 100\% = 96.62\%$

(2) 计算仓库平均每天峰值落袋率：

$$\dfrac{(97.4\%+98.19\%+95.24\%+96.26\%+96.38\%+96.54\%+96.62\%)}{7} = 96.66\%$$

● 问题管理

仓库运营分析的指标异常分拣率、包裹错分率、条码识读率、峰值落袋率等，计算时需要格外细致，以免出错。

● 知识拓展

随着信息技术的快速发展，条码技术也得到了大大的改进，由原来的一维码发展到了二维码。二维码从根本上改进了一维码的不足，从而更加有利于社会的发展。

● 任务小结

本任务学习了仓库运营分析的指标，包括异常分拣率、包裹错分率、条码识读率、峰值落袋率等，以及各指标对自动化分货系统的影响。

任务 3　分货细部作业分析

● 任务描述

本任务是根据分拣仓库的分拣任务记录，依据给定的数据集，试计算车辆各类细部作业的时长并绘制车辆细部作业时长的条形图。根据细部作业时长条形图，分析影响分货作业效率的因素。

● 任务分析

任务开始时间与任务结束时间之间的差,即为该环节的时长。在数据集内,设备充电去程开始时间与去程结束时间差,为去程时长;设备充电回程开始时间与回程结束时间差,为回程时长;充电开始时间与充电结束时间差,为充电时长;分拣去程开始时间与分拣去程结束时间差,为分拣去程时长;分拣回程开始时间与回程结束时间差,为分拣回程时长。数据集中,设备运行的数据字段名称如表 8.3.1 所示。

表 8.3.1 数据集的字段描述

字段名称	解释
Car_no	小车号
Create_time	任务开始时间
Update_time	任务结束时间
Task_type	作业类型

● 相关知识

1. 分货的细部作业环节

分货作业依据具体功能,可细分为供包过程、分拣去程、分拣回程、集包过程、充电过程,如图 8.3.1 所示。这里,以分拣 AGV 系统为例,详细介绍各环节的定义和关键节点。

(1) 供包过程:供包台处工作人员或者机械臂将包裹放置到翻板小车上的过程。

(2) 分拣去程:分拣 AGV 从供包台接到待分拣的包裹,运送到目的格口,并完成包裹倾倒的过程。之后,包裹会从目的格口顺着滑落至一层集包袋中。

(3) 分拣回程:分拣 AGV 在完成包裹倾倒后,由目的格口返回供包台的过程。

(4) 集包过程:一层集包袋装满之后,集包人员关闭格口、封箱、打印面签到完成集包袋投线的过程。

(5) 充电过程:分拣 AGV 从接受到充电指令,前往充电桩充电至结束充电,回到上包点的过程。该过程又可进一步细分为充电去程、充电中、充电回程。

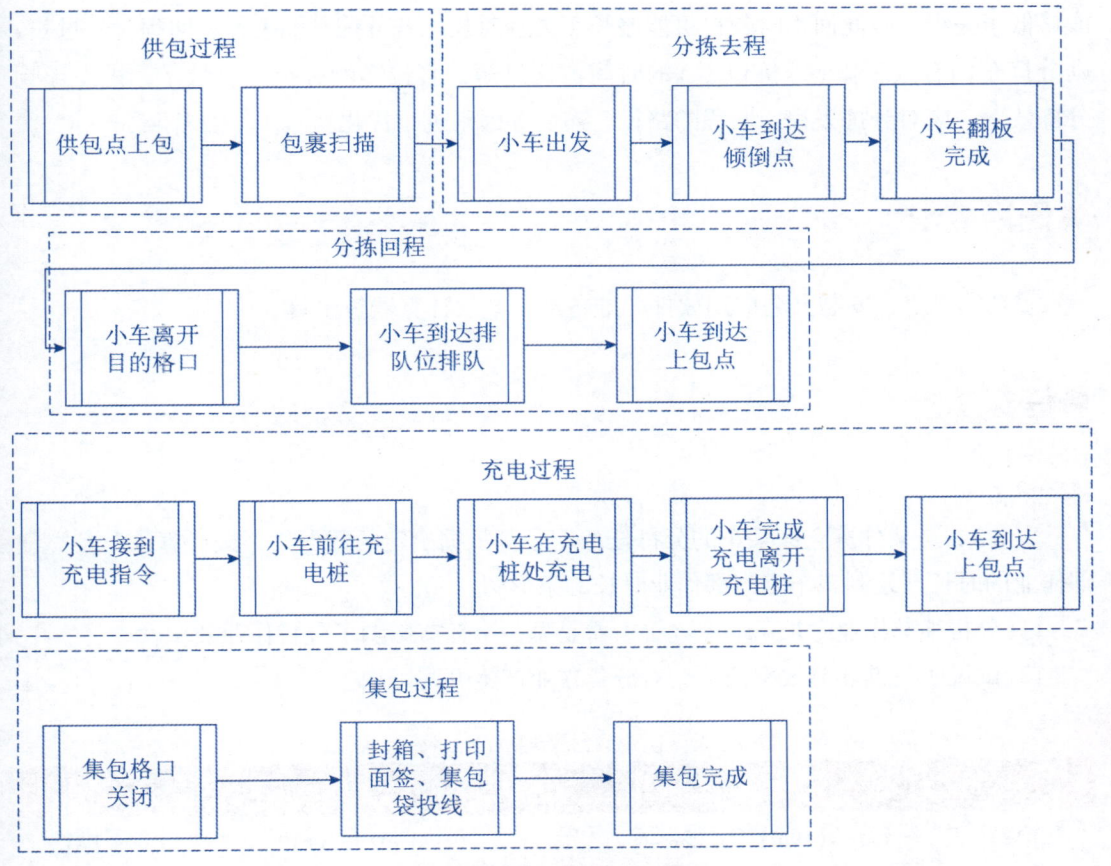

图 8.3.1 分货细部作业流程图

2. 分货的细部作业时长

分货细部作业时长，是指各类设备在分货运行过程中，各个作业环节所耗时间。分货细部作业时长，包括供包过程时长，分拣去程、回程时长，充电去程、回程时长，充电时长，集包过程时长等。

3. 分货的细部作业解析

通过对分货的细部作业进行深入的分析，可以发现哪些环节在影响分货作业效率，从而调整改善分货系统设备，进而提高分货作业效率。

一般情况下，设备充电的去程和回程，时长应该大致相当，充电时长要明显长于去程或回程时长，否则充电时长太短，直接造成充电效率低。效率低的充电行为得不偿失，会影响电池电量，导致小车动力供给不足，引起车辆关机，进而降低包裹分拣数量。

分拣车辆的去程和回程时长也应大致相当，因回程时分拣车辆有载货，运行速度可能略低于去程，因此回程时长也可能略长于去程时长。若分拣车辆去程、回程时长过长，则分拣车辆有效工作(分拣包裹)的时间占比过短，直接影响分拣包裹数量，进而影响分拣效率，应对分拣去程、回程的路径、速度等因素进行优化。

●任务准备

多功能机房，安装办公应用软件，准备纸、笔、计算器等工具。

●任务实施

练习 8.7

表 8.3.2 是某分拣仓库某车的分拣任务记录，依据给定的数据集，试计算该车各类细部作业的时长并绘制该车辆细部作业时长的条形图。

(1) 分析细部作业时长条形图，看一看是哪一个环节影响了分货作业效率？
(2) 试说明关键环节效率低下会对分货作业产生哪些影响。

表 8.3.2 某分拣仓库某车的分拣任务记录

Car_no	Create_time	Update_time	Task_type
123	2019/05/02 13:38:46	2019/05/02 13:39:17	分拣去程
123	2019/05/02 13:39:18	2019/05/02 13:44:24	分拣回程
123	2019/05/02 13:44:27	2019/05/02 13:45:03	分拣去程
123	2019/05/02 13:45:03	2019/05/02 13:47:24	分拣回程
123	2019/05/02 13:47:27	2019/05/02 13:49:03	分拣去程
123	2019/05/02 13:49:04	2019/05/02 13:51:29	分拣回程
123	2019/05/02 13:51:31	2019/05/02 13:52:03	分拣去程
123	2019/05/02 13:52:04	2019/05/02 13:53:21	分拣回程
123	2019/05/02 13:53:22	2019/05/02 13:55:03	分拣去程
123	2019/05/02 13:55:04	2019/05/02 13:55:29	分拣回程
123	2019/05/02 13:55:31	2019/05/02 13:55:59	分拣去程
123	2019/05/02 13:56:00	2019/05/02 13:56:48	充电去程
123	2019/05/02 13:56:48	2019/05/02 13:58:01	充电中
123	2019/05/02 13:58:01	2019/05/02 13:59:13	充电回程

解答

统计各细部环节的作业时长如表 8.3.3 所示。

表 8.3.3　各类细部作业的时长

任务类型	任务时长（秒）
充电去程	48
充电中	73
充电回程	72
分拣去程	54
分拣回程	138.8

由上表可知，分拣回程时长过长，几乎为分拣去程时长的 2.6 倍。

车辆有效工作（分拣包裹）的时间占比过短，直接影响分拣包裹数量，应对分拣回程的路径、速度等因素进行优化。

真实的充电时长过短，仅为 73 秒，而充电去程和充电回程时长的总和远大于充电时长。这种充电行为实则得不偿失，会影响电池电量，导致小车动力供给不足，引起车辆关机，进而降低包裹分拣数量。

根据计算得出的各类细部作业时长数据绘制条形图，如图 8.3.2 所示。

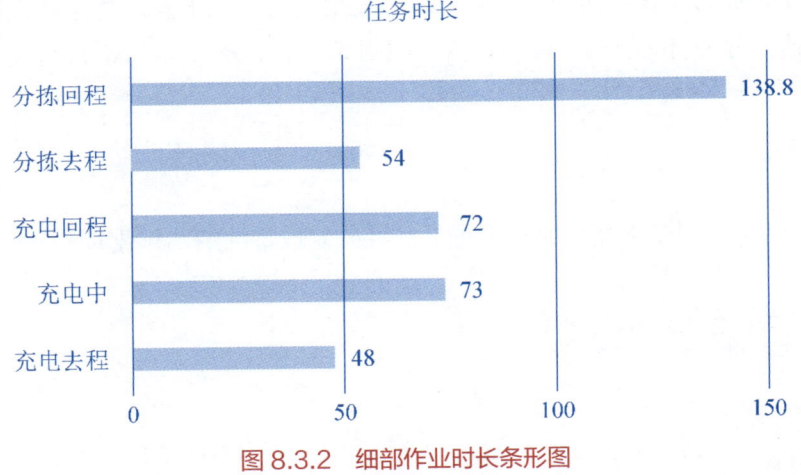

图 8.3.2　细部作业时长条形图

● 问题管理

数据集的字段需要正确理解。

● 知识拓展

自动分货系统的 6 种装置

分货作业可分为人工分货和自动分货两种方式。自动分货是利用自动分类机来完成分货工作的一种方式。自动分货系统一般应用于自动化仓库,适用于多品种、业务量大且业务稳定的场合。简单来说,包括以下 6 种装置。

(1) 搬运输送机:搬运输送机有传送带输送机、滚筒输送机、整列输送机、垂直输送机 4 种类型。

(2) 移动装置:移动装置也称导入口、进入站,其作用是把搬运来的物品及时取出并移送到自动分类机本体上,通常有直线形和环形两种。

(3) 分类装置:分类装置是自动分类机的主体,按其分出货物的方式可分为 4 种,即推出式、浮起送出式、倾斜滑下式、传送带送出式。

(4) 排出装置:排出装置是为了尽早将各货物搬离自动分类机并避免与下批货物相碰撞的装置。

(5) 输入装置:输入装置是在自动分类机分类之前,把分类物的信息输入控制系统的装置。

(6) 控制装置:控制装置是根据分类物的信息,对分类机上的货物进行分类控制的装置。其控制方式有磁气记忆式和脉冲发信式两种。

上述 6 种装置的配置不同,自动分类机的类型、功能也不同,且各具特色,但按其滑出形式大体可分为将载物部分倾斜滑落的倾倒式和水平分出处理式两种。

● 任务小结

本任务的重点是计算各类细部作业的时长并绘制设备的细部作业时长条形图。

任务 4 重投包裹分析

● 任务描述

包裹重投数据集为某分拣仓库某天的分拣记录,根据给定数据集,计算仓库当天重投包裹数量。根据重投包裹的数据,分析包裹重投原因。

● 任务分析

要统计包裹重投情况并分析其重投原因，首先要理解分拣记录数据集的含义。分拣记录数据集的字段描述如表 8.4.1 所示。通过分析数据集，先统计出每个包裹被分拣的次数，进而统计出被分拣次数多于 1 次的包裹数量。结合供包台号、小车号、重投次数及包裹自身重量形态等实际情况，分析包裹重投原因。

表 8.4.1　包裹重投数据集的字段描述

字段名称	解释
Car_no	小车号
Create_time	上包时间
Update_time	倾倒完成时间
Station_code	供包台号
Track	轨道
Package_no	包裹号

● 相关知识

在实际包裹分拣中，存在同一个包裹被分拣多次的情况，这样的包裹被称为重投包裹。重投包裹现象的存在是对当前投入资源的浪费，属于无意义的活动，影响订单履约。此外，包裹多次分拣也会导致包装破损，影响交付物品的品质。

要构筑重投包裹关联分析，必须先找出各种导致包裹重投的原因，再列出各种原因导致的重投情况，进而初步判断某些导致包裹重投的具体情况，构筑包裹重投关联性分析。

列联表分析是通过分析多个变量在不同取值情况下的数据分布情况，从而进一步分析多个变量之间相互关系的一种描述性分析方法。列联表是由两个以上的变量进行交叉分类的频数分布表。

● 任务准备

多功能机房，安装办公应用软件，准备计算器、纸、笔等工具。

● 任务实施

练习 8.8

表 8.4.2 为包裹重投数据集的部分数据 (完整数据集 8-1 请扫描封底二维码获取)，请统计重投包裹数，并分析包裹重投原因。

表 8.4.2　包裹重投数据集的部分数据

Update_time	Station_code	Track	Package_no
2019/05/02 13:39:17	GBZ009	R	670577211-1-1-64450
2019/05/02 13:31:02	GBZ008	R	673688795-1-1-64450
2019/05/02 13:33:12	GBZ010	R	674287068-1-1-64450
2019/05/02 13:42:56	GBZ009	R	681738489-1-1-64450
2019/05/02 13:28:56	GBZ008	L	682467826-1-1-64450
2019/05/02 16:30:08	GBZ008	R	683078367-1-1-64450
2019/05/02 13:29:42	GBZ008	L	683836756-1-1-64450
2019/05/02 16:29:45	GBZ008	L	684870293-1-1-64450
2019/05/02 13:39:55	GBZ009	L	685302775-1-1-64450
2019/05/02 10:31:54	GBZ012	L	685347636-1-1-64450
2019/05/02 13:42:26	GBZ009	R	685603764-1-1-64450
2019/05/02 15:55:15	GBZ010	R	685610645-1-1-64450
2019/05/02 16:30:19	GBZ008	R	686909941-1-1-64450
2019/05/02 13:32:03	GBZ008	R	687274615-1-1-64450
2019/05/02 16:34:31	GBZ011	L	687409683-1-1-64450
2019/05/02 13:30:30	GBZ008	R	688160690-1-1-64450
2019/05/02 16:34:19	GBZ011	R	689981906-1-1-64450
2019/05/02 13:31:12	GBZ008	L	690110298-1-1-64450
2019/05/02 13:30:59	GBZ008	L	690194738-1-1-64450
2019/05/02 16:35:13	GBZ011	L	690775760-1-1-64450
2019/05/02 17:10:39	GBZ011	R	692595997-1-1-64450
2019/05/02 15:00:37	GBZ004	R	692828499-1-1-64450
2019/05/02 13:43:09	GBZ009	R	694925693-1-1-64450
2019/05/02 15:05:36	GBZ002	L	695665366-1-1-64450

解答

(1) 统计重投包裹数。

使用 Excel 数据透视表、Excel 函数 countif，统计出每个包裹被投次数。投递次数大于等于 2(包含 2) 的包裹，为重复投递包裹，如表 8.4.3 所示。

表 8.4.3　包裹投递次数统计部分数据

行标签	Package_no 项目的计数
958568578-1-1-316450	12
158823644-1-1-75450	11

(续表)

行标签	Package_no项目的计数
574812428-1-1-8450	10
489976902-1-1-8450	10
461716235-1-1-42450	9
519133330-1-1-63450	9
582964847-1-1-2450	9
914063740-1-1-71450	9
581927022-1-1-3450	8
649031483-1-1-2450	8
275193178-1-1-62450	8
108636892-1-1-2450	8
559340308-1-1-0450	8
52992519974-1-1-450	4
630095963-1-1-62450	4
53781633102-2-2-450	3
55602076633-1-1-450	3
51849578922-1-1-450	3
53773035820-1-2-450	3

统计出重投包裹数量为：517

(2) 分析包裹重投原因。

研究重投包裹的分拣数据，可以发现重投包裹的分拣特征大致分为三类。

第一类：同一供包台的两侧，不同车，几乎同时上包同一个包裹。

当龙门架上的扫码摄像头扫到包裹的条形码后，会默认将该包裹绑定给在摄像头下的小车，而并非小车感应到该包裹已经被放在了小车上；当工作人员在上包的时候存在不规范操作时，包裹可能会被旁边的摄像头误扫到，致使一辆空车执行一次分拣任务，可称为"空车跑"现象。如表8.4.4所示。

表8.4.4　第一类重投包裹统计

Car_no	Create_time	Update_time	Station_code	Track	Package_no
862	2019/05/0210:21:51	2019/05/0210:22:49	GBZ009	L	633361-1-1-21
929	2019/05/0210:21:52	2019/05/0210:22:10	GBZ009	R	633361-1-1-21

第二类：同车接续分拣同一包裹。

在小车到达倾倒点执行倾倒任务后，小车便默认包裹已经进入格口，继续执行其他任务。然而存在一些异常情况，如包裹表面附着胶体，与小车车体粘连，无法成功落包，导致小车载着同一个包裹在仓库内重复往返，可称为"粘包裹"现象，如表8.4.5所示。

表8.4.5 第二类重投包裹统计

Car_no	Create_time	Update_time	Station_code	Track	Package_no
13	2019/05/17 10:51:55	2019/05/17 10:52:46	GBZ006	R	193178-1-1-163
13	2019/05/17 10:53:30	2019/05/17 10:53:56	GBZ001	R	193178-1-1-163
13	2019/05/17 10:57:56	2019/05/17 10:59:00	GBZ012	R	193178-1-1-163
13	2019/05/17 11:03:54	2019/05/17 11:04:12	GBZ002	R	193178-1-1-163
13	2019/05/17 12:11:18	2019/05/17 12:11:50	GBZ009	L	193178-1-1-163
13	2019/05/17 12:14:35	2019/05/17 12:15:07	GBZ009	R	193178-1-1-163
13	2019/05/17 12:16:38	2019/05/17 12:17:57	GBZ012	L	193178-1-1-163
13	2019/05/17 12:19:19	2019/05/17 12:19:50	GBZ010	R	193178-1-1-163

第三类：既不具备第一类的特征，也不具备第二类的特征。

分拣AGV在执行倾倒搬运的过程中，可能由于包裹自身存在问题，重量过轻或者包装异形(超长、球形等)，导致搬运过程中出现"掉包裹"现象，如表8.4.6所示。

表8.4.6 第三类重投包裹统计

Car_no	Create_time	Update_time	Station_code	Track	Package_no
880	2019/05/02 01:37:54	2019/05/02 01:38:38	GBZ011	R	044954-1-1-121
939	2019/05/02 16:44:25	2019/05/02 16:45:04	GBZ009	R	044954-1-1-121
1218	2019/05/02 10:22:00	2019/05/02 10:22:54	GBZ009	R	044153-1-1-121
813	2019/05/02 10:22:36	2019/05/02 10:23:10	GBZ009	L	044153-1-1-121

(3) 统计重投原因。

根据重投包裹数量及重投原因分析，整理出包裹重投次数及其重投原因统计表，如表8.4.7所示。

表8.4.7 包裹重投次数及其重投原因统计

Resort_package_no	Resort_reason	Resort_num	Resort_package_no	Resort_reason	Resort_num
7866667	B	12	3659153	C	2
6967393	B	11	0327889	B	2
8731373	B	10	6753702	C	2
9629816	B	10	9433706	C	2
8481353	B	9	4473896	C	2
0483510	B	9	9030580	C	2

(续表)

Resort_package_no	Resort_reason	Resort_num	Resort_package_no	Resort_reason	Resort_num
7919440	B	9	2758185	B	2
9904702	B	9	9037341	A	2
7553098	B	8	3339108	A	2
4255089	B	8	4418418	A	2
8100443	B	8	0135429	A	2
3041846	B	8	9366286	A	2
6364653	B	8	8977939	B	2
9130761	A	4	5039211	A	2
4622628	B	4	3967394	A	2
0994251	C	4	3053876	A	2
2319750	A	4	0337246	A	2
4935122	B	3	8784311	A	2
4910563	B	3	9981349	A	2
4284416	B	3	7267396	A	2
6521091	B	3	6984524	A	2
9087003	B	3	6471326	A	2
6133614	C	3	0643797	A	2
6921371	C	3	4642522	A	2
4002962	C	3	0777544	A	2
6133785	C	3	7027261	A	2
3047047	B	3	2303166	A	2
2013627	A	2	4623393	A	2
3120783	A	2	7135110	A	2
2312149	A	2	2174937	A	2
3619453	C	2	9620527	A	2
2708577	A	2	1207016	C	2
9312961	A	2	2361687	A	2
9996058	A	2			

(4) 异常分类及异常原因说明。

A(空车跑)：上包时，包裹被多次扫描，致使同一包裹同时绑定两辆小车，现场存在空车跑现象；

B(粘包裹)：同一包裹被同一小车多次投递，包裹粘在小车上，现场存在小车带着包裹往返跑的现象；

C(掉包裹)：同一包裹被不同小车多次投递，现场存在人工介入调整的现象。

●问题管理

Excel 数据透视表和 Excel 函数应用依然是本任务的重点。要统计重投包裹数量，可以先用 Excel 数据透视表，统计出重投包裹的单号，再使用 Excel 函数 countif，统计出投递次数大于等于 2 的包裹数量。

●知识拓展

列联表是观测数据按两个或更多属性(定性变量)分类时所列出的频数表，它是由两个以上的变量进行交叉分类的频数分布表。一般来说，若总体中的个体可按两个属性 A 与 B 分类，A 有 r 个等级 $A_1, A_2, \cdots, A_r$，B 有 c 个等级 $B_1, B_2, \cdots, B_c$，从总体中抽取大小为 n 的样本，设其中有 n_{ij} 个个体的属性属于等级 A_i 和 B_j，n_{ij} 称为频数，将 $r \times c$ 个 n_{ij} 排列为一个 r 行 c 列的二维列联表，简称 $r \times c$ 表。若所考虑的属性多于两个，也可按类似的方式作出列联表，称为多维列联表。列联表又称交互分类表，所谓交互分类，是指同时依据两个变量的值，将所研究的个案分类。交互分类的目的是将两个变量分组，然后比较各组的分布状况，以寻找变量间的关系。

●任务小结

本任务介绍了重投包裹分析方法，要求了解方法原理，并能够熟练运用。

第 9 单元
智能仓储设备性能分析

【内容概览】

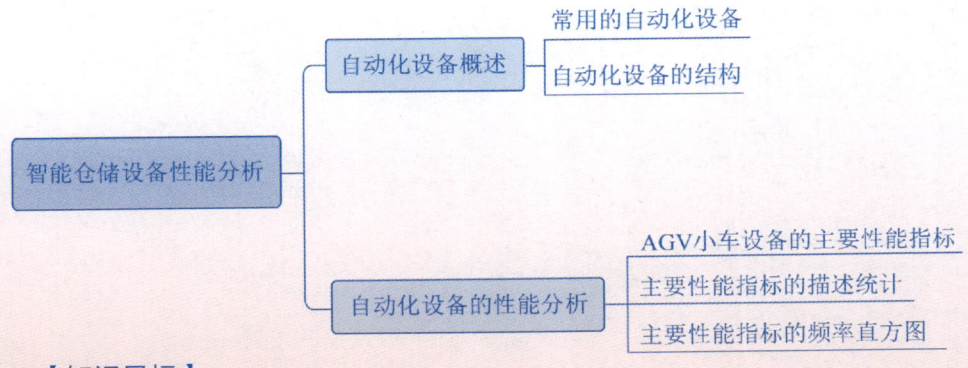

【知识目标】

1. 了解仓库中常见的自动化设备及其作业场景;
2. 了解仓库中常见自动化设备的运动动作机构及行走机构;
3. 掌握设备各种运动动作时长的最大值、最小值、分位值等描述性指标;
4. 理解 AGV 设备各种动作的频率分布直方图。

【技能目标】

1. 运用统计方法对仓库内运行的设备进行分析,应用描述性统计指标对运

行状态进行分析;

2. 分析设备的各项运动机构的实际性能，以反映设备最终的实际运行效果;

3. 对设备各种运动动作时长的最大值、最小值、分位值等描述性指标的计算;

4. 频率分布直方图的绘制与分析;

5. 理解并绘制 AGV 设备各种动作的频率分布直方图。

【职业目标】

1. 胜任物流、仓库、配送中心等部门的设备管理岗位;

2. 胜任设备数据统计、分析与大数据处理岗位;

3. 能基本处理与设备相关的工作和业务;

4. 养成细致、认真的数据分析与处理习惯;

5. 培养数据安全的意识。

任务 1　自动化设备概述

● 任务描述

某物流公司因业务发展,需要新建一座集存储、分拣等功能为一体的仓库,为了快速而高质量地为客户服务,减少现场操作人员的数量,公司决定在仓库设备选型时,优先考虑先进的智能化设备,目前初步选定搬运 AGV、多层穿梭车、分拣 AGV、自动分拣机等设备,现需判定这些设备在仓库运营的哪个环节使用,请在表 9.1.1 中合适位置划√。

表 9.1.1　设备适用作业环节列表

	搬运 AGV	多层穿梭车	分拣 AGV	自动分拣机
入库				
盘点				
拣货				
分货				
发货				

任务要求:
(1) 了解符合仓库要求的智能设备的种类。
(2) 了解 AGV 的基本结构与功能。
(3) 了解各种设备在仓库中具体应用的环节。

● 任务分析

现代自动化设备的种类较多、功能各异,完成本任务需了解搬运 AGV、多层穿梭车、分拣 AGV、自动分拣机等自动化设备的作业特点,并以搬运 AGV 为例,分析其作业机构及能够完成的功能。

完成本任务,应具备的前导知识点包括:首先了解物流设备的分类及用途;然后在分析现代物流中心流程的基础上,梳理相应的功能,进行设备的匹配,了解其结构原理。

●相关知识

1. 常用的自动化设备

物流机械设备是现代化企业的主要作业工具之一,是合理组织批量生产和机械化流水作业的基础。物流设备是物流系统中的重要基础,随着现代科技水平的发展,尤其是物流信息技术的进步,物流设备不断得到提升与发展。物流设备领域中许多新的设备不断涌现,如智能识别设备、三向叉车、自动分拣线、自动导引运输车(AGV)、货到人系统等,减轻了人们的劳动强度,提高了物流运作效率和服务质量。

作为物流作业流程中的重要节点,仓库起着重要的衔接作用,仓库设备的实用性与智能化水平决定了整个流程顺畅与否。仓库设备是物流设备的重要组成部分,仓库作业人员借助各种各样的仓储设备,保障了在库物资的顺畅流转。自动化仓库中常见设备很多,包括托盘、货架等常用设备,本节只介绍仓库中常用的搬运 AGV、多层穿梭车、分拣 AGV、自动分拣机等智能搬运与分拣设备。

1) 搬运 AGV

AGV 即自动导引运输车,指装备有电磁或光学等自动导航装置,能够沿规定的导航路径行驶,具有安全保护以及各种移载功能的运输车。AGV 已经有 60 多年的使用历史,20 世纪 70 年代,已经有多种类型的 AGV 应用于工厂和仓库,得到广泛推广,极大提高了物流作业的自动化水平。

搬运 AGV 可以解决物流场景中的搬运环节,主要功用集中在自动物流搬转运,AGV 搬运机器人是通过特殊地标导航自动将物品运输至指定地点,起"货到工作站"的作用,见图 9.1.1。

图 9.1.1 搬运 AGV

AGV 按照导引方式的不同可以分为电磁导引、光学导引、惯导等,如表 9.1.2 所示。

表 9.1.2 AGV 导引方式

导引方式	成熟度	技术难度	成本	应用	先进性	前景
电磁导引	成熟	低	低	较广	一般	较好
光学导引	成熟	低	低	较广	一般	较好
惯导	成熟	低	低	较广	一般	好
标识导引	成熟	中	中	较广	较先进	好
激光导引	较成熟	高	高	广	较先进	好
视觉导引	不成熟	高	高	少	很先进	很好
混合导引	不成熟	高	高	少	很先进	很好

搬运 AGV 使用领域较多，主要集中应用在制造业生产装配、物流业分拣等物料短途搬运上。AGV 在物流领域的应用，可以短时间精准完成拣选任务，并且可多台 AGV 组成柔性的物流搬运系统，搬运路线可以随着货物的流向进行灵活调整，使一条分拣线上能够进行多品种、小批量货物的拣选和搬运，大大提高了企业的作业效率。搬运 AGV 需具备的功能有：前进、后退、顶升、货架旋转、车体自转、弧线旋转、货架底可穿行、自动充电、自主避障、地面适应能力强、无线开关机、急停、高容量电池、容器识别、状态显示等。

2) 多层穿梭车

随着电子商务的快速发展，物流配送中心的订单呈现出多品种、小批量且需快速响应的趋势，对拣选系统提出了更高的要求。多层穿梭车系统因其高效性、精准性等特点，近年来得到广泛应用。多层穿梭车是指在立体货架上穿梭的小车，自动进行周转箱等容器的存取作业，如图 9.1.2 所示。

图 9.1.2　多层穿梭车

多层穿梭车系统一般由巷道穿梭车（简称为巷道车）和提升机构成，按穿梭方向分为两向穿梭车和四向穿梭车。目前最先进的四向穿梭车机器人是指能在平面内 4 个方向（前、后、左、右）穿梭运行的存储机器人，主要是区别于传统的两向穿梭车（前进和后退）而言的。与 AGV 相比，虽然穿梭车机器人需要在轨道上运行，但小车的速度更快，定位更加准确。

多层穿梭车系统通常与密集仓储系统结合使用，构成穿梭车式密集仓储系统，其原理是由升降机与穿梭车进行配合作业，并与 WMS 系统相结合实现货物的出入库。此系统无须设置叉车通道，并且可以多层布置，因而空间利用率较高。在具有同等存储货位数的条件下，相比一般的存储仓库有如下特点：结构紧凑，具有更高效的作业效率；适应多种场景，适应更多的箱型；配合换层提升机，可完成换层作业。

3) 分拣 AGV

分拣 AGV 相比搬运 AGV，增加了分拣功能，分为翻板（盖）式和移载式（包括皮带、滚筒等不同载具）两种类型，主要使用二维码导航技术和智能调度策略，实现多 AGV 统一管理，完成小件包裹的搬运和投递。分拣 AGV 主要应用在包裹分拣（分拣中心、分拨中心、智配中心、逆向退货、备件库）与商品订单复核合流等的播种、分发环节。

系统由分拣机器人、机器人作业平台、供包工作站、集包工作站、供包/集包输送设备、集包控制系统和 WCS 系统组成。主要特点包括：实施部署快速，改造成本低；可通过增加 AGV，提高产能；平台布局可调，形式多样。

以目前京东使用的分拣 AGV "小红人"（如图 9.1.3 所示）为例，在京东无人仓内，流水线已经实现高度自动化，只有少数工作人员从事运维工作，这样的无人仓效率是传统仓库的 10 倍。分拣"小红人"的速度可达每秒 3 米，是全世界最快的分拣速度，智能控制系统反应速度是人的 6 倍，"智慧"大脑能够在 0.2 秒内计算出 300 多个机器人运行的 680 亿条可行路径。仓内有上千个机器人，运营效率是传统仓库的 10 倍。

图 9.1.3 分拣 AGV

4) 自动分拣机

在先进与智能化的配送中心，自动分拣系统是必备的设施设备，以京东分拣系统（如图 9.1.4）为例，应用自动分拣系统后，作业流程与标准更加规范，系统作业更加完整。通常每小时可分拣商品上万箱，极大提高了配送中心的分拣效率，降低了配送与仓储成本。自动分拣系统一般由控制装置、分类装置、输送装置及分拣道口组成。

图 9.1.4 自动分拣机

自动分拣系统种类较多，包括堆块式、交叉带式、斜导轮式、摇臂式、挡板式等，交叉带分拣机系统是仓储物流分拣环节主流的解决方案，是一种通过交叉皮带分拣线来实现的、针对小件或者中件包裹的高效自动化分拣系统。由交叉带分拣机主线、供包台、格口滑槽、集包输送设备和 WCS 系统组成。

环形交叉带分拣机适用场景：分拣中心、中转场地、仓库发货、站点等包裹按路向分拣；商品播种按订单分拨；退货场景下的按库位分拣；在穿梭车等场景下执行容器的按逻辑分拣。

直线交叉带分拣机适用场景：中件分拣场景，因处理流程复杂、配套设备昂贵等原因，国内主要还是人工分拣，自动化程度低；站点、接货仓、逆向退货等单量不大、路向不多的小型分拣场景 / 中转场；旧仓库、分拣中心改造等场地受限改造场景，需要灵活的自动化分拣解决方案；效率要求较高的商品播种 / 提总 / 退货分类分拣场景。

2. 自动化设备的结构

一般的仓储装卸搬运设备都会有起升机构、行走机构、变幅机构和旋转机构等组成部分。不同的自动化设备由于侧重的功能不同，其主要的结构也会有所不同，以 AGV 为例，其更侧重于行走机构，行走机构的种类及优缺点见表 9.1.3，同时根据需要还可配置移 (运) 载装置，如滚筒、牵引棒等机构装置，用于货物的装卸、运载等。AGV 小车的基本结构由机械系统、动力系统和控制系统三大系统组成。

1) 机械系统

机械系统包含车体、车轮、转向装置、移载装置、安全装置几部分，动力系统包含电池及充电装置和驱动系统、安全系统、控制与通信系统、导引系统等。

2) 动力系统

AGV 小车的动力装置使用铅酸蓄电池、镉镍蓄电池等工业电池，一般电池为 24V 或 48V 可供选用，整个系统包括蓄电池及其充放电控制装置，动力装置是决定 AGV 速度、续航力等的关键因素，除了体积、功率和容量外，最关键的因素是需要考虑充电时间的长短和维护的容易性。目前主流 AGV 的电池寿命均大于满充满放 2000 循环。

3) 控制系统

AGV 小车的控制系统通常包括车上控制器和地面 (车外) 控制器两部分，目前均采用微型计算机，由通信系统联系。通常情况下，由地面 (车外) 控制器发出控制指令，经通信系统输入车上控制器控制 AGV 运行。

表 9.1.3 各类 AGV 行走机构的优劣势

	优势	劣势
轮式行走机构	速度快，耗能小，机械结构简单，稳定性高，相对容易控制	在粗糙地形环境、不平整的地面应用起来较为困难
腿式行走机构	可在粗糙和非结构化地形运行	动力表现较差，机械复杂性高
履带式行走机构	可提供更大的牵引力，更大的加速度；平衡性好，具有较强的越障能力	履带容易发生卡脱，修理相对复杂，运行速度较慢
复合式行走机构	组合不同行走机构的优势	结构较复杂

智能机器设备需要运动机构，使设备在环境中无约束地运动，运动机构很大程度上决定着智能机器的运动性能。常见的机器运动动作包括：顶升、放下、托盘旋转、直行、转弯、翻板等。AGV 小车进行物流短途搬运，大大提高了运送的效率，降低了大量的劳动力以及劳动成本，且具有较高的安全性能，目前在物流的全流程尤其末端环节得到广泛应用。

● 任务准备

准备计算机、Excel 软件、计算器、纸、笔等基本工具。

● 任务实施

通过小组讨论的形式，比较各种设备适应的不同场景，如表 9.1.4 所示。

实施步骤：

(1) 了解搬运 AGV、多层穿梭车、分拣 AGV、自动分拣机等自动化设备的结构与功能。

(2) 分析仓库作业各环节的特点。

(3) 将设备与作业环节进行匹配。

表 9.1.4 设备适用作业环节列表

	搬运 AGV	多层穿梭车	分拣 AGV	自动分拣机
入库	√			
盘点		√		
拣货		√	√	√
分货	√		√	
发货	√			

●问题管理

本部分主要任务是了解仓库常用的自动化设备,掌握其分类与基本结构,本部分较多涉及知识性目标,需要着重掌握各类设备在仓库各个环节中的具体应用,即根据设备的功能和作业的环节,为仓库进行初步的设备选择。

●任务小结

本任务引导学生了解目前常用的智能拣选搬运设备,掌握其基本结构及在仓库各环节的应用,为对设备进行性能分析和选型打下基础。

任务2 自动化设备的性能分析

●任务描述

某物流公司初步选择了两款 AGV 设备,运营了一段时间后,对设备行走的距离和所用时间进行了数据搜集,经计算得出运行的速度,现每种设备随机抽取了 50 个数据,见表 9.2.1,请根据速度指标进行相应的统计运算,以确定选择哪个型号的 AGV。

表 9.2.1 设备性能数据列表

甲设备速度					乙设备速度				
0.56	0.64	0.54	0.73	0.58	0.62	0.74	0.69	0.45	0.5
0.67	0.58	0.24	0.69	0.47	0.74	0.66	0.55	0.57	0.6
0.67	0.68	0.59	0.72	0.5	0.51	0.7	0.71	0.59	0.59
0.63	0.6	0.62	0.25	0.33	0.65	0.68	0.67	0.59	0.65
0.31	0.69	0.7	0.63	0.74	0.74	0.68	0.54	0.61	0.61
0.67	0.58	0.57	0.66	0.57	0.6	0.66	0.58	0.66	0.69
0.63	0.73	0.66	0.6	0.62	0.6	0.34	0.69	0.58	0.66
0.31	0.71	0.57	0.56	0.64	0.62	0.46	0.48	0.51	0.68
0.55	0.43	0.63	0.68	0.30	0.63	0.61	0.69	0.69	0.38
0.66	0.7	0.71	0.57	0.62	0.51	0.72	0.71	0.46	0.62

任务要求:
(1) 对速度指标进行统计描述;
(2) 分析描述指标。

● 任务分析

完成本任务，需首先了解 AGV 设备的性能指标组成，调用 Excel 对某一性能数据进行描述性统计和四分位数统计，同时制作该统计数据的直方图。完成本任务，应具备的前导知识点包括：AGV 设备的种类及组成部分；统计学中关于描述性统计的指标组成及含义；四分位数的定义；函数及数字含义；直方图的制作流程。

● 相关知识

1. AGV 小车设备的主要性能指标

1) 额定载重量

额定载重量即自动导引搬运车所能承载货物的最大重量。AGV 小车的载重量范围在 50～20000 千克，其中以中小型居多。随着 AGV 在生产、物流领域小件分拣搬运中的广泛使用，小载重量的 AGV 将会越来越多。

2) 自重

自重是指自动导引搬运车与电池加起来的总重量。目前 AGV 自重 20 千克至几百千克不等，主要与载重量和结构有关。随着技术的发展，AGV 的自重会逐渐降低。

3) 车体尺寸

车体尺寸是指车体的长、宽、高外形尺寸，该尺寸应该与所承载货物的尺寸和通道宽度相适应。分拣 AGV 的车体尺寸一般小于搬运 AGV。

4) 停位精度

停位精度指 AGV 小车到达目的地址处并准备自动移载时所处的实际位置与程序设定的位置之间的偏差值，这一参数很重要，是确定移载方式的主要依据，不同的移载方式要求不同的停位精度。目前，主流 AGV 的停位精度均小于 10 毫米。

5) 最小转弯半径

最小转弯半径指 AGV 小车在空载低速行驶，偏转程度最大时，瞬时转向中心到 AGV 小车纵向中心线的距离，它是确定车辆弯道运行所需空间的重要参数。

6) 运行速度

运行速度指自动导引搬运车行驶时所能达到的最大速度，它是确定车辆作业周期和搬运效率的重要参数。运行速度分空载与负载两种情况,一般空载速度要大于负载速度,但相差不大。以某机型为例,空载速度为 2.0 米每秒,负载速度为 1.6 米每秒。

7) 工作周期

工作周期是自动导引搬运车完成一次工作循环所需的时间,为不确定性指标,与导引方式、工作距离和地面条件等均有关系。

2. 主要性能指标的描述统计

1) 描述统计的定义

描述统计是通过图表或数学方法,对数据资料进行整理、分析,并对数据的分布状态、数字特征和随机变量之间的关系进行估计和描述的方法。描述性统计分析的作用主要是将搜集整理的一系列复杂数据,加工处理减少到几个起到描述概括的关键数据,然后对已有数据集进行整体分析。

2) 描述统计的步骤

描述统计最简单的办法是使用 Excel 进行统计,以 Excel 2019 为例,具体步骤如下。

(1) 利用数据分析宏程序进行描述统计。

在 Excel 中单击"文件"→"选项"→"加载项",然后单击下部的"转到",如图 9.2.1 所示。在加载项中勾选"分析工具库",单击"确定",如图 9.2.2 所示。然后在 Excel 的数据中就可以发现数据分析的选项,见图 9.2.3。

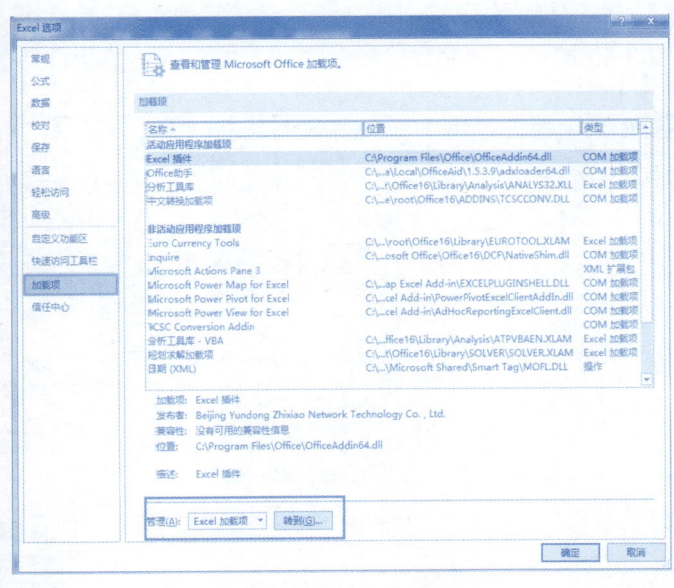

图 9.2.1　调用宏程序

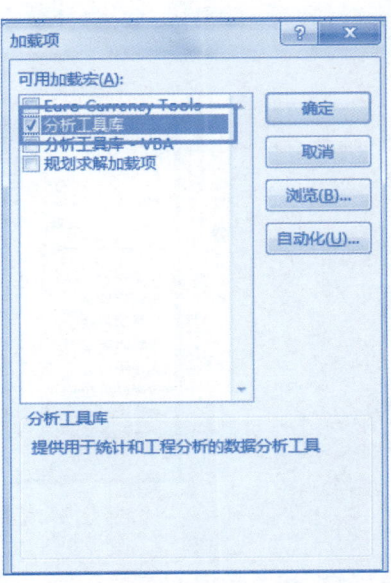

图 9.2.2　加载项

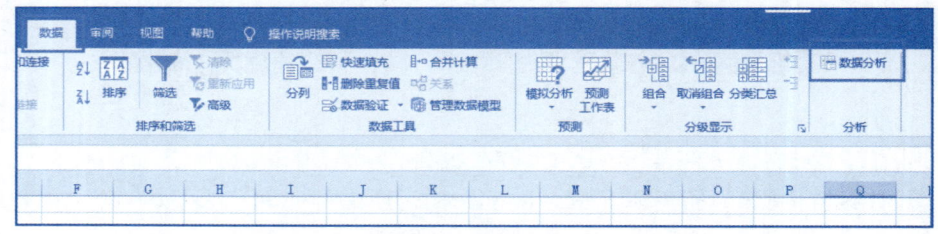

图 9.2.3　Excel 中的数据分析

(2) 进行数据分析。

在数据分析对话框中单击"描述统计",如图 9.2.4,单击"确定"后出现描述统计对话框。首先选择输入的区域,这里选"$E$1:$E$32863",将"标志位于第一行"勾选,勾选此选项的目的是保留分析数据的名称,在本例中名称为"数据"。然后选择输出的区域,此时需考虑输出的数据区域内无其他数据,否则 Excel 会无法操作,可以选择某一单元格作为输出区域的最左上角单元格,单击"汇总统计",平均数置信度选 95%。置信度也叫可靠度,或置信水平、置信系数,它是指特定个体对待特定命题真实性相信的程度,95% 也被称为置信水平,是统计中的一个习惯,可以根据应用进行调整,见图 9.2.5,最后单击"确定",统计结果如图 9.2.6 所示。

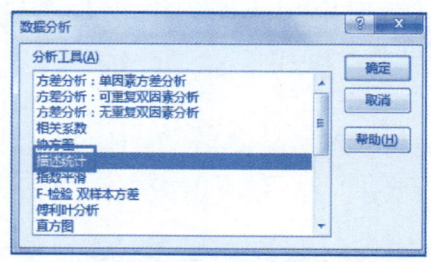

图 9.2.4　数据分析对话框

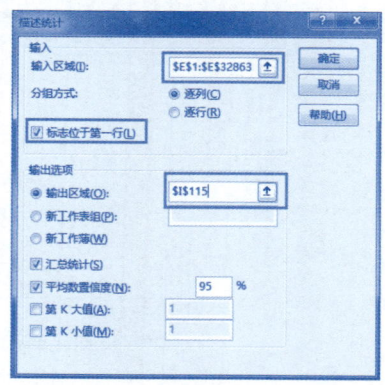

图 9.2.5　描述统计对话框

图 9.2.6　描述统计结果

(3) 相关数据介绍。

① 集中趋势的描述指标主要有均值、中位数和众数。用 Excel 计算集中趋势指标比较简单,除使用上述的方法外,还可以单独使用函数。

均值的 Excel 函数是 AVERAGE，指在一组数据中所有数据之和再除以这组数据的个数，用来表明数据集中各个数据的平均水平；中位数的 Excel 函数是 MEDIAN，即居于中间位置的数，按顺序排列的话，在数据集中有一半的数据比中位数大，有一半的数据比中位数小，如果数据集是偶数个的话，取中间两个数的均值作为中位数；众数的 Excel 函数是 MODE，众数的值与数据本身大小无关，是一组数据中出现次数最多的数值，即数据集中最有明显集中趋势点的数值，众数在数据集中一般会有多个。

② 离散程度指标有最大值、最小值和区域 (最大值 - 最小值) 以及标准差和方差，可以单独使用 Excel 函数表示。

标准差是总体各单位标准值与其平均数离差平方的算术平均数的平方根，它反映组内个体间的离散程度；方差 (样本方差) 是每个样本值与全体样本值的平均数之差的平方值的平均数。

③ 数据分布形状涉及两个指标：峰度和偏度。

峰度表征概率密度分布曲线在平均值处峰值高低的特征数。直观看来，峰度反映了峰部的尖度。如果峰度大于 3，峰的形状比较尖，比正态分布峰要陡峭，本算例的峰度为 2.2，分布相对扁平。

偏度是统计数据分布偏斜方向和程度的度量，当分布左右对称时，偏度系数为 0；当偏度系数大于 0 时，即重尾在右侧时，该分布为右偏；当偏度系数小于 0 时，即重尾在左侧时，该分布左偏。本算例偏度为 0.5，为右偏。

④ 在 Excel 统计描述中包含两个推断统计的指标：标准误差和置信度 (置信水平可调整)。

标准误差表征的是样本均值与总体均值的近似度。样本越大，标准误差就越小，样本均值与总体均值也就越接近。

⑤ 归类为其他信息的有求和、观测数。

求和即为所有数值的和，Excel 函数为 SUM。观测数为该列数据的个数，有两种方法求出，采用 COUNT 函数，如图 9.2.7 所示；或采用 Excel 自带的计数功能，选中数据后，工作簿下方会自动出现平均值、计数、求和等结果，如图 9.2.8 所示。

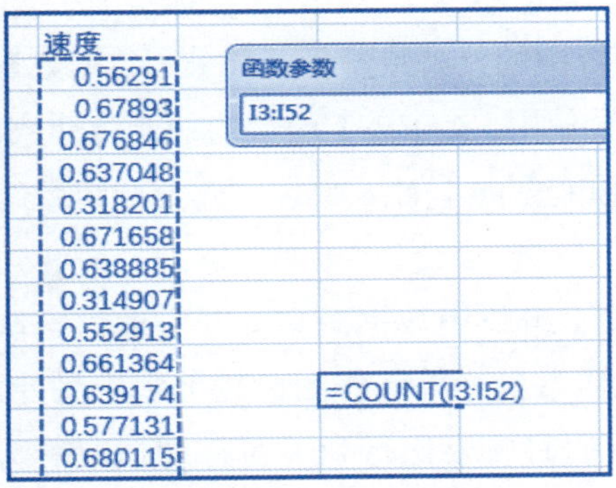

图 9.2.7　COUNT 函数

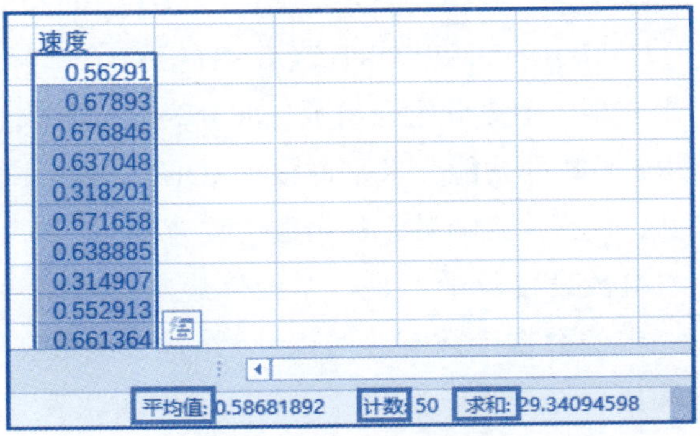

图 9.2.8　自动计数

⑥ 四分位数：除了以上常用的函数，数值处理还经常用四分位数来进行计算。四分位数也称四分位点，是指在统计学中把所有数值由小到大排列并分成四等份，处于三个分割点位置的数值，多应用于统计学中的箱线图绘制。它是一组数据排序后处于 25% 和 75% 位置上的值，函数中的 1 代表第一个四分位点，3 代表第三个四分位点，如图 9.2.9 所示。如取值为 0、2、4，计算结果与最大值、最小值、中位数函数计算结果相同，回车后得到统计值，如图 9.2.10 所示。

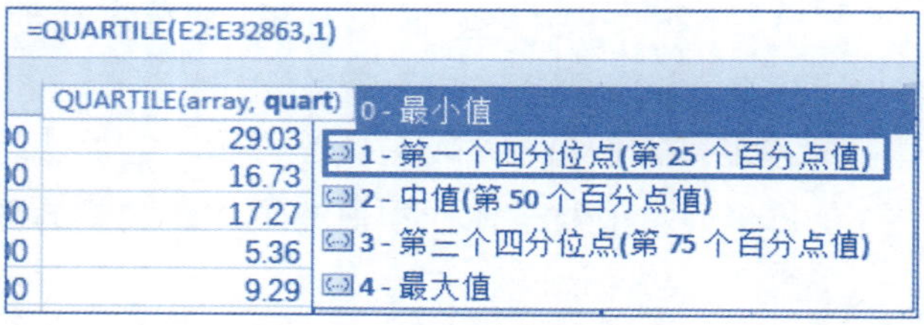

图 9.2.9　四分位数计算函数

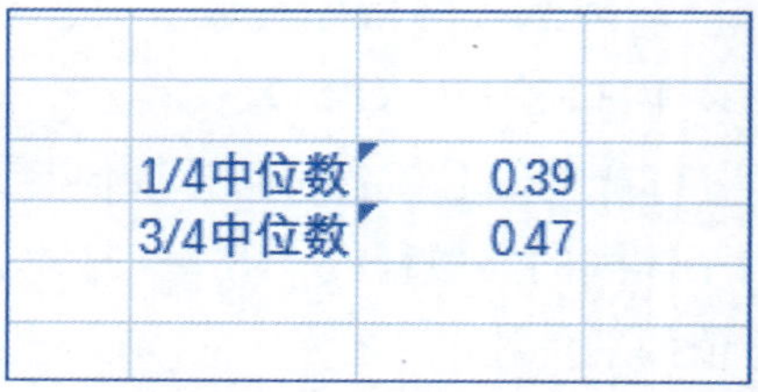

图 9.2.10　四分位数计算结果

3. 主要性能指标的频率直方图

1）频率直方图概述

直方图是由一系列高度不同的线段来代表数据分布的图形，简单来讲，频率直方图就是利用直方图来反映样本的频率分布规律。一般用横轴表示变量的取值，纵轴表示频率与组距的比值，形成小矩形构成频率直方图，这样能直观显示各组频数在总数中所占份额，又易于显示总体的凭据水平与各组间的差别。

2）制作频率直方图的具体步骤

第一步：计算分组数及分组组距。

计算"最大值""最小值""极差""分组数""分组组距"，如图 9.2.11 所示。

(1) MAX(A:A)：计算数据中的最大值，目的是确定直方图的起止范围。

(2) MIN(A:A)：计算数据中的最小值，目的是确定直方图的起止范围。

(3) D2-D3：极差就是最大值与最小值的差值。

(4) ROUNDUP(SQRT(COUNT(A:A)),0)：确定直方图的分组数量，一般采用数据数量的平方根的值来确定分组数。此处为多个函数的组合使用，COUNT 函数的功能为计数，SQRT 函数的功能为求平方根，ROUNDUP 函数的功能是向上舍入数字，此处的组数为整数，所以舍入后数字的小数位数为 0。

组数设置数量不是一个硬性规定，可以自定义。组数用数据总量 n 开方取整，则每一组的数据个数 = 数据总量 / 组数，组数和每组样本量相等，作图比较美观。另外，能构成一个 n 乘 n 维的对称矩阵，作列联表等分析的时候要比行列不对称的情况更为简化。

(5) D4/D5：分组组距就是极差除以分组数，如图 9.2.11 所示。

描述统计	数值	公式
最大值	0.74	=MAX(A:A)
最小值	0.20	=MIN(A:A)
极差	0.55	=D2-D3
分组数	47	=ROUNDUP(SQRT(COUNT(A:A)),0)
分组组距	0.011652	=D4/D5

图 9.2.11　分组数及分组组距计算

第二步：分组。

分组就是确定直方图的横轴坐标起止范围和每个小组的起止位置。选一个比最小值小的恰当的值作为第一个组的起始坐标，然后依次加上"分组组距"，直到最后一个数据值比"最大值"大为止，即第二组为 0.2 至 0.211652 之间的数值，计算如图 9.2.12 所示。

描述统计	数值	公式	序号	分组
最大值	0.74	=MAX(A:A)	1	0.2
最小值	0.20	=MIN(A:A)	2	0.211652
极差	0.55	=D2-D3	3	0.223304
分组数	47	=ROUNDUP(SQRT(COUNT(A:A)),0)	4	0.234956
分组组距	0.011652	=D4/D5	5	0.246608

图 9.2.12　分组计算

第三步：统计频率。

频率就是统计每个分组中所包含的数据的个数。采用 FREQUENCY 函数计算频数，FREQUENCY 函数计算值在取值范围内出现的频率，然后返回数值的垂直数组。"Date_array"是选取要统计的数据源，就是选择原始数据的范围，可以理解为要统计的数据区域；"Bins_array"是选取直方图分组的数据源，就是选择分组数据的范围，如图 9.2.13 所示，再同时按住"Ctrl"和"Shift"两个键，再按回车键，即可得出每个分组的频数，见图 9.2.14。

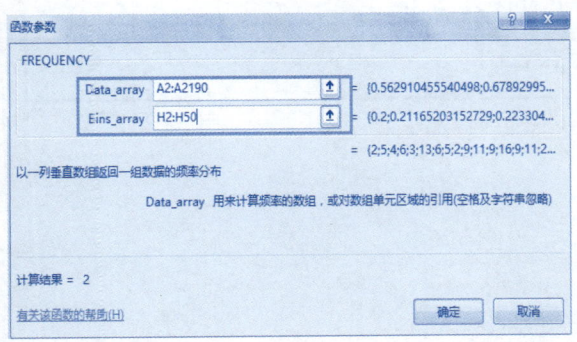

图 9.2.13　FREQUENCY 函数

序号	分组	频率
1	0.2	2
2	0.211652032	5
3	0.223304063	4
4	0.234956095	6
5	0.246608126	3
6	0.258260158	13
7	0.269912189	6
8	0.281564221	5
9	0.293216252	2
10	0.304868284	9
11	0.316520315	11
12	0.328172347	9

图 9.2.14　频数计算

第四步：制作直方图。

选中统计好的直方图每个小组的分布个数的数据源(就是"频率")，用柱形图来完成直方图，选中频率列下所有数据，"插入→柱形图→二维柱形图"，如图9.2.15所示，制图结束后，可以通过在柱形区域单击鼠标右键，选择"设置数据系列格式"等选项，来设置颜色和柱形形状等，如图9.2.16所示。

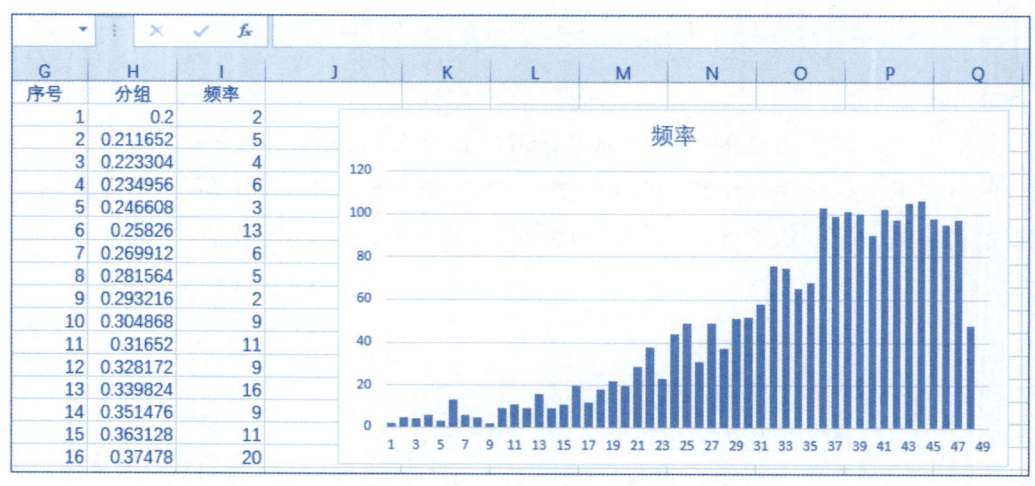

图9.2.15 频率直方图

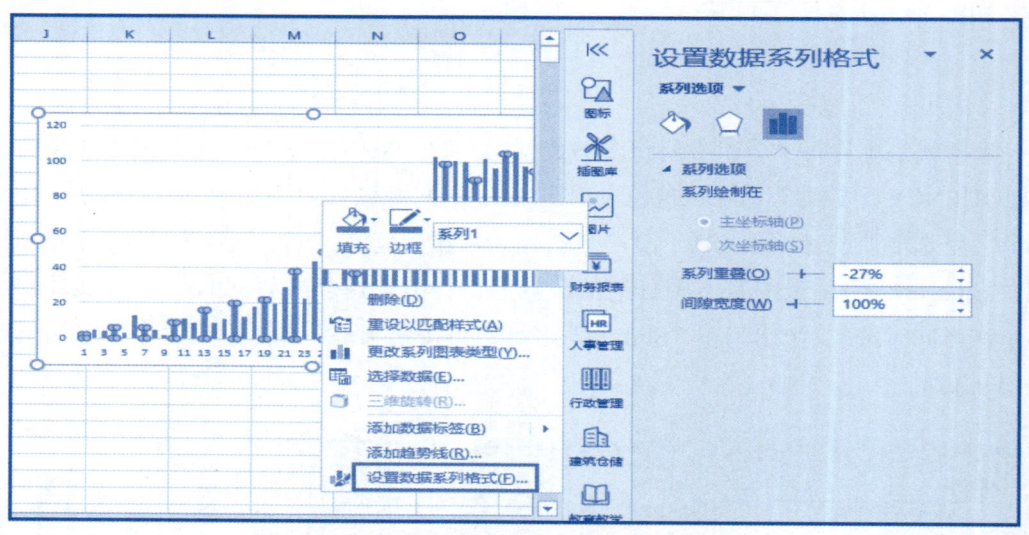

图9.2.16 设置数据系列格式

●任务准备

准备计算机、Excel、计算器、纸、笔等基本工具。

●任务实施

第一步：在 Excel 数据菜单中单击"数据分析"，然后选"描述统计"，如图 9.2.17 所示，单击"确定"。

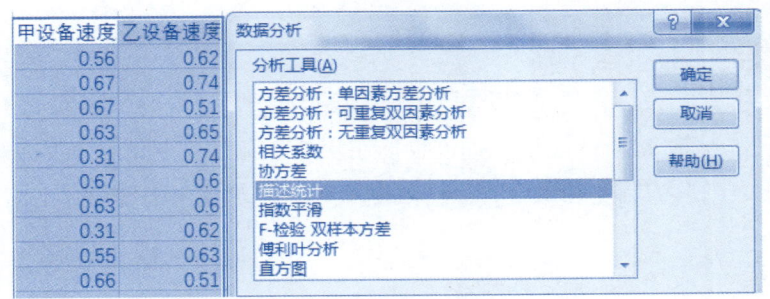

图 9.2.17　描述统计计算

第二步：参见任务描述，选中"数据"，选择输出区域后，得到甲乙设备的各 50 个运行速度的描述统计对比，如表 9.2.2 所示，然后比较两个设备的速度。

表 9.2.2　描述统计结果

甲设备速度		乙设备速度	
平均数	0.5858	平均数	0.6094
标准误差	0.01826805	标准误差	0.013153443
中位数	0.62	中位数	0.62
众数	0.63	众数	0.69
标准差	0.129174617	标准差	0.093008887
方差	0.016686082	方差	0.008650653
峰度	1.248978371	峰度	0.524904297
偏度	−1.388520542	偏度	−0.900184434
区域	0.5	区域	0.4
最小值	0.24	最小值	0.34
最大值	0.74	最大值	0.74
求和	29.29	求和	30.47
观测数	50	观测数	50

第三步：对比平均值与中位数，分析两组数据的区别。

第四步：思考每组数据中中位数大于平均值的原因。

第五步：对比两组数据的最大值与最小值，分析原因。

● **问题管理**

本任务涉及的内容较多，主要是对设备的性能数据的处理，描述统计使用软件处理，过程较为简单，但需要了解各个指标的含义、直方图与密度曲线，需要掌握制作过程。

● **任务小结**

本任务是对 AGV 设备的速度指标进行描述统计，制作直方图与密度曲线，并根据各类指标的对比、图形的制作和拟合，分析数据趋势，发现其中的规律。

第 10 单元
智能仓储设备异常分析

【内容概览】

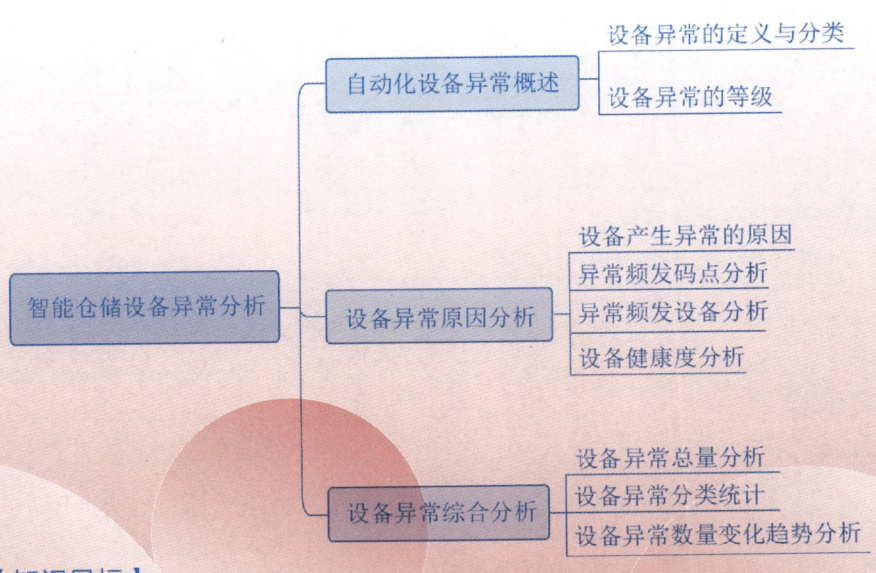

【知识目标】

1. 了解设备异常的定义、分类方法以及等级判定标准；
2. 熟练分析和理解设备异常及其产生的原因；
3. 熟练掌握常用的统计方法，并在本单元进行应用；

4. 了解一段时间内设备异常情况的描述性统计计算和可视化；

5. 了解对码点、设备进行异常分析的方法，并解读热力图、箱线图的原理。

【技能目标】

1. 对设备异常发生原因进行分析理解；

2. 按照"总量+结构"的策略分析设备异常情况；

3. 对码点、设备进行异常分析，并解读热力图、箱线图的内容；

4. 综合评价方法－关联矩阵法的理解及应用。

【职业目标】

1. 胜任物流、仓库、配送中心等部门的设备管理岗位；

2. 胜任设备数据统计、分析与大数据处理岗位；

3. 能全面处理与设备相关的工作与业务；

4. 养成细致、认真的数据分析与处理习惯；

5. 培养数据安全的意识。

任务1　自动化设备异常概述

●任务描述

随着科学技术不断发展，烟草生产与流通设备和工艺的自动化程度也不断提高，现有大多数卷烟配送中心的半自动分拣线代替了原有的手工分拣，实现了将卷烟打码到条、分拣到户，使得分拣效率和准确率得到较大的提高。随着智能设备的普及，相应的故障也随之发生，某烟草自动化分拣中心的"出烟仓"设备发生故障，烟被卡住，设备自动报警提示修理，处理的方法是现场将前活门进气气管从气缸上拔下来，将仓内的烟草整理好再插好气管，即可以正常运转。根据所学过的自动化设备故障认定等级，对本次故障进行分析与处理。

任务要求：
(1) 了解设备异常的定义与分类；
(2) 能根据设备异常发生的情况，对故障进行分级。

●任务分析

完成本任务，需要了解的前导知识点包括：掌握物流设备的分类，能描述常用的仓库智能设备的基本结构，如AGV、自动分拣机等，对其运行原理和过程有简单了解。

●相关知识

1. 设备异常的定义与分类

仓库的智能化设备包括自动分拣机、AGV等，经过一段时间的稳定运营后，设备会出现一定的故障率，因此仓库需要对设备的异常故障情况进行统计研究，首先需要解决的是对设备异常故障进行分类与排定级别，以便后期处理。

1) 定义

设备异常也称设备故障，一般是指设备失去或降低其规定功能的事件或现象。当设备的某些零件失去原有的精度或性能，使设备不能正常运行、技术性能降低，将导致设备中断生产或效率降低而影响生产。

设备在使用过程中，由于摩擦、外力、应力及化学反应的作用，零件总会逐渐磨损和腐蚀、断裂，导致因故障而停机。厘清故障的原因与分类，加强设备保养维修，及时掌握零件磨损情况，在零件进入剧烈磨损阶段前，早发现、早分析、早修理，就可减少故障停机所造成的经济损失。

2) 常见的分类方法

(1) 按异常的存在程度分类。

① 暂时性故障：此类故障的影响较小，间歇性发生，对设备安全运转和生产均影响较小，通过简单的调整，不需要大规模检修和更换零件即可恢复正常。如张紧力不足导致带式输送机打滑，简单调整一下张紧装置就行。

② 永久性故障：此类故障需要彻底整修，一般是由于个别零部件损毁造成的，最终会造成整台设备停机。

(2) 按故障发生、发展的进程分类。

① 突发性故障：即设备事前没有明显的问题，仅凭简单的检验设备或肉眼无法预先判断故障的发生，此类故障一般与设备的设计、生产和后期的误操作有关系，它的突发性决定了破坏性较大，后期的维修难度也较大。

② 渐发性故障：此类故障可以预判，具有很大的规律性，可以通过定期的预防性维修来避免，渐发性故障占故障总量的比重较大，与设备的性能极大相关，也是不可避免的，如零件的逐渐锈蚀、磨损导致性能下降，直至丧失作用。

以上两类故障没有明显的区分，渐发性故障在特定情况下会转化为突发性故障，如零件的磨损过度突然导致设备的整体停机。

(3) 按故障严重程度分类。

① 破坏性故障：后果往往比较严重，会造成设备失效性损坏，具有永久性不可修复的特点，个别会危及人身安全。

② 非破坏性故障：故障发生后如果进行及时的维修，不会对设备造成永久破坏，使用功能会全部或部分恢复。

(4) 按故障发生的原因分类。

① 外因故障：是由外部条件恶化或设备使用人员的错误操作造成的，如调节系统的误动作、设备的超速运行等。

② 内因故障：主要是指设备内在的原因造成的故障，包括设计与生产过程中的潜在问题。如设备设计时预留的材料强度不够，制造时造成的零件变形与精度不足等。

(5) 按故障相关性分类。

① 连带故障：也可称间接故障，即故障引起的故障，本身正常运行，但其他设备零件故障导致连锁反应。如起重机钢丝绳断裂的故障，不是因为其内在质量或连接问题，而是因为滑轮定位件松动，导致钢丝绳频繁跳槽过载。

② 非连带故障：也可称直接故障，是由设备本身的问题引起的，如滑轮定位件松动，

导致滑轮倾斜、松动,检查设备故障原因时,应首先检查直接故障。

2. 设备异常的等级

自动化设备各级故障判定标准及分级原则:仓库中的自动化设备的故障等级由高到低可以分为致命、严重、一般、提示 4 级,设备异常的处理方法有异常报警、显示异常情况、需要人为干预、需要人为特殊处理等 4 项。分级原则可以参照表 10.1.1。

(1) 提示级:只有异常报警,不需要特殊处理。
(2) 一般级:报警并显示错误类型。
(3) 严重级:需要人工进行现场处理,进行故障维修。
(4) 致命级:需要将设备搬离作业现场,对故障部位进行特殊处理。

表 10.1.1 设备异常的等级

	是否报警	是否显示	是否需要人为干预	是否需要进仓处理
致命				
严重				
一般				
提示				

● 任务准备

准备计算机、Excel、计算器、纸、笔等基本工具。

● 任务实施

第一步:分析案例中是否具备异常报警、显示异常情况、需要人为干预、需要人为特殊处理等 4 项异常处理动作。

第二步:根据处理动作来确定异常等级,并在表 10.1.2 中划√确定,此故障属于严重故障。

表 10.1.2 设备异常的等级判定

	是否报警	是否显示	是否需要人为干预	是否需要进仓处理
致命				
严重	√	√	√	×
一般				
提示				

● **问题管理**

本任务属于概括性的知识内容，包括异常的分类与级别，在日常工作中，需要根据异常发生的情况来准确判断等级，为下一步的处理打下基础。

● **任务小结**

本任务旨在引导学生在了解设备异常的定义和基本知识的基础上，通过学习设备异常的分类与等级，根据设备异常发生的具体情况，分辨故障的种类和级别，为异常的统计与分析创造条件。

任务2　设备异常原因分析

● **任务描述**

某仓库经过若干时间运营后，搜集了设备的异常地点、次数等信息，准备使用统计学方法借助 Excel 进行分析，了解异常多发设备与多发地点。同时在了解设备运行速度、故障率等数据基础上，对设备的健康度进行分析，为未来设备维修与选型打下基础。

任务要求：
(1) 了解设备异常发生的原因；
(2) 能在已获得数据的基础上，用 Excel 制作箱线图与热力图；
(3) 根据设备的性能数据，对若干设备使用综合评价法进行健康度分析。

● **任务分析**

完成本任务，应具备的前导知识点包括：了解箱线图与热力图的基本原理，掌握其基本用途，对权重在数据分析评价中的应用有一定的了解，熟悉 Excel 的界面。

● **相关知识**

1. 设备产生异常的原因

常见的异常产生原因可以分为以下三类。

1) 由硬件系统产生的异常

硬件系统异常一般是由于设备本身产生的，硬件导致设备故障的原因是多方面的，主要有以下几种类型：

(1) 机械零件的损坏及配合关系的变化。设备是由机械零件组成的，零件间配合完成工作任务。设备使用过程中，零件如果发生了尺寸与形状的变化，一般会有最大允许变化的极值，一旦偏离原始设计性能，就会发生零件本身损坏或配合关系变化，导致设备不能使用。常见的零件损伤是由于意外损伤和长期使用老化损伤造成的。

(2) 设备超负荷运转。每台设备都有一个合理的负荷区间，上限即是设备的设计输出极限，设备在设计生产时，都会考虑一定的超负荷运转能力，设备达到使用年限后，一般也能减负荷正常运转，但如果长期超负荷使用，机械的正常状态将遭到破坏形成故障，如吊车长期的超负荷起重。

(3) 机械工作能力的损耗。任何设备，随着使用时间的延长，偶发异常期过后，性能都会出现一定程度的下降。如吊车长期使用后，起重能力会有所下降；AGV 长期使用后，运转速度与灵敏度也会下降。

2) 由软件系统产生的异常

由于仓库中的仓储管理与控制系统，或者仓库网络信息系统连接所导致的异常。软件系统异常可以分为内在原因与外在原因两种情况。

(1) 内在原因是系统软件开发中出现的，未能发现并修改的潜在隐患。如开发过程中的逻辑与代码错误。

(2) 外在原因一般由两方面造成，一方面是软件依托的硬件系统发生外部或内部异常，另一方面是操作人员的错误操作，或系统遭到了病毒、外部黑客等的恶意侵袭。外在原因相对于内在原因，容易解决，能较快恢复正常。

3) 由仓库运营产生的异常

这类异常一般与设备自身的性能无关，主要是由于不合理的使用造成的，仓库设备不合理使用表现在以下几个方面：

(1) 设备长期使用，只在异常时进行应急修理，缺乏定期的预防性维护。

(2) 设备超过使用年限，进入磨损故障期，进行大修才能恢复设备规定的精度和性能。

(3) 设备使用人员的粗暴操作与错误操作。

(4) 仓库的外部环境不能满足设备正常运转，如湿度过大，造成部分零件锈蚀。

2. 异常频发码点分析

1) 异常频发概述

为找出异常频发的位置，分析人员通常对一定时间内的异常数据进行分析，统计每一个码点发生异常的次数和异常类型,为售后人员排查码点和维修设备提供信息。对于码点的分析一般认为,一个月内发生 15 次以上即为频繁发生。结合以下三个指标,可以全面地反映码点的情况:

(1)"涉及 AGV 数量"是为了判断该异常的频繁发生是由少数车或多数车引起的,若涉及的 AGV 数量较多,则表明该码点大概率存在问题。

(2)"该码点发生异常数占该仓此类异常总数的比例"较高,表明该仓发生的异常大部分由该码点引起,同样表明该码点存在问题。

(3)"近七日的异常次数"用来判断该码点的问题在近期是否仍存在,若近期仍然发生异常,应及时进行处理。

2) 热力图

热力图是通过数值进行可视化用于表示地图中点密度的热图。热力图以特殊高亮的形式显示数据的大小和数据所发生地理区域。图 10.2.1 显示了 AGV 仓库 A 某月发生脱轨异常的情况,其中颜色越深代表脱轨异常发生数量越多,颜色越浅代表脱轨异常发生越少,没有颜色填充则表示该月未发生脱轨异常。

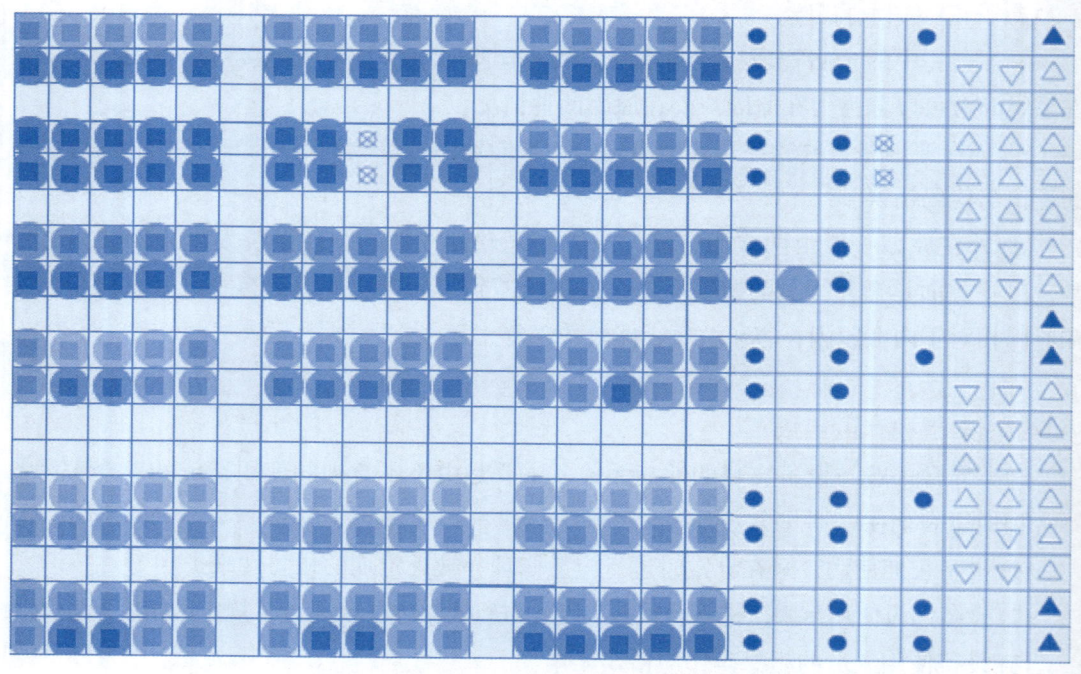

图 10.2.1 设备故障热力图

从图 10.2.1 可以看出,脱轨异常经常发生在实心正方形所代表的码点上,在实际仓库中,实心正方形所代表的码点是货架点,即该月 A 仓库脱轨异常经常发生在货架点上,需告知现场人员进行货架码点的排查,并增加货架码点的定期排查频率。

3) 热力图的制作步骤

采用色阶的方法用 Excel 制作热力图，步骤如下。

(1) 选中需处理的数据，执行"开始→条件格式→色阶"，选择一个合适的色阶，如图 10.2.2 所示。

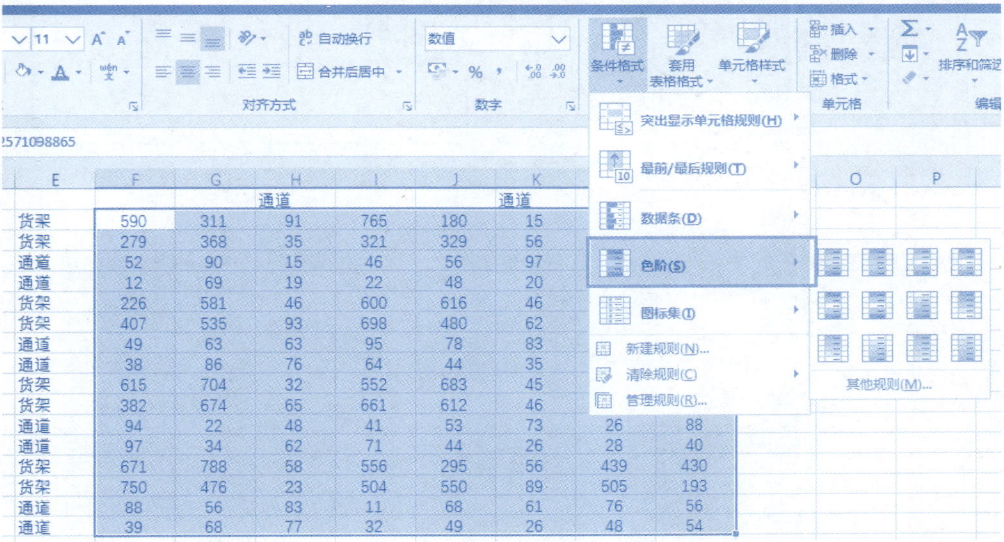

图 10.2.2　制作热力图

(2) 选择好颜色之后得到了如下结果，发现通道的颜色偏蓝色，以箭头标识，此为异常少发区域，效果如图 10.2.3 所示。

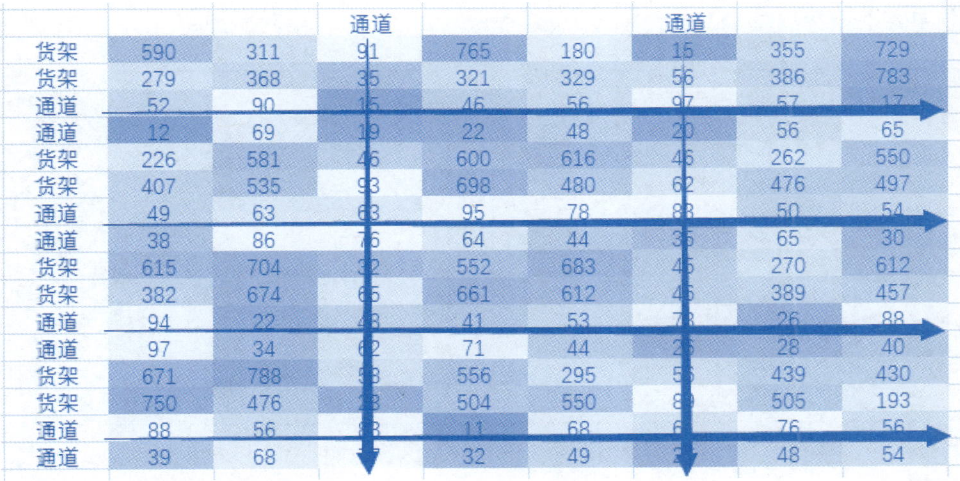

图 10.2.3　带数字的热力图

(3) 把文字隐藏掉。首先选择数据区域，然后执行"开始→格式→设置单元格格式"，在弹出的对话框内，选择"数字→自定义"，如图 10.2.4 所示。在类型中输入三个英文的分号，如图 10.2.5 所示。如此，可以得到初步效果图，如图 10.2.6 所示。

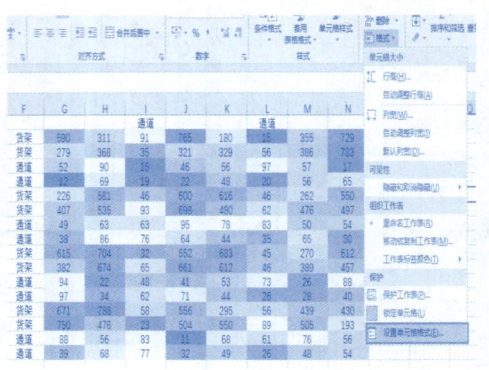
图10.2.4 设置单元格格式

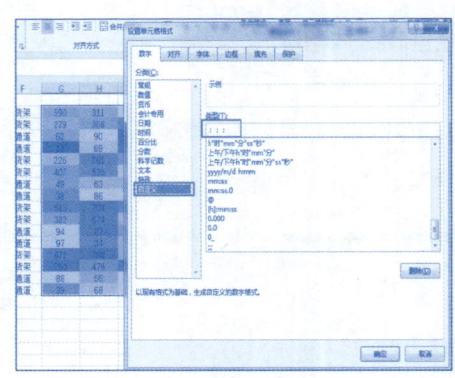
图10.2.5 自定义选择

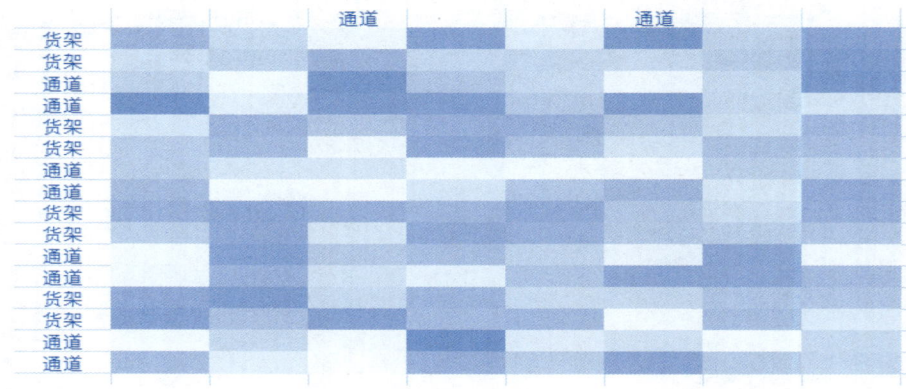
图10.2.6 初步效果图

(4) 可以把单元格调成正方形，重新设置单元格的高度和宽度，如图10.2.7，最终效果如图10.2.8所示。

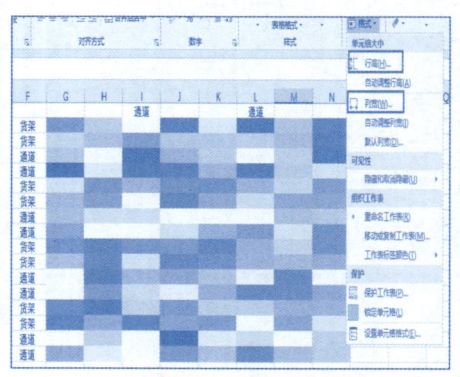
图10.2.7 调整高度和宽度

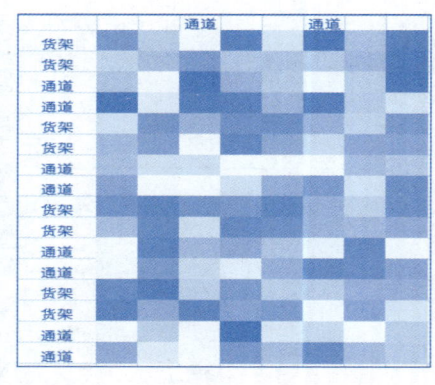
图10.2.8 最终效果图

(5) 热力图分析。通过分析最终效果图，我们可以清晰地看到，货架所在的位置颜色偏深，通道所在的位置颜色偏浅。证明货架及货架附近部分是事故的多发点，需要在设备运营时多加注意。同时，在货架与通道的连接处需要使用保护性装置，以避免设备碰撞损坏货架。

3. 异常频发设备分析

箱线图也称箱须图、箱型图、盒图，因形状如箱子而得名。用于反映一组或多组连续型变量数据分布的中心位置和散布范围，在各种领域经常被使用，常见于品质管理。箱线图包含数学统计量，不仅能够分析不同类别数据各层次水平差异，还能揭示数据间离散程度、异常值、分布差异等。通过箱线图分析，可以看出异常过高设备数量，便于仓库管理。

箱线图的绘制方法是：先找出一组数据的上边缘、下边缘、中位数和两个四分位数；然后连接两个四分位数画出箱体；再将上边缘和下边缘与箱体相连接，中位数在箱体中间，见图10.2.9。

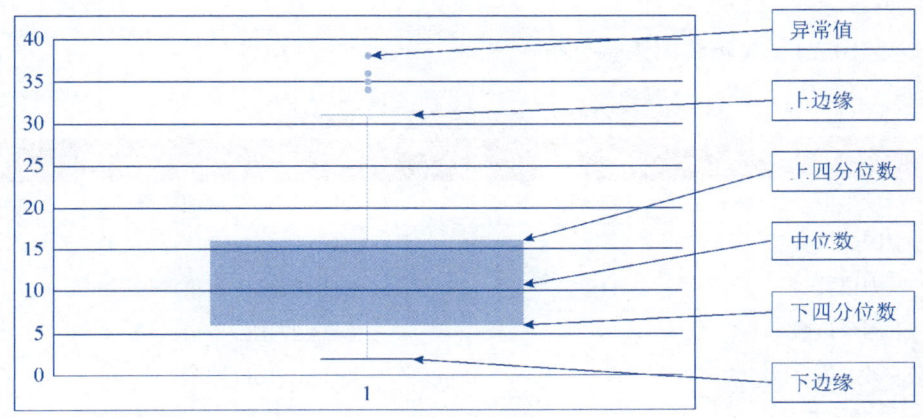

图 10.2.9　箱线图结构

1) 箱线图的绘制

使用 Excel 画箱线图比较简单，选择"数据"，然后在"插入图形"中选择"箱线图"即可，如图 10.2.10 所示，结果如图 10.2.11 所示。

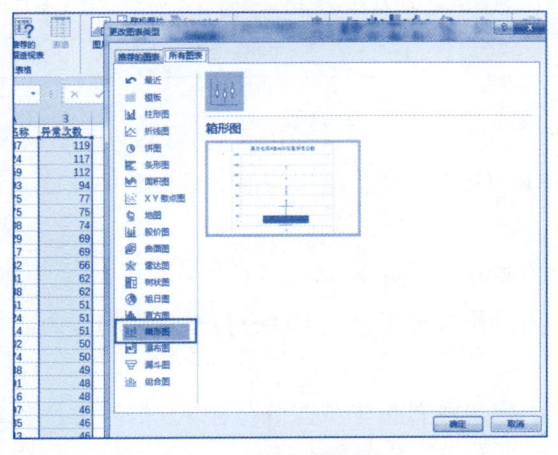

图 10.2.10　制作箱线图

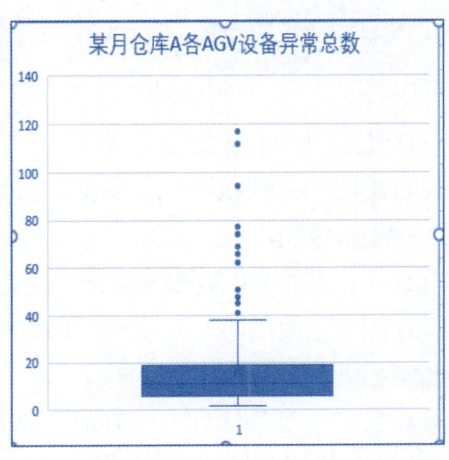

图 10.2.11　绘制结果

2) 箱线图的作用

(1) 发现数据异常值。一批数据中的异常值必须给予关注，异常值往往代表着极端情况的出现。在进行数据处理时，需要综合考虑异常值的存在，不剔除异常值的影响就进行数据分析，容易使分析的结果出现误差。忽视异常值的影响，也会导致掩盖问题的存在，失去改进的契机。

(2) 方便数据的比较。箱线图主要用于几组数据的比较，如两个班级高考成绩的对比，几批数据的箱线图并行排列，它们的中位数、异常值、分布区间等形状信息对比很清晰。在一批数据中，哪几个数据优秀，哪些数据表现不佳，这些数据放在同类其他群体中处于什么位置，可以通过比较各箱线图的异常值看出。

3) 箱线图的分析

通过表 10.2.1，对箱线图进行分析。

表 10.2.1 箱线图数值与计算公式

名称	数值	公式
最小值	2	QUARTILE(取值区域, 0)
上四分位数	6	QUARTILE(取值区域, 1)
中位数	11	QUARTILE(取值区域, 2)
下四分位数	19	QUARTILE(取值区域, 3)
最大值	119	QUARTILE(取值区域, 4)
四分位差	13	下四分位数 - 上四分位数
均值	16.27	AVERAGEA(取值区域)
上边缘异常值	38.5	四分位差 × 1.5 + 下四分位数
上边缘	38	最靠近上边缘的正常值
下边缘异常值	-17.5	上四分位数 - 四分位差 × 1.5
下边缘	2	最靠近下边缘的正常值
极端上异常值	58	四分位差 × 3 + 下四分位数
极端下异常值	-37	上四分位数 - 四分位差 × 3

(1) 计算上四分位数、中位数、下四分位数、最大值、最小值，使用函数 QUARTILE，参数取 0～4，均值使用 AVERAGEA 函数，这里均值明显大于中位数，表明较大的极端数据占比较多。

(2) 计算上四分位数和下四分位数之间的差值，即四分位差。

(3) 描述箱线图的上下范围，上限为上四分位数，下限为下四分位数，在箱子内部中位数的位置绘制横线。

(4) 大于上四分位数 1.5 倍四分位数差的值，或者小于下四分位数 1.5 倍四分位数差的值为异常值。

(5) 异常值之外，最靠近上边缘和下边缘的两个值处，画横线作为箱线图的边缘，这里最靠近上边缘异常值的正常值是 38，最靠近下边缘异常值的数值是 2，分别在 38、2 的数值处画横线。

(6) 极端异常值即超出四分位数差 3 倍距离的异常值。较为温和的异常值即处于 1.5 倍到 3 倍四分位数差之间的异常值。从本例中可以看到，异常值总数为 25 个，温和异常值是 13 个，极端异常值的数量为 12 个。

根据箱线图的分析，可以看出有 12 台 AGV 搬运车异常次数过高，已经高出了极端异常值，需要加强关注，如图 10.2.12 所示。

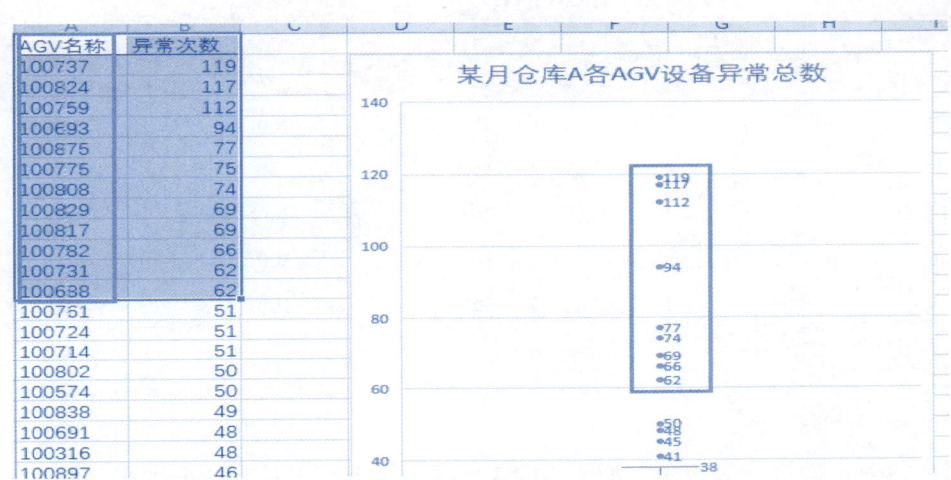

图 10.2.12　异常 AGV 名称及次数

4. 设备健康度分析

AGV 设备作为智能物流仓库重要的功能组件，其健康程度的状态对仓库安全、可靠、稳定运行意义重大。因此，对 AGV 及相关设备及运行状态进行有效且准确的评估、诊断和预测，可以显著提高物流可靠性，并能够提升仓库运行智能化水平。

1) 综合评价法

目前仓库 AGV 设备健康度分析常用综合评价法，也叫多指标综合评价方法，是指使用比较系统的、规范的方法对多个指标、多个单位同时进行评价的方法。它不只是一种方法，而是一个方法系统，是指对多指标进行综合评价的一系列有效方法的总称。综合评价方法在使用的过程中，涉及对多个指标的评价分析，因此要建立综合的评价体系，利用特定的方法，对搜集的资料进行处理，最后得出定量化的总结。

2) 综合评价法的应用

综合评价法的具体评价方法较多，这里使用比较简单的关联矩阵法，它是常用的系统综合评价法，主要是用矩阵的形式来表示各替代方案有关评价指标及其重要度与方案关于具体指标的价值评定量之间的关系。关联矩阵法的算例如下。

练习 10.1

某仓库有 5 种设备需要进行选择，分别为甲、乙、丙、丁、戊，在进行设备选型时，需要考虑 5 个评价指标，分别为速度、故障率、平均运行时间、最大负荷、最小转弯半径。设备的性能参数如表 10.2.2 所示，请使用关联矩阵法，对此 5 种设备进行分析。

表 10.2.2　设备性能参数指标

评价对象	设备指标				
	速度 米/分	故障率 %	平均运行时间 时	最大负荷 千克	最小转弯半径 毫米
甲	30	5	8	200	300
乙	25	7	15	150	200
丙	35	2	20	200	150
丁	40	8	10	300	500
戊	60	4	15	100	250

解析

第一步：确定权重。

采用逐对比较法计算权重，如表 10.2.3 所示，由上至下排列 5 个指标。两两进行比较，如果某一个要素重要，则得 1 分，不重要则得 0 分。比如专家认为，速度与故障率相比较，速度更重要，则速度得 1 分，故障率得 0 分，依此类推。

为了使权重具有相对的概念，这里使用归一化计算权重，即所有的累计得分总和为 10，速度得分为 4，所占比例为 40%，所以速度所占的权重为 0.4，依次类推。

表 10.2.3　逐对比较法计算权重

评价项目	比较次数										累计得分	权重
	1	2	3	4	5	6	7	8	9	10		
速度	1	1	1	1							4	0.4
故障率	0				1	1	0				2	0.2
平均运行时间		0			0			1	1		2	0.2
最大负荷			0			0		0		1	1	0.1
最小转弯半径				0			1		0	0	1	0.1

第二步：分析得分标准。

经过比较，我们发现 5 个指标中，有的属于高优指标，越高越好，如速度、最大负荷；有的属于低优指标，越低越好，如故障率和最小转弯半径。另外，有的指标是定性指标，如外形美观或比较美观。对于定量的指标可以进行标准化处理。在这里，我们使用较为简单的方法，即专家打分法，专家根据性能指标等因素，对各类指标给出得分区间，见表 10.2.4 的评价尺度。

表 10.2.4　设备性能指标评价尺度

评价项目	得分				
	5分	4分	3分	2分	1分
速度	80以上	61～80	41～60	31～40	30以下
故障率	2以下	2～5	6～8	9～10	10以上
平均运行时间	30以上	26～30	21～25	16～20	15以下
最大负荷	300以上	251～300	201～250	151～200	150以下
最小转弯半径	100以下	101～150	151～200	201～250	251以上

第三步：打分并进行排名。

首先，将评价对象与评价指标列入表格中。然后，列入每个评价指标所占的权重，根据评价尺度与关联矩阵中的数据，对每个对象的每个指标打分，见表 10.2.5。这里使用函数 SUMPRODUCT，注意权重行需要绝对引用，如图 10.2.13 所示。最终的结果是戊设备得 2.5 分，在 5 种设备里分数最高，设备的健康度水平也越高。

表 10.2.5　打分表

对象	速度 0.4	故障率 0.2	平均运行时间 0.2	最大负荷 0.1	最小转弯半径 0.1	得分
甲	1	4	1	2	1	1.7
乙	1	3	1	1	3	1.6
丙	2	4	2	2	2	2.4
丁	2	3	1	4	1	2.1
戊	3	4	1	1	2	2.5

图 10.2.13　函数 SUMPRODUCT 计算结果

● 任务准备

准备计算机、Excel、计算器、纸、笔等基本工具。

● **任务实施**

练习 10.2

9月份某仓库统计 50 台 AGV 的异常次数（见表 10.2.6），请根据异常次数统计表制作箱线图，并使用 Excel 相应的函数计算箱线图需具备的数值，将其与公式一起填入表 10.2.7。

表 10.2.6　AGV 异常统计表

AGV名称	次数	AGV名称	次数	AGV名称	次数	AGV名称	次数	AGV名称	次数
100737	119	100731	62	100897	46	100720	30	100601	27
100824	117	100688	62	100785	46	100571	30	100398	27
100759	112	100761	51	100743	46	100223	30	100581	26
100693	94	100724	51	100932	45	100715	29	100324	26
100875	77	100714	51	100697	41	100696	29	100561	25
100775	75	100802	50	100684	38	100830	28	100763	24
100808	74	100574	50	100735	36	100745	28	100738	24
100829	69	100838	49	100820	35	100399	28	100604	24
100817	69	100691	48	100818	34	100910	27	100206	24
100782	66	100316	48	100729	31	100694	27	100900	23

表 10.2.7　统计计算表

名称	数值	公式
最小值		
上四分位数		
中位数		
下四分位数		
最大值		
四分位差		
均值		
上边缘异常值		
上边缘		
下边缘异常值		
下边缘		
极端上异常值		
极端下异常值		

解析

第一步：使用 Excel，选中数据，使用箱线图进行绘制，如图表中没有箱线图选项，可以使用股价图进行绘制。

第二步：使用 Excel 提供的函数，计算箱线图数值，公式见表 10.2.1。

第三步：查找出超过极端异常值（上、下）的数据与 AGV 编号。

第四步：对异常设备的编号和异常次数进行汇总。

● 问题管理

本任务主要是利用热力图、箱线图等工具对设备的异常情况进行分析，重点在统计的过程与统计后的分析，包括热力图的重点区域和箱线图的异常点等，用这些工具揭示特殊数据及其含义。

● 任务小结

本任务旨在引导学生了解设备异常的原因，在掌握热力图、箱线图和综合评价法的基础上，能熟练地处理设备异常信息，制作热力图与箱线图，并对制作完成的图形进行直观与数值分析，同时可以用综合评价法对设备健康度进行简单分析。

任务 3　设备异常综合分析

● 任务描述

某仓库在按天、按月统计设备异常情况时，发现每天和每月的统计量均存在区别，因此需要采用总量分析和分类统计，并借助统计工具完成对比分析，以指导仓库的设备异常防控管理工作。

任务要求：

(1) 利用折线图、饼图等工具直观显示数据；

(2) 用数据透视表对数据进行统计处理；

(3) 对比分析数据的变化。

● 任务分析

完成本任务，应具备的前导知识点包括：折线图、饼图等工具的使用；数据透视表的数据处理；数据的对比计算。

● **相关知识**

1. 设备异常总量分析

1) 分析设备异常的意义

设备异常分析的对象是设备上报的各类异常,例如 AGV 设备的异常部位以导航、运控、电机、编码器和电池模块为主。设备异常用于对仓库内自动化设备运行状态进行监控,及时发现设备异常,以减少或者避免设备异常对运营造成的影响;另外,设备异常数据的分析结果,也可以逆向反馈到设备研发阶段,对研发工作的开展具有一定的指导意义。在进行设备异常总量分析时,需要理解以下指标:设备总异常次数、平均每日异常数、运营小车数、行驶距离。

2) 设备异常总量分析过程

练习 10.3

以天为单位计算一个月内 AGV 设备异常总量的集中趋势变量和离散趋势变量,并在 Excel 上用折线图进行可视化。

解析

(1) 基本统计数据的运算。

此处可以用 QUARTILE 函数,它的功能是返回数据集的四分位点。它有两个参数,array 表示需要计算四分位点的数据集,quart 决定需要返回哪一个四分位点。quart 参数的值在 0~4 之间:如果该参数为 0,表示需要返回最小值;如果该参数为 1,表示需要返回第一个四分位点,即 25% 处的数据;如果该参数为 2,表示需要返回第二个四分位点,即 50% 处的数据,也就是中值;如果该参数为 3,表示需要返回第三个四分位点,即 75% 处的数据;如果该参数为 4,表示需要返回最大值点。运算公式如表 10.3.1 所示。

① 最大值、最小值,可以使用 MAX 与 MIN 函数,也可以使用 QUARTILE 函数,参数为 0 和 4。

② 上四分位数、中位数、下四分位数的 QUARTILE 函数参数分别为 1、2 和 3。

③ 平均值使用 AVERAGE 函数。

表 10.3.1 基本数据运算

	统计数值	公式
最小值	99	QUARTILE(取值区域,0)
上四分位数	144.75	QUARTILE(取值区域,1)
平均值	244.33333	AVERAGE(取值区域)
中位数	194	QUARTILE(取值区域,2)
下四分位数	285.75	QUARTILE(取值区域,3)
最大值	689	QUARTILE(取值区域,4)

从四分位数运算结果看，最大值与最小值的差是 590，相对比较大。同时，平均值远高于中位数，证明该统计数据中异常数量过大的天数明显高于异常数小的天数，此外需格外关注某些事故的多发期。

(2) 绘制折线图。

选择数据区域，"插入→图表→选择折线图"即可，如图 10.3.1 所示。

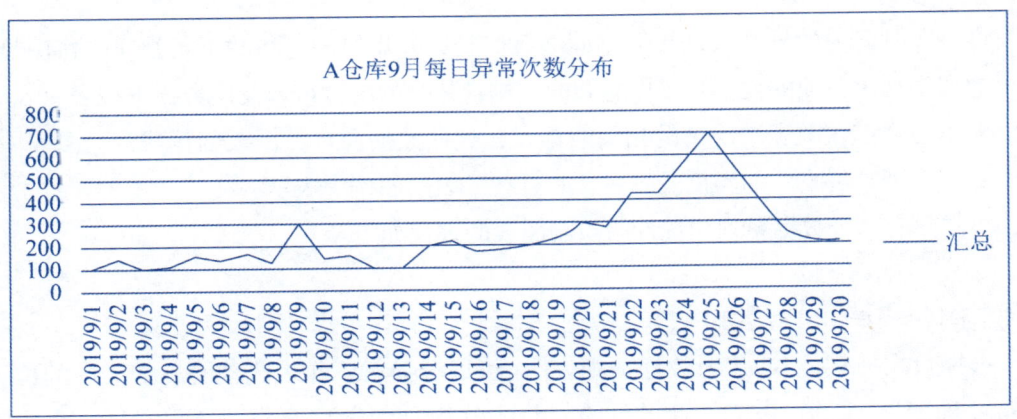

图 10.3.1　折线图

从该折线图可以看出，2019 年 9 月份月初的每日异常次数较少，中旬以后异常次数开始增加，9 月 25 日达到顶峰，以后开始下降，月末降至 9 月中旬时的水平。

(3) 数据转换。

将数据量纲进行转换是统计学上的常用方法，处理主要解决数据的可比性，将原始数据均转换为统一量化指标测评值，即各指标值都处于同一数量级别上，可以进行综合评测分析。

比较表 10.3.2 各仓库 AGV 设备异常总数情况，哪个仓库的 AGV 设备异常情况最严重？

表 10.3.2　各仓库 AGV 设备异常情况

仓库名称	总异常次数	AGV 数量	AGV 总行驶距离（十万米）	每十万米异常数
仓库 1	95	5	20	4.8
仓库 2	796	100	523	1.5
仓库 3	243	65	163	1.5
仓库 4	2784	240	500	5.6
仓库 5	1462	109	163	9.0
仓库 6	76	33	300	0.3
仓库 7	1697	150	644	2.6

AGV 总行驶距离数据可以直观体现 AGV 设备的任务量。用总异常次数除以总行驶

距离，可以得到去掉任务量的影响后，AGV 的真实设备状态。表 10.3.2 按照总异常次数算，仓库 4 发生异常次数较多，初步判断 AGV 健康状况是最不好的，但以每十万米异常数计算，只有 5.6 次，小于仓库 5 的 9 次，因此仓库 5 的情况最为严重。

2. 设备异常分类统计

将一段时间内的异常数据按照不同等级归类，并用饼图进行数据可视化。饼图显示一个数据系列中各项的大小与各项总和的比例，数据的统计可以使用数据透视表。

数据系列：在图表中绘制的相关数据点，这些数据源自数据表的行或列。图表中的每个数据系列具有唯一的颜色或图案，并且在图表的图例中表示。

饼图只有一个数据系列，统计与绘制图表的过程如下。

1) 使用数据透视表进行统计

选择数据区域，"插入→数据透视表"，可以选择新工作表或现有工作表中的位置，单击"确定"，如图 10.3.2 所示。此处注意，将异常级别勾选后，分别拉进"行"和"值"中，如图 10.3.3，即可出现每种异常情况的次数，如图 10.3.4 所示。

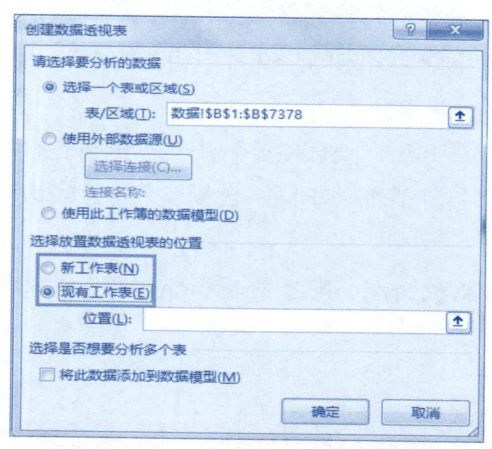

图 10.3.2　创建数据透视表

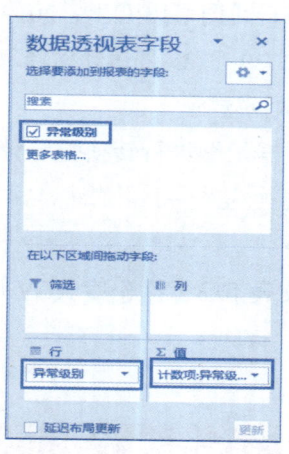

图 10.3.3　数据透视表字段

行标签	计数项:异常级别
提示	528
严重	2278
一般	4569
致命	2
总计	7377

图 10.3.4　数据透视表统计结果

2) 绘制饼图

选择数据区域,"插入→图表→选择饼图"即可,如图10.3.5所示。

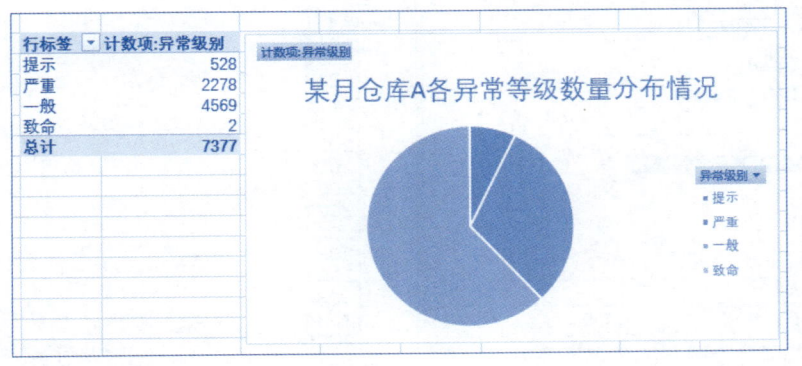

图10.3.5 饼图

3. 设备异常数量变化趋势分析

1) 利用数据透视表进行统计

选择数据区域,"插入→数据透视表",选择工作表,单击"确定"。此处注意,异常代码需要拉动两次,分别拉到"行"与"值",单击日期自动出现月份统计,需要按照月份统计则直接将月份拉入列选项,如图10.3.6所示。此时出现数据统计表,如图10.3.7所示。

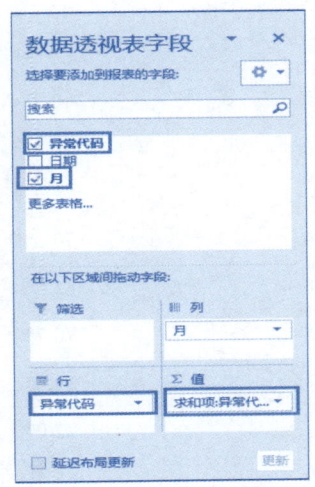

求和项:异常代码	列标签		
行标签	9月	10月	总计
1009	39351	34306	73657
1010	1010		1010
2003	574861	524786	1099647
2007	563967	708471	1272438
2012	171020	150900	321920
2013	96624	110715	207339
2014	66462	48336	114798
2018	24216	20180	44396
2019	24228	18171	42399
2023	8092	8092	16184
2024	2024		2024
2026	2026	2026	4052
2027	4054	2027	6081
2029	32464	28406	60870
2030	34510	32480	66990
2031	38589	48744	87333
2032	2032		2032
2034	142380	144414	286794
2035	14245	32560	46805

图10.3.6 数据透视表　　　　图10.3.7 求和下的数据统计表

在数据透视表右下侧求和项上,单击鼠标左键,出现"值字段设置",单击,然后在"值汇总方式"中,单击"计数"选项,如图10.3.8所示,确定后即出现修正后的数据统计表,如图10.3.9所示。

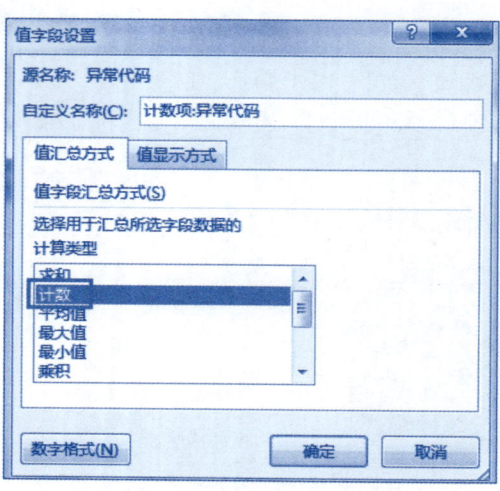

图 10.3.8　值字段设置　　　　图 10.3.9　修正后的数据统计表

2) 列出每个设备的月份异常总数进行对比

计算公式为 (10 月总异常次数 −9 月总异常次数)/10 月总异常次数，可以看出，每个设备的异常次数都比上月有所降低，如表 10.3.3 所示。

表 10.3.3　异常次数月份对比表

AGV名称	9月总异常次数	10月总异常次数	同比增长
AGV1	4246	2014	−52.6%
AGV2	1356	612	−54.9%
AGV3	838	272	−67.5%
AGV4	243	135	−44.4%
AGV5	1346	725	−46.1%
AGV6	345	307	−11.0%
AGV7	781	164	−79.0%
AGV8	656	94	−85.7%
AGV9	1697	498	−70.7%
AGV10	796	482	−39.4%
AGV11	918	257	−72.0%
AGV12	754	269	−64.3%
AGV13	608	250	−58.9%

3) 绘制柱形图

选择数据区域，"插入→图表→柱形图"即可，如图 10.3.10 所示。

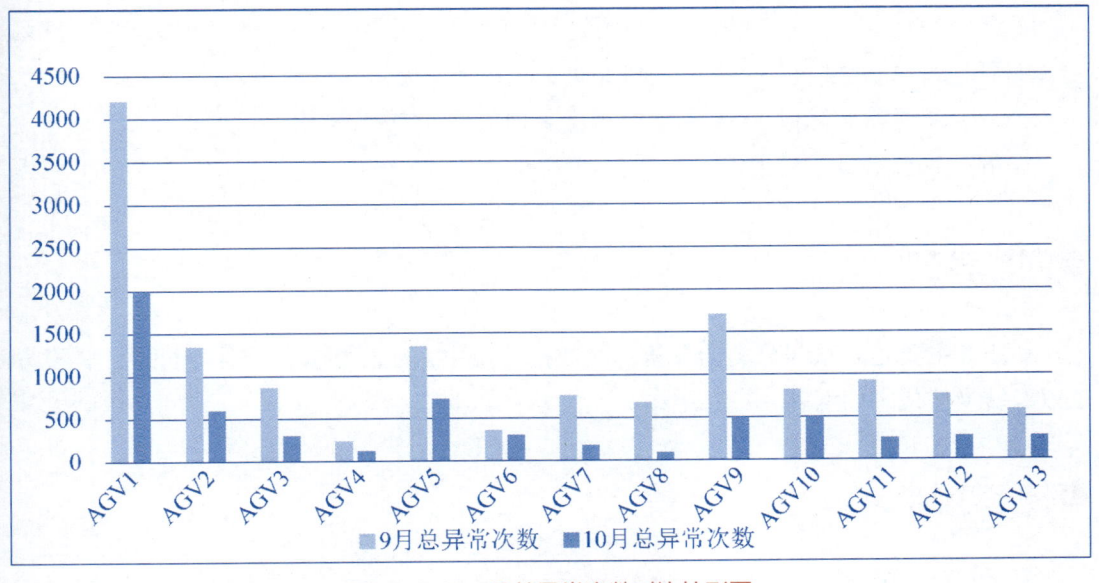

图 10.3.10　月份异常次数对比柱形图

●任务准备

准备计算机、Excel、计算器、纸、笔等基本计算工具

●任务实施

练习 10.4

表 10.3.4 为 7 个仓库的总异常次数、AGV 数量、总行驶距离的统计表。请计算每个仓库每十万米的异常数和平均每台 AGV 异常次数,对比这两个数据,分析仓库的管理水平。

表 10.3.4　异常数据统计表

仓库名称	总异常次数	AGV 数量	AGV 总行驶距离(十万米)	每十万米异常数	平均每台 AGV 异常次数
仓库 1	1389	31	367		
仓库 2	1372	141	544		
仓库 3	2330	156	49		
仓库 4	512	131	595		
仓库 5	2037	26	288		
仓库 6	1481	130	358		
仓库 7	2743	9	1348		

解析

(1) 用总异常次数除以 AGV 总行驶距离，得出每十万米异常数。

(2) 用总异常次数除以 AGV 数量，得出平均每台 AGV 异常次数。

(3) 挑出两组数据中较大者。

●问题管理

本任务主要是总量与分类的分析，在数据转换中，注意数据在统计分析中的转换方法以及转换后代表的意义。

●任务小结

本任务旨在引导学生在了解仓库异常总量和按设备异常等级分类的基础上，通过学习折线图、饼图、数据透视表的使用，以实现对异常数据进行处理，并能够正确分析月度间的异常数据增减趋势。

第 11 单元
智能仓储设备可靠性分析

【内容概览】

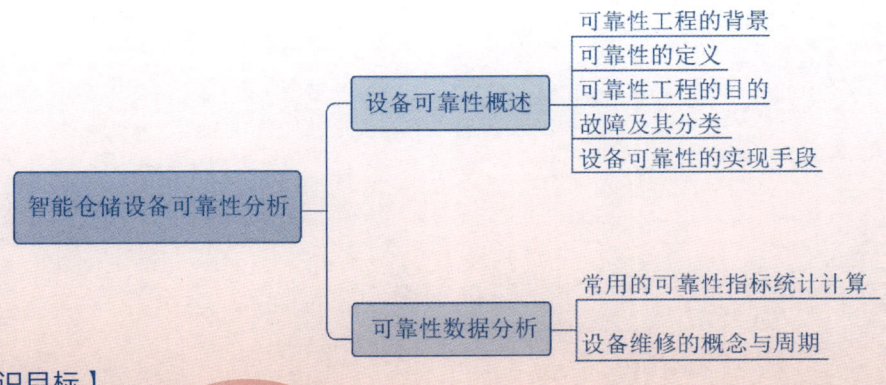

【知识目标】

1. 掌握可靠性的基本理念；
2. 了解可靠性工程学科的主要工作和价值；
3. 理解可靠性的基本概念，如可靠度、可用度等，并掌握其计算公式；
4. 掌握设备可靠性的基本指标、计算方法及应用场景。

【技能目标】

1. 能对可靠性的基本指标进行准确计算；

2. 能对可靠性的基本指标进行分析；

3. 为产品制定合适的维修策略。

【职业目标】

1. 能胜任运输、仓库、配送中心等部门的设备管理岗位；

2. 能胜任设备数据统计、分析与大数据处理岗位；

3. 能处理与设备相关的工作和业务；

4. 养成细致、认真的数据分析与处理习惯；

5. 培养数据安全的意识。

任务 1　设备可靠性概述

● 任务描述

2020 年 7 月，某物流公司的仓库设备带式输送机发生了一起事故，故障维修结束后，公司编制了故障报告单，见表 11.1.1。请你根据故障的描述，分析该故障的类型，并进行勾选。

表 11.1.1　故障报告单

部门	装卸组		
日期	2020.7.2		
故障起止时间	8:00—10:00		
等待维修时间	15 分钟		
分析时间	15 分钟		
等待备件时间	20 分钟		
维修时间	60 分钟		
调试、启动	10 分钟		
故障现象	带式输送机发出巨响，检查发现胶带接头断裂，经现场紧急抢修，重新接了 8 个接头后恢复生产，无重大财产损失		
技术分析	1. 输送机运行环境复杂，接头磨损严重 2. 日常检查不到位 3. 输送机其他部分运行正常		
故障类型	□独立故障　□从属故障 □系统故障　□偶然故障 □早期故障　□损耗故障 □责任故障　□非责任故障 □灾难故障　□严重故障　□临界故障		
改进措施	序号	措施	负责人	完成时间
	1	对公司全部输送机进行接头检查	××	
	2	加强日常巡检	××	
	3	检查库存材料质量	××	

● 任务分析

该任务为根据故障的分析来确定故障的类型，需要准确掌握关于故障类型的定义，分析不同类型间的区别。

● 相关知识

1. 可靠性工程的背景

可靠性工程起源于第二次世界大战,主要用于检查飞机电子管的故障,被认为是可靠性研究的萌芽。第二次世界大战后,美国无线电工程学会成立了可靠性技术小组,是第一个专门研究可靠性的组织。20世纪70年代,可靠性发展进入成熟的阶段,建立了集中统一的可靠性管理机构,即可靠性、可用性和维修性联合技术协调组,建立了大范围的数据交换网,制定了较为完善的可靠性设计、实验与管理的方法和流程。

中国的可靠性工程发展稍晚于西方国家,但进步较快。第一个五年计划期间就建立了可靠性和环境适应性的实验研究基地以及电子产品可靠性与环境试验研究所,调查和统计电子和某些机械产品的使用情况及失效情况,并开展了产品可靠性的环境适应性试验。20世纪80年代,开始组织制定、引进、颁发了可靠性标准,形成了比较完整的体系,提出并实施《电子产品可靠性"七专"质量控制与反馈科学实验》计划。针对当时电视机等产品的质量问题,相关企业开展了可靠性的补课,进行产品可靠性增长试验,开展了可靠性评估和分析工作,明确提出了可靠性、安全性要求和可靠性指标。

故障频发的产品在使用过程中,会被顾客反复抱怨,这样的产品不可能有品牌形象,还可能因为频繁维修带来经济损失。在竞争过程中,很多知名的大品牌因为产品质量管理不到位和故障造成的负面影响,退出了市场。产品可靠性不佳的原因大多基于以下几点:

(1) 设计先天不足,设计越复杂,需要解决的问题越困难,出差错的可能性越大。

(2) 设备参数变异,零部件的实际强度值分布和载荷值分布存在重叠或者干涉时,就会发生失效。

(3) 过应力状态,如施加的电应力(电流、电压)超过了电子元器件的承受能力,电子元器件就会失效。

(4) 磨损老化,如使用过程中存在材料疲劳,设备零件之间在移动接触过程中磨损、腐蚀、绝缘退化等。

(5) 错误组装、操作或维修。

2. 可靠性的定义

失效是否发生及发生的时间很少能够精准地预报,因此可靠性是工程不确定性的一个方面。某个产品能否在某个特定的时期工作是一个可以用概率回答的问题,因此可靠性的定义为:产品在给定时间、给定条件下完成规定功能而不出现失效的概率。

1) 对可靠性定义的理解

  (1) 规定的条件：环境条件、工作条件，例如温度、湿度、场地的平整程度等。

  (2) 规定的时间："时间"是指广义的时间，例如小时、公里、次数，如每行驶 10 公里发生故障的次数。

  (3) 规定的功能：产品规格说明书中规定的正常工作指标，例如搬运、顶升、旋转等。

  (4) 能力：通常用概率度量，可靠性的概率度量称为可靠度。

2) 可靠性与质量管理的区别

  质量管理关注的是出厂时刻 ($t=0$) 的产品合格率，可靠性关注的是使用过程中 ($t>0$) 产品的故障情况。

  此外，质量管理与可靠性工程采用的工具也不同。可靠性工程主要应用概率论和数理统计。质量管理使用的是因果图、相关图、排列图等。

3) 可靠性与耐用性的区别

  耐用性是产品或设备在长期使用过程中，抵抗外部和内部不利影响的能力。可靠性是个概率数，耐用性倾向为时间量。耐用性是可靠性的一个方面，指因磨损引起故障的发生；可靠性还包括因疲劳、腐蚀、参数设定错误等引起的故障。

3. 可靠性工程的目的

  可靠性工程是指为达到产品的可靠性要求而进行的一套设计、研制、生产和试验等工作流程。可靠性工程是一门研究产品缺陷或者故障的发生和发展的规律，进而解决缺陷或者做好故障的预防和纠正，从而使缺陷或者故障不发生或者尽可能少发生的学科。因此，可靠性工程是一门与故障做斗争的学科。

  可靠性工程具有四大目的，即预防、发现、纠正和验证，目的之间具有优选顺序，其原因在于要以最低的费用生产出可靠的产品。

1) 防止或者降低发生失效的可能性或者频率

  重视预防故障和缺陷是可靠性工程最重要的一步，是可靠性工程的核心。即在设计产品性能和功能时，采取一系列的可靠性设计与分析的专门方法，应用并行工程的方法对可靠性与性能进行一体化设计。

2) 确认并纠正发生失效的原因

  发现产品形成过程中可能存在的缺陷或薄弱环节的早期暴露原因，予以纠正并改进，这样会使损失变小。

3) 确定解决发生失效的方法

发现失效不是目的，解决失效和故障才是真正的目的，才能提高产品的可靠性。目前在可靠性纠正故障的过程中形成了一些典型的方法，如故障报告、分析纠正系统等，能够对产品可靠性增长过程进行有效管理。

4) 分析可靠性数据并评估可靠性

需要强调的是，可靠性数据分析并不是可靠性工程的首要目的，而是退而求其次之选，可靠性的关键在于解决故障。

4. 故障及其分类

故障是可靠性工程中一个极为重要的概念，在产品生产和使用中要提高产品可靠性，就要设法降低故障发生的频率。评价产品的可靠性，要明确故障的定义及其分类。

故障是指产品不能执行规定功能的状态，通常指功能故障，因预防性维修或其他计划性活动或缺乏外部资源不能执行规定功能的情况除外。故障的分类有多种，不同的分类就是要从不同的方面来揭示故障不同侧面的规律。

1) 系统故障与偶然故障

系统性故障，一般是指只要满足一定的条件或超过某一设定的限度，工作中的设备必然会发生的故障，如设备超强度使用导致发生零件损毁，这一类故障现象较为常见。偶然故障，一般是指设备在同样的条件下工作时只偶然发生一次或两次的故障，通常也被称为"软故障"或"随机故障"。由于偶然故障的发生是随机性的，所以该故障的分析与故障诊断是比较困难的。

2) 责任故障与非责任故障

责任故障是指由于除去自然因素、设备运转必然产生的非人为引起或加重的故障，其他属非责任故障。责任故障一般会影响部门或团队的经济指标，所以其认定是非常重要的。

3) 早期故障与损耗故障

早期故障是指产品在寿命的早期由于设计、制造等原因发生的故障，一般与设备的使用情况关联不大。损耗故障是通过事前检测或监测可统计预测到的故障，是由于产品随使用时间增加而逐渐衰退引起的，对产品的良好使用与保养可以减少损耗故障，可以进行预防维修，防止故障的发生，延长产品的使用寿命。

4) 独立故障与从属故障

前者指独立发生的故障，与其他故障无关；后者是由另一产品故障引起的故障，在评价产品可靠性时只统计独立故障。

5) 灾难故障、严重故障与临界故障

这三类故障是按故障引起的后果来分类的。前者会使产品不能完成规定任务或可能导致人或物的重大损失，最终使任务失败；第二个是严重程度有较大的系统破坏，会影响任务完成，也会导致非计划的维修；临界故障较严重故障轻，有可能造成较轻的伤害和损坏，但也需采取措施。

5. 设备可靠性的实现手段

可靠性是设计出来的，是生产出来的，是管理出来的。可靠性工程是一项贯穿产品全生命周期的活动，产品从论证、设计到研发、生产再到出厂、使用都需要可靠性管理的充分参与。具体来说，各个阶段的可靠性实现手段如下。

(1) 新产品论证阶段：可靠性大纲和工作计划；可靠性指标与要求论证。

(2) 产品设计阶段：可靠性预估；可靠性分配；FMECA 分析；故障树分析；危险分析；维修性分析。

(3) 产品研制阶段：可靠性预估；寿命预测；失效机理分析；失效过程建模；环境适应性实验；寿命实验；加速寿命实验；可靠性增长实验；可靠性鉴定实验。

(4) 产品生产阶段：工艺优化；统计过程控制。

(5) 产品出厂阶段：可靠性评估；寿命预测；寿命验证；可靠性筛选实验；可靠性评估实验；寿命验证实验。

(6) 产品使用阶段：可靠性评估；剩余寿命检测。

●任务准备

准备计算机、Excel、计算器、纸、笔等基本工具。

●任务实施

本任务的具体实施步骤如下：

(1) 研读关于故障类型的内容；

(2) 关注报告单中的关键词语，如磨损、检查等；

(3) 确定故障类型。

● **问题管理**

故障类型判定决定了预防、分析乃至纠正故障的措施,类型的判断取决于对故障分类的准确掌握和对故障现象的仔细观察。

● **任务小结**

本任务旨在引导学生学习可靠性的基本常识,了解可靠性的目的与实现手段,能够辨析可靠性与质量管理、耐用性之间的区别,分析故障的类型以及每个产品阶段可使用的可靠性工程手段。

任务 2　可靠性数据分析

● **任务描述**

某物流仓库有 100 台 AGV 设备,随着使用时间的推移逐渐失效,使用的时间与失效个数如表 11.2.1 所示,请计算不同时间的可靠度,并使用折线图画出趋势。

表 11.2.1　仓库 AGV 失效与可靠度统计表

	失效时间范围	失效个数	累计失效个数	仍在工作个数	可靠度
1	0—500	6			
2	501—1000	20			
3	1001—1500	35			
4	1501—2000	21			
5	2001—2500	8			
6	2501—3000	5			
7	3001—3500	4			
8	3501—4000	1			
合计		100			

● **任务分析**

本任务是正确计算可靠度的指标,利用公式计算每个时间范围内的可靠度,并画出可靠度的简单趋势图,了解与分析可靠度的变化趋势。

●相关知识

1. 常用的可靠性指标统计计算

1) 可靠度

可靠度也叫可靠性,指的是产品在规定的时间内,在规定的条件下,完成预定功能的能力。它包括结构的安全性、适用性和耐久性,当以概率来度量时,称可靠度,以 $R(t)$ 表示,其中 t 为时间。

练习 11.1

某仓库投入使用 AGV 车 100 台,在使用 1 年后,发现有 3 台损坏无法修复,以天作为度量时间的单位,求此时的工作可靠度。

解析

$R(365)=(100-3)/100=0.97$

因此,此时的工作可靠度为 97%。

练习 11.2

某物流仓库有 100 台 AGV 设备,随着使用时间的推移逐渐失效,使用的时间与失效个数如表 11.2.2 所示。请计算不同时间的可靠度。

表 11.2.2 失效时间范围与个数统计表

	失效时间范围	失效个数	累计失效个数	仍在工作个数	可靠度
1	0—500	6			
2	501—1000	22			
3	1001—1500	37			
4	1501—2000	19			
5	2001—2500	9			
6	2501—3000	5			
7	3001—3500	1			
8	3501—4000	1			
合计		100			

解析

(1) 计算累计失效个数,即本行的累计失效个数为上一行的累计失效个数加上本时间段失效个数。

(2) 计算仍在工作个数,即 100 减去本行的累计失效个数。

(3) 可靠度为本行的仍在工作个数除以 100,即得出表 11.2.3。

(4) 用 Excel 制作可靠度趋势线,如图 11.2.1、图 11.2.2 所示。

(5) 可根据趋势线选择合适图形,此处选择指数,见图 11.2.3、图 11.2.4 所示。

表 11.2.3　可靠度

序号	失效时间范围	失效个数	累计失效个数	仍在工作个数	可靠度
1	0—500	6	6	94	0.94
2	501—1000	22	28	72	0.72
3	1001—1500	37	65	35	0.35
4	1501—2000	19	84	16	0.16
5	2001—2500	9	93	7	0.07
6	2501—3000	5	98	2	0.02
7	3001—3500	1	99	1	0.01
8	3501—4000	1	100	0	0
合计		100			

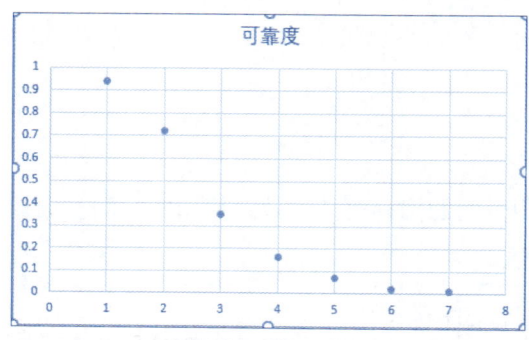

图 11.2.1　制作散点图

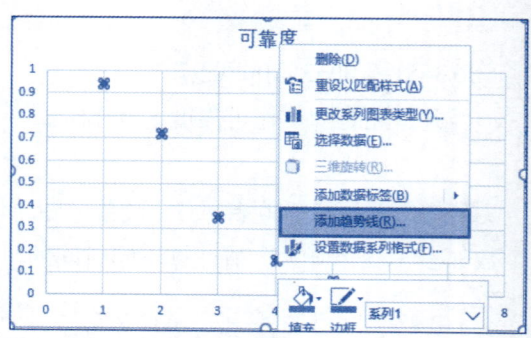

图 11.2.2　添加趋势线

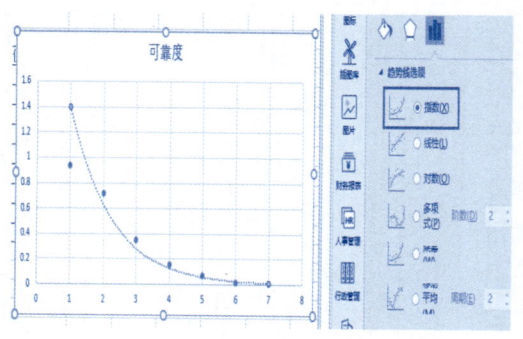

图 11.2.3　趋势线选项

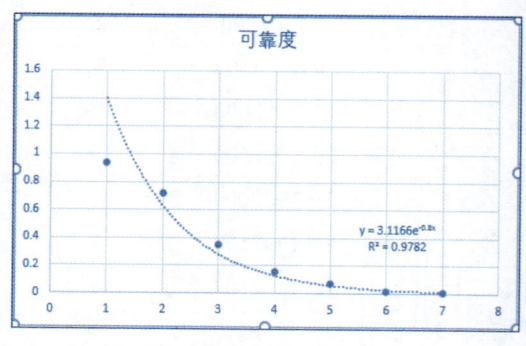

图 11.2.4　可靠度图

2) 平均故障间隔时间 (MTBF)

平均故障间隔时间表示设备平均使用多久发生一次故障，是产品在总的使用阶段累计工作时间与故障次数的比值。MTBF 值是产品设计时要考虑的重要参数，设计师经常使用各种不同的方法与标准来估计产品的 MTBF 值。对于指数分布，其值为 $1/\lambda$。

MTBF 反映了产品的时间质量，是体现产品在规定时间内保持功能的一种能力，其作用体现在如下三个方面。

任务实施

本任务的具体实施步骤如下:
(1) 计算累计失效次数;
(2) 计算仍在工作个数;
(3) 计算可靠度;
(4) 使用 Excel 画出可靠度非线图。

问题思考

本任务的重点是 MTBF、MTTR、可用度等指标的计算,在计算中遇到了哪几个指标之间的相相关系与区别,并正确计算。

任务小结

本任务是引导学生了解常用的可靠度、不均故障间隔时间、平均故障修复时间等性指标,通过问题性训练,以实例引导掌握统计计算相关指标,并利用本功能应用软件期间回归测试各种故障间隔时间,为设备维修提供打下基础。

设备的维修率较低，因此维修器人力的分配上，采用串联式维修方式可能更经济。

2）列历次维修设备的次数

维修次数可以用来确定设备的故障率，这个参数就是故障的频度引起了重视（每月事故与次数）与维修率成反比。

例如，某设备全年共发生10次故障，每次故障的原因性采购为维修时间为1500元，而故障带来的损失为27000元，该设备全年的预防性来访次数为30次，每次耗费350元，其求该设备的维修系数。

确定重要设备的方法有如下：

$$维修系数 = \frac{1500 \times 10 + 2700}{350 \times 30} = 4$$

一是根据企业的维修经营资源，把每月所有来访设备的维修系数都计算出来后，可按其数据高低来排列，并排列表上维修系数值都很高且并开始用于其维修系数的，其也重要维修设备次要。

二是根据维修系数值，以对维修系数值大于或等于1.5的设备进行维修。维修系数越值大，说明该设备的故障率越高，维修的紧急性越大，需要优先加以解决，小于1.5的设备可以不行维修。以次排出，对打维修费和损失费都为了分析经验值的，其应根据设备的不同具体情况，劳动条件等做出合理安排。

根据维修系数值分析后，再中的设备将进行预防性维修，即确定要现故障历片及其清楚。

3）设备维修周期的确定

维修周期是指相邻的次维修之间的时期机器设备的工作时间。对维修设备来说，就是开始使用到第一次维修周期的工作时间。根据设备主要部件机构准备零件的使用期限而定，用周期表现为前后相邻次维修零工作器之间周期的零件的工作时间周期。通常对零件周期的方法较多，这里重用用水均有方法。这是用统计计算机械频繁的零件来现设备维修的几种方法，即以往某零件维修的平均数据很重要，其要使各时维修周期可以相加，使相加的平均数据，即可预测周期维修的可靠意，在这一定的相遇度条件下，其预测的准确度就可相当高。对于重点设备和数来现设备维修周期，可以采用1/2MTBF为零件维修周期，其他的设备可以使用MTBF为零件维修周期等。MTBF可以使用历次数据进行分析预测，如便用计算机进行（年度、月度等）的统计计算。

● 任务准备

准备计算机、Excel、计算器、纸、笔等和水工具。

2. 设备维修的概念与周期

设备维修是指为保持、恢复以及提升设备技术状况进行的活动。维修可以发生在设备故障发生的故障后，也可以在设备发生故障前依据对设备状况的监测和预测开展。设备维修的基本内容有：设备检查和检测；设备校准和修复；设备维护（包括故障维护和主动保养）。

1) 设备维修的分类

现代物流业由于使用的物流设备种类与数量越来越多、工艺分工、配套等越来越精细化，其维修也越来越专业化。从设备故障发生与物流设备对物流作业生产影响的差异出发，按事件发生的时间先后顺序可以分为两种维修方式。

(1) 预防维修。是为了防止设备的故障，维修按照规定的期间或根据规定的标准，按事先制订的计划和必要步骤来进行的维修活动。预防维修是故障发生前的维修，一般是缓慢型的。

(2) 事后维修。也称故障维修，它是指设备发生故障，或损坏，或精度降低到不到合格标准以下，因此使其用所规定的功能丧失，事后维修一般是突发型或发现型的，发生的时间有早也晚。

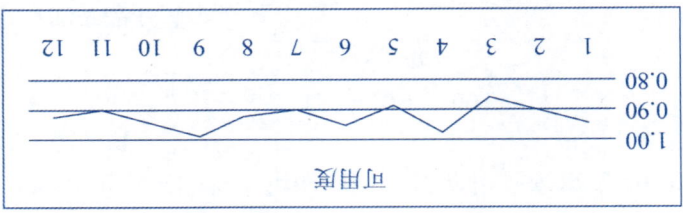

图 11.2.7 MTTR 折线图

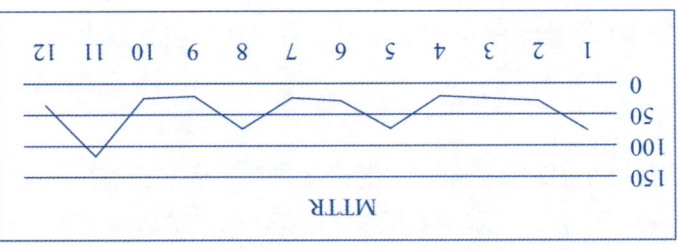

图 11.2.8 可用度折线图

分析：从折线图可以发现，9 月份的 MTBF 长较长，而图是 9 月份设备使用时间的显著增加，而故障次数与时间仍保持在平稳的状态。11 月份的 MTTR 较高，而图是 11 月份的发生了一次时间时较长的故障，但体现的用度仍保持在 0.85 以上，3 月份故障的期间是故障次数较多，但也时间较少。

练习 11.4

某在库对期月动化分核设备进行生产后故障统计，结果如表 11.2.4，据计算该在库具有化分核设备的 MTBF、MTTR、可用度，并以折线图形式进行分析。

表 11.2.4 每年度告告故障统计表

月份	1	2	3	4	5	6	7	8	9	10	11	12
总小时数	1307	1203	1063	1324	1317	1405	1985	1928	3845	1651	1105	1807
实际运转小时数	1230	1083	919	1183	1254	1267	1840	3795	1545	991	1666	
维修时间	77	120	144	51	141	63	138	145	50	106	114	141
故障次数	1	4	5	2	2	5	2	2	4	1	4	
MTBF												
MTTR												
可用度												

解析

(1) 以 1 月份为例，MTBF=实际运转小时数/故障次数=1230/1=1230（时），依次类推。

(2) 以 1 月份为例，MTTR=维修时间/故障次数=77/1=77（时）。

(3) 以 1 月份为例，可用度=实际运转小时数/总小时数=1230/1370=0.94，依次类推，运算后如表 11.2.5。

表 11.2.5 每年度告告故障统计算结果

月份	1	2	3	4	5	6	7	8	9	10	11	12
总小时数	1307	1203	1063	1324	1317	1405	1985	1928	3845	1651	1105	1807
实际运转小时数	1230	1083	919	1183	1254	1267	1840	3795	1545	991	1666	
维修时间	77	120	144	51	141	63	138	145	50	106	114	141
故障次数	1	4	5	2	2	5	2	2	4	1	4	
MTBF	1230	271	184	939	592	627	253	920	1898	386	991	417
MTTR	77	30	29	26	71	32	28	73	25	27	114	35
可用度	0.94	0.90	0.86	0.97	0.89	0.95	0.90	0.93	0.99	0.94	0.90	0.92

(4) 依次制作折线图，如图 11.2.6、图 11.2.7、图 11.2.8 所示。

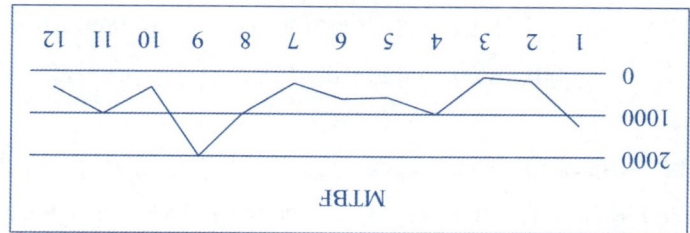

图 11.2.6 MTBF 折线图

(1) 可以作为存放备品配件的依据；
(2) 可以作为原辅料备件与设备的识别依据；
(3) 可以作为预防设备可靠性下降点零件的依据标准。

3) 平均故障修复时间（MTTR）

MTTR 即设备平均修复一次需要多长时间，包括确认失效发生所需的时间以及维护所需要的时间。MTTR 也包含获得配件的时间、维修团队的响应时间、记录所有任务的时间以及将设备重新投入使用的时间，即将系统复原——次故障所需要的时间。它是衡量一个产品的维修性指标，它的值越低，说明该小故障系统可维修性越高。

小型设备发生若干次后长短不同的时间长短，作用如下：

(1) 可以作为故障维修时间或者维修次数及时性的参考；
(2) 可以衡量各个单个维修的难易程度；
(3) 可以作为维修培训人员的技能水准的指标；
(4) 可靠度可以作为衡量系统维修能力承受的指标。

4) 可用度（Availability）

可用度是指在工作时间内总时间的比例，它表示系统长期运行后，产品处于正常状态所占时间的比例。MTBF、MTTR 及可用度三者之间的关系与计算如图 11.2.5 所示。

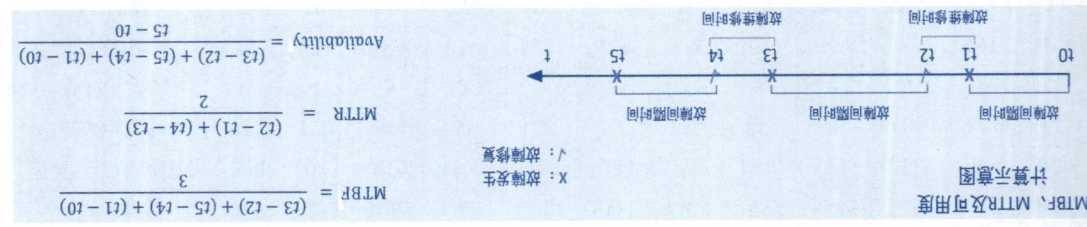

计算示意图 MTBF、MTTR 及可用度

X: 故障发生 √: 故障修复

$$MTBF = \frac{(t3-t2) + (t5-t4) + (t1-t0)}{3}$$

$$MTTR = \frac{(t2-t1) + (t4-t3)}{2}$$

$$Availability = \frac{(t3-t2) + (t5-t4) + (t1-t0)}{t5-t0}$$

图 11.2.5 MTBF、MTTR、可用度计算图

练习 11.3

在某次车辆可靠性测试中，1 辆小车从 0 时刻开始测试，在 500 小时发生故障，并在 501 小时完成故障修复重新上线，在 690 小时第二次发生故障，并在 692 小时完成故障重新上线，在 1000 小时停止放弃下线，求该该辆小车的 MTBF、MTTR 和可用度。

解析：

小车正常运行的时间段为：0—500、501—690、692—1000

MTBF = [(500-0)+(690-501)+(1000-692)]/3 = 332.33（时）

小车维修的时间段为：500-501、690-692

MTTR = [(501-500)+(692-690)]/2 = 1.5（时）

可用度 = [(500-0)+(690-501)+(1000-692)]/(1000-0) = 997/1000 = 0.997

237